R과 R Studio를 활용한 사회과학 통계연습

도서출판 윤성사 030
R과 R Studio를 활용한 사회과학 통계연습

초판 1쇄 2019년 1월 24일
2쇄 2020년 8월 17일
3쇄 2024년 8월 30일

지 은 이 정건섭, 김성우
펴 낸 이 정재훈
디 자 인 (주)디자인뜰

펴 낸 곳 도서출판 윤성사
주　　소 서울특별시 용산구 효창원로 64길 10 백오빌딩 지하 1층
전　　화 편집부_02)313-3814 / 영업부_02)313-3813 / 팩스_02)313-3812
전자우편 yspublish@daum.net
등　　록 2017. 1. 23

ISBN 979-11-88836-20-8 (93350)
값 20,000원

ⓒ 정건섭 · 김성우, 2019

저자와의 협의에 따라 인지를 생략합니다.

이 책의 전부 또는 일부 내용을 재사용하려면 반드시 사전에 저작권자와
도서출판 윤성사의 동의를 받아야 합니다.

잘못 만들어진 책은 구입하신 서점에서 교환 가능합니다.

이 도서의 국립중앙도서관 출판예정도서목록(CIP)은 서지정보유통지원시스템 홈페이지
(http://seoji.nl.go.kr)와 국가자료공동목록시스템(http://www.nl.go.kr/kolisnet)에서
이용하실 수 있습니다.(CIP제어번호: CIP2018042623)

R과 R Studio를 활용한 사회과학 통계연습

정건섭 · 김성우

도서출판 윤성사

머리말

　　　　　　오늘날 정보통신의 발달과 사회가 고도로 전문화 분업화 되면서 이를 둘러싼 사회현상도 복잡화되고 있다. 정책의 효율성을 높이고 합리적인 사회문제해결을 위한 사회과학 모형의 역할 역시 고도의 전문성을 필요로 하고 있다. 이런 측면에서 사회과학 통계론은 과학적 방법으로 사회과학현상에 대한 이해와 실증분석을 통한 예측능력을 높이는 지식을 제공하게 될 것이다. 통계학적 지식의 중요성이 증대되면서 많은 대학에서 사회과학 통계론 관련 강의를 개설하고 있지만, 이를 이해하고 사회현상에 접목하기란 좀처럼 쉬운 일이 아니다. 따라서 본 저서는 통계학 비전공자를 대상으로 복잡한 이론보다 기초적인 통계학적 지식을 통해 사회현상을 관찰, 분석, 기술하고 이를 기초로 추론해 나가는데 초점을 두었다. 즉, 사회과학 통계의 간략한 이론과 분석 방법 등을 실용적 측면에서 집필 하였다.

　　　　　　통계학 교재들은 수없이 많이 나와 있다. 시중에 많은 좋은 서적들이 나와 있음은 주지의 사실이다. 그럼에도 불구하고 R을 이용한 사회과학 통계론 관련 서적들은 매우 드문 것으로 알고 있다. 따라서 이 책을 집필하는 데는 나름대로 몇 가지 중요한 이유가 있었다.

　　　　　　먼저 R의 최대 장점은 free software program이라는 점이다. 즉 오픈소스(open-source)로서 언제든지 http://www.r-project.org 사이트에서 다운을 받아 설치할 수 있다. 이미 우리가 피부로 느끼고 있듯이 시중에 또는 학교에서 사용되는 통계 패키지들은 개인이 구입하기에는 상당히 고가의 제품으로 학교나 직장 외에서 개인이 자유롭게 사용하기는 쉽지 않다. 이러한 현상은 개인 불법 복제품의 단속 강화와 더불어 저작권법의 강화에 따라 점점 더 우리의 연구 및 분석 작업을 어렵게 만들 것으로 예상된다.

　　　　　　다음으로 R 프로그램은 확장성이 다양하다는 장점이 있다. 즉 전문화된 package들이 내용이 질적 양적으로 급속도로 확산되고 있다는 것이다. 2002년 100여개 정도에 불과 하였으나 2012년에는 이미 R 프로그램 내에 2,500개 이상의 패키지들(packages)이 있고, 2018년 현재 12,000개 이상의 패키지들(packages)이 사용가능하게 구성되어 있다. 이는 특화된 기능을 분석하는 전문화된 작은 소프트웨어 프로그램이 12,000여개 이상 된다. 예를 들어, car(Companion to Applied Regression) package는 사회과학에서 자주 이용되는 다양한 회귀분석 전문 package이며, spdep(spatial dependence) package는 공간계량모

목차

들어가기

R의 설치 및 간단한 예제 연습   13
무작정 따라 하기

제1절 R의 설치   14
1. R의 배경 및 간단한 소개   14
2. R 프로그램 설치   15
3. R 프로그램의 시작   25
4. 패키지(package) 설치   26
5. 파일 메뉴   27
6. 편집 메뉴   27
7. 기타 메뉴   28
8. 오브젝트(object)   28

제2절 R 프로그램의 간단한 예제 및 따라하기   31
1. R 프로그램의 도움말 예제 따라하기   31
2. 간단한 R 통계 프로그램 예제 따라하기   36
3. 다양한 R 함수 예제 따라하기   51
4. 중심극한정리(central limit theorem) 그래프 보기   54
5. 스크립트(script)   55

제01장

통계학의 기초 및 자료의 수집과 정리   58

제1절 통계학의 필요성과 기초   59
1. 통계학의 기원   59
2. 통계와 통계학   61
3. 사회과학 통계학의 필요성   62
4. 의사결정과 통계   63
5. 통계분석 도구의 활용   64
6. 통계자료의 기초지식   66

제2절 자료의 수집   69

형에 자주 이용되는 전문 package이다. 다시 말해, 이미 시중에 나와 있는 대부분의 고가 소프트웨어 통계분석작업이 R에서도 가능할 뿐만 아니라 어떤 면에서는 특화된 package를 통하여 더욱더 심도 있는 분석 작업이 가능하다고 하겠다. 다행스러운 것은 우리가 12,000개가 넘는 전문화된 package들을 다 알 수도 없고 다 알 필요도 없다는 것이다. 실제로 우리는 이미 초기에 R을 구동하면 base package가 자동적으로 탑재되는데 이 base package만으로도 우리가 분석할 수 있는 대부분의 통계 분석방법들이 특별한 어려움 없이 충분히 해결할 수 있다는 것을 의미한다. 본 책자에서도 이용된 package들도 30개 내외에 불과하다.

이와 같이, 구입비용이 전혀 들지 않는 훌륭한 free software와 탄탄한 구성과 기능, 다양한 통계분석이 가능한 무한한 확장성과 더불어 R의 장점은 무수히 많아 아무리 강조해도 지나침이 없겠다.

마지막으로, 본 저서는 사회과학 통계 관련 분야의 이론들에 대하여 심도 있게 설명하기 보다는 실제의 자료 또는 가상자료를 통하여 다양한 통계적 분석방법을 적용하여 결과를 얻고 해석하는데 주안점을 두고 있다. 다시 말해 practitioner 관점에서 집필되었다. 아무튼 R을 이용하여 나름대로 최대한 쉽게 설명하려고 최선을 다해 노력하였다. 그럼에도 불구하고 본 책자에서 발견되는 수많은 흠집과 오류들은 전적으로 저자들의 잘못이며 이러한 점들은 꾸준히 수정 보완해 나아갈 것을 약속드린다.

이 책이 출판되기까지 물심 양면으로 도움을 주신 도서출판 윤성사 정재훈 대표님과 임직원 여러분께 깊은 감사의 말씀을 전한다. 그리고 취업준비에 바쁜 와중에도 고생한 부경대학교 행정학과 최우혁 군과 금동호 군에게도 심심한 감사의 말을 전한다.

끝으로 이 책에서 사용된 자료들과 R 프로그램 명령어(commander), R Studio 명령화면 캡쳐, R Studio notebook을 이용한 명령어 및 결과를 한번에 볼 수 있는 html파일, 본서에 이용된 자료 들은 윤성사 홈페이지(www.yspublish.co.kr) 자료실에서 다운받아 볼 수 있다.

2019년 1월

대표저자 정 건 섭

	1. 자료의 특성	69
	2. 자료의 척도	70

제3절 자료의 정리 72
1. 표와 그림에 의한 자료의 정리 73
2. 수치에 의한 자료의 특성 75

제4절 R 연습 89

제02장 확률과 확률분포 95

제1절 확률과 조건부확률 97
1. 확률 97
2. 확률의 덧셈법칙 100
3. 조건부 확률 102
4. 조건부 확률의 곱셈법칙 104
5. 결합 확률과 주변 확률 106
6. 베이즈 정리 108

제2절 확률변수와 확률분포 110
1. 확률변수 110
2. 확률분포 113
3. 확률분포의 기댓값과 분산 114

제3절 주요 확률분포 117
1. 이항분포(bionomial distribution) 118
2. 포아송분포 122
3. 정규분포 124
4. 표준정규분포 129

제03장 표본추출과 표본분포 132

제1절 표본추출 135

	1. 표본과 모집단	135
	2. 표본과 추출방법	136
	3. 표본오차	140
	4. 모집단의 크기와 표본의 크기	143

제2절 　표본분포　　　　　　　　　　　　　　　　　　144
　　　1. 표본 통계량과 모수의 관계　　　　　　　　　144
　　　2. 표본평균의 분포　　　　　　　　　　　　　　146
　　　3. 표본비율의 분포　　　　　　　　　　　　　　149
　　　4. 두 표본 평균 및 두 표본 비율차의 분포　　　151
　　　5. 카이제곱(χ^2) 분포　　　　　　　　　　　　154
　　　6. F 분포　　　　　　　　　　　　　　　　　　155
　　　7. T 분포　　　　　　　　　　　　　　　　　　156

제3절 　R 연습　　　　　　　　　　　　　　　　　　　157

제04장　통계적 추정　　　　　　　　　　　　　　　　　　159

제1절 　점추정(point estimation)　　　　　　　　　　161
　　　1. 점추정의 의의　　　　　　　　　　　　　　　161
　　　2. 바람직한 점추정량의 조건: 불편성, 효율성, 일치성　162
　　　3. 바람직한 추정량을 산출하는 방법　　　　　　167

제2절 　구간추정　　　　　　　　　　　　　　　　　　168
　　　1. 모평균의 구간추정　　　　　　　　　　　　　169
　　　2. T 분포를 이용한 모평균의 추정　　　　　　　173
　　　3. 모비율의 구간추정　　　　　　　　　　　　　176
　　　4. 모집단의 분산에 대한 구간추정　　　　　　　179

제05장　가설검정　　　　　　　　　　　　　　　　　　　181

제1절 　추리통계와 가설검정　　　　　　　　　　　　183
　　　1. 추리통계와 가설검정 절차　　　　　　　　　183

	2. 가설의 설정	185
	3. 가설검정 방법의 선정	187
	4. 가설의 판정	188
	5. 양측검정과 단측검정	192

제2절 가설검정의 오류 — 195
1. 제1종 오류와 제2종 오류 — 195

제3절 Z 및 T-검정 — 197
1. z 및 T-검정에 필요한 전제조건 — 197
2. z 및 T-검정의 활용 — 198
3. 단일표본 T-검정 — 199
4. 독립표본 T-검정 — 202
5. 대응표본 T-검정 — 205

제06장 분산분석 (ANOVA : analysis of variance) — 210

제1절 분산분석의 개요 — 212
1. 분산분석의 활용과 가설의 설정 — 212
2. 분산분석의 가정 — 213
3. 분산분석의 원리 — 214

제2절 일원 분산분석에 대한 가설검정 — 216

제3절 이원 분산분석에 대한 가설검정 — 227

제07장 비모수검정 — 231

제1절 비모수검정 — 232

제2절 카이제곱(χ^2) 검정 — 234
1. 동질성 검정 (homogeneity test) — 237
2. 적합도 검정 (goodness of fit test) — 239
3. 독립성 검정 (independence test) — 243

제3절	기타 비모수적 통계검정	250
	1. Wilcoxon 검정	251
	2. Kuskal-Wallis 검정	255

제08장 상관분석 259

제1절 상관분석의 기초 260
    1. 공분산과 상관계수 260
    2. 상관분석의 요건 및 가정 262

제2절 상관분석의 가설 및 검정 263

제09장 단순회귀분석 267

제1절 회귀분석의 기초 269

제2절 가설의 설정과 회귀모형 272

제3절 단순회귀분석의 이론적 기초 275
    1. 표본 회귀식의 결정 276
    2. 회귀식의 오차항 281
    3. 회귀식의 적합도 282
    4. 회귀식의 선형관계 및 회귀계수에 대한 가설 검정 286

제4절 R을 이용한 단순 회귀분석 287

제10장 다중회귀분석 295

제1절 다중회귀분석 개요 296

제2절 다중회귀분석의 가정 및 이론적 기초 297
    1. 다중공선성의 문제와 해결 300

　　　　2. 수정된 결정계수　　　　　　　　　　　　　　301
　　　　3. 표준회귀계수　　　　　　　　　　　　　　　302

　　제3절　독립변수의 선택 및 방법　　　　　　　　　　303

　　제4절　더미변수에 대한 회귀분석　　　　　　　　　　305

　　제5절　부산시 실거래 주택가격을 이용한 회귀분석　　307

　　제6절　기초자치단체 재정자립도를 이용한 회귀분석　316

　　제7절　R에 내장된 자료를 이용한 회귀분석 연습　　　322

부록 1

설문 및 코딩자료　　　　　　　　　　　　　　　　335
1. 취업특성.csv 설문지　　　　　　　　　　　　　　336
2. 지방재정.csv 코딩 참고자료　　　　　　　　　　　339

부록 2

각종 통계표　　　　　　　　　　　　　　　　　　340
1. 이항분포　　　　　　　　　　　　　　　　　　　340
2. 포아송분포　　　　　　　　　　　　　　　　　　342
3. 표준정규분포　　　　　　　　　　　　　　　　　344
4. T-분포　　　　　　　　　　　　　　　　　　　　345
5. F-분포　　　　　　　　　　　　　　　　　　　　346
6. χ^2-분포　　　　　　　　　　　　　　　　　　　348

참고문헌　　　　　　　　　　　　　　　　　　　　349

들어가기

R의 설치 및 간단한
예제 연습 :
무작정
따라 하기

들어가기

R의 설치 및 간단한 예제 연습 :
무작정 따라 하기

제1절   R의 설치

■ 1. R의 배경 및 간단한 소개 ■

    통계 계산과 그래프 작성을 위한 언어와 환경인 R은 뉴질랜드 Auckland 대학의 Ross Ihaka와 Robert Gentleman이 1995년 개발[1]하고, R-Core팀이 1997년 결성된 후 2002년 R Foundation이 설립되어 전 세계에 무료로 배포되고 있다. R은 Unix와 유사한 OS로 다양한 인터페이스와 DBMS데이터를 수용하며, 그래픽 기능이 강한 S언어 환경하에서 개발되었다. S코드 대부분은 수정 없이 R에서 실행 가능하다.

    R의 장점은 작고 효과적이며 대화식 프로그램 수행이 가능하다는 것이다. 대용량 데이터 관리 및 처리, 행렬 연산이 가능하며 Freeware and Open source 개념을 지향하여 GPL(General Public License) 개념으로 CRAN(Comprehensive R Archive Network)에서 배포한다. 그러므로 R은 전 세계 연구자에 의해 개발된 알고리즘과 함수 활용을 가능하게 한다. 다양한 확장성 및 범용성을 가지고 있어 UNIX, Mac, Windows 운영체계 등의 사용이 가능하며 Java, C, Fortran 프로그래밍 언어에 인터페이스가 제공되고 있다.

---

[1] R은 두 사람의 이름 첫 글자를 따서 이름이 지어졌다.

■ 2. R프로그램 설치 ■

(1) www.r-project.org 접속

R 사이트(https://www.r-project.org/)는 아래의 〈그림 1〉과 같다.

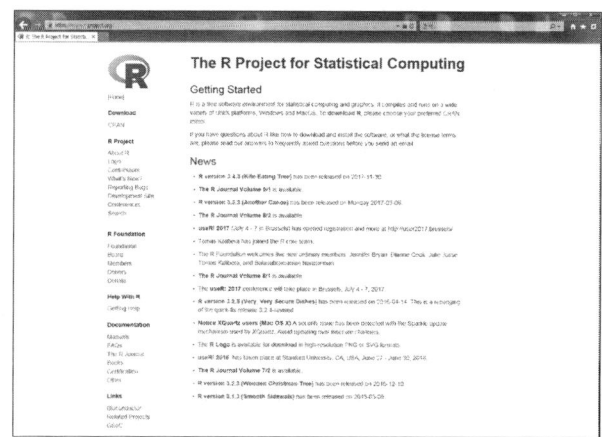

〈그림 1〉 R 사이트 www.r-project.org

〈그림 1〉의 R 사이트의 윗 부분에 download package의 "CRAN"을 선택한다. 그러면 다운로드 받을 수 있는 여러 개의 mirror 사이트들이 나타난다.

(2) CRAN 사이트 선택

R의 CRAN Mirrors 사이트 중에서 Korea항목을 찾아 3중 하나를 선택한다. 우리의 경우 "http://cran.nexr.com/"를 선택하였다.

〈그림 2〉 CRAN 사이트 선택

(3) 운영체제 선택

사용자의 컴퓨터 환경에 맞는 R 프로그램을 선택한다. 즉, 사용자의 운영체제 Linux, MacOS X, Windows 중에서 하나를 선택한다. 대부분의 사용자들은 윈도우 환경에서 R을 사용하고 있기 때문에 "Windows"를 선택하면 된다.

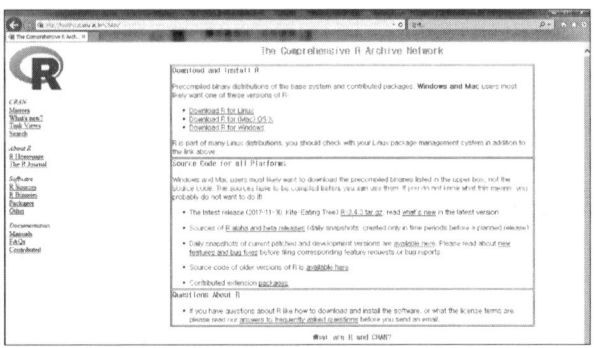

〈그림 3〉 운영체제 선택

(4) base 선택

R 프로그램 중에서 기본만 설치할 것인지 아니면 전부 설치할 것인지를 결정한다. 여기서는 기본만 설치하고 필요한 패키지는 필요할 때마다 설치하여 사용하면 된다. 이를 위

해 base의 install R for the first time을 선택한다.

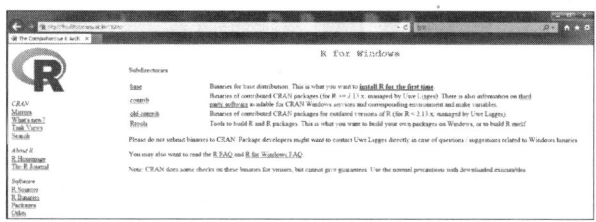

〈그림 4〉 base 선택

(5) R버전 선택

R의 버전을 선택한다. 예를 들어, 윗부분의 Download R 3.4.3[2] for Windows(62 megabytes, 32/64 bit)을 클릭하면 다운로드가 시작된다. 본인의 컴퓨터 bit를 선택해 해당 버전을 선택하여 설치하면 된다.

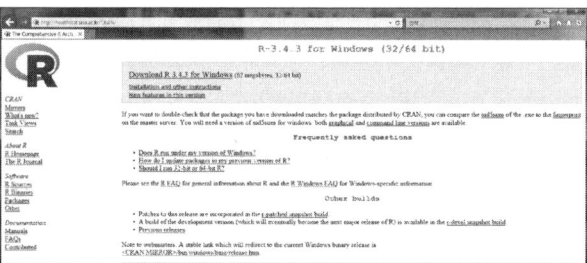

〈그림 5〉 R 다운로드

(6) 설치파일 다운로드

〈그림 6〉에서 "저장" 버튼을 선택하여 파일을 하드디스크에 저장한다. 설치를 위해 다

---

2) 가장 최근의 버전으로는 2018년 1월 현재 3.4.3 버전이 나와 있다.

른 이름으로 저장이라는 창이 나타나면, 〈그림 7〉처럼 지정된 폴더(예를 들어, C:₩download_R₩) 또는 접근하기 편한 경로에 설치파일을 저장한다.[3]

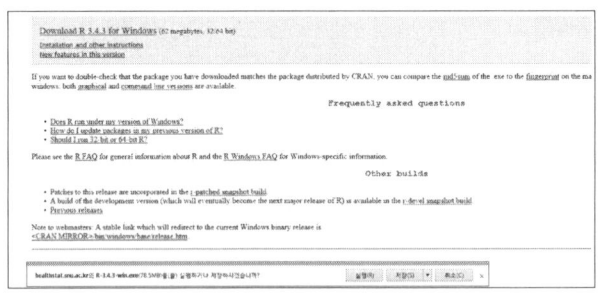

〈그림 6〉 설치파일 다운로드

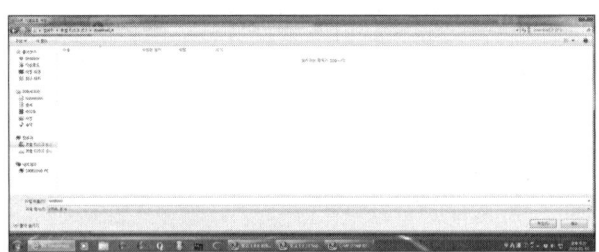

〈그림 7〉 설치파일 저장경로 설정

(7) R-3.4.3-win 파일 실행

사용자의 하드디스크에 저장한(예를 들어, C:₩download_R₩) R-3.4.3-win.exe 파일을 "관리자 권한으로 실행(A)" 하면 〈그림 8〉과 같은 창이 나타난다. "실행(R)"버튼을 선택하여 프로그램을 실행시킨다.

---

3) 실행(R) 버튼을 클릭하여 바로 install 할 수도 있으나 지정된 폴더(예를 들어, C:₩download_R₩)에 R-3.4.3-win.exe 파일을 다운 받은 후 이를 관리자 권한으로 실행(A)하는 것이 더 바람직하다.

〈그림 8〉 설치 파일 실행

(8) 언어 선택

여기서는 이미 선택된 "한국어"를 그대로 선택하기 위해 "확인"버튼을 클릭하면 된다.

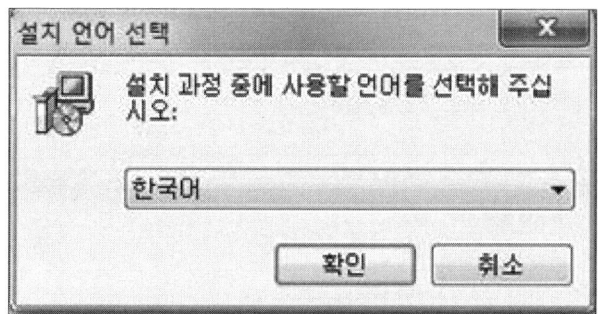

〈그림 9〉 설치 언어 선택

(9) 설치시작 라이선스정보

R의 라이선스에 대한 정보를 읽어본 후 "다음(N)"버튼을 선택한다.

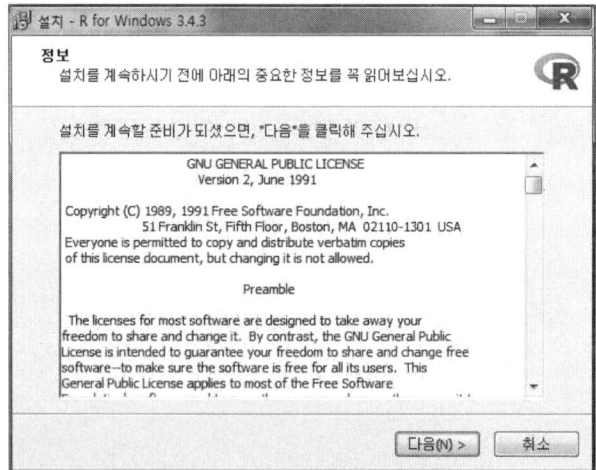

〈그림 10〉 라이선스 정보화면

(10) 설치할 위치 선택

이미 선택된 폴더 "C:\Program Files\R\R-3.4.3"에 설치하거나 다른 폴더를 지정하여 "다음(N)"을 클릭하여 프로그램을 설치한다.

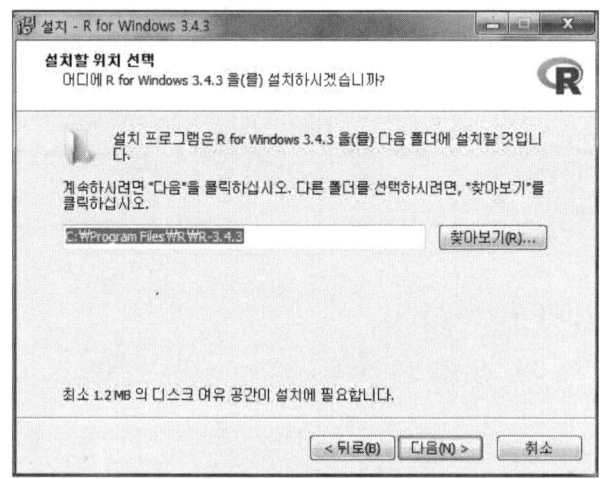

〈그림 11〉 설치위치 선택화면

(11) 설치할 구성요소 선택

설치 구성요소 선택에는 설치할 컴퓨터의 성능에 맞게 자동으로 선택되는 옵션을 확인해야 한다. 그 후 Core Files은 체크되었는지 확인하고, 32bit Files와 64bit[4] Files중에 한 옵션이 체크되어 있는지 확인하여 "다음(N)"을 클릭하면 된다. 만약 체크가 되어 있지 않다면 컴퓨터의 성능에 맞게 체크한 후 "다음(N)"을 클릭하면 된다.

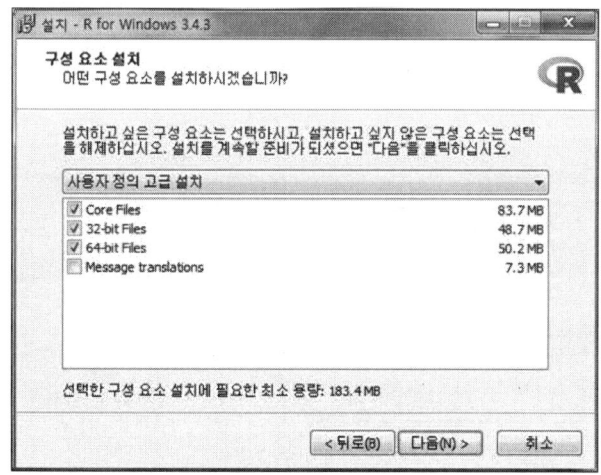

〈그림 12〉 구성요소 설치화면

(12) 스타트업 옵션선택

여기서는 기본으로 이미 선택된 것을 선택하기 위해 "다음(N)"버튼을 선택한다. 사용자가 특별한 R 환경을 원하는 경우 스타트업 옵션에서 "Yes"를 선택하고 그렇지 않은 사용자들은 "No"를 선택한다.

---

4) 64bit를 지원한다면 64bit를 선택하면 유리하다. 특히 대용량 자료를 다룰 때 매우 유리하다.

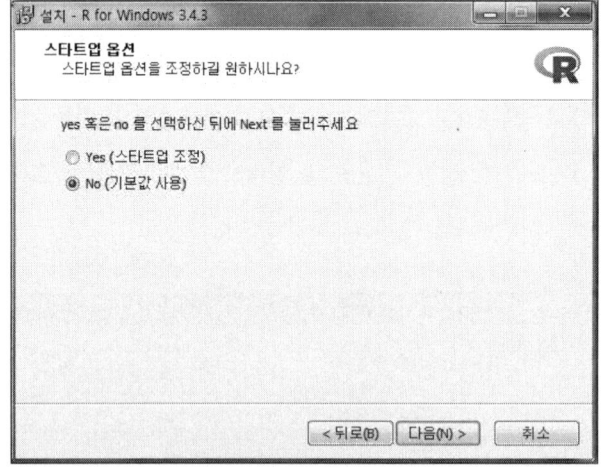

〈그림 13〉 스타트업 선택화면

(13) 시작 메뉴 폴더 선택

"다음"을 누르면 [시작] → [모든 프로그램] → [R]의 경로로 [R]폴더가 새로 만들어진다. 사용자들은 R을 실행시키기 위해 폴더 [R]을 선택하면 된다.

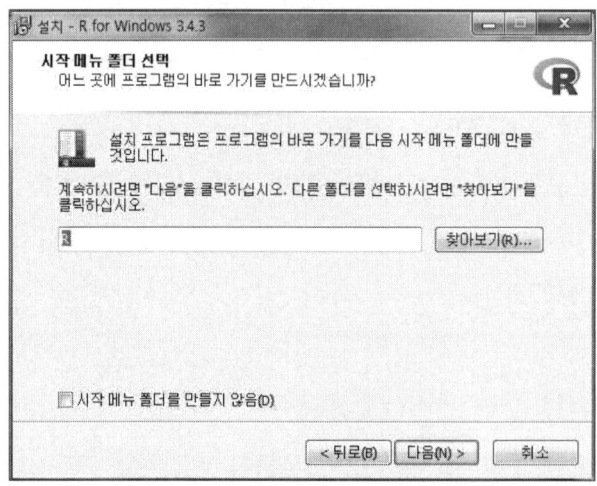

〈그림 14〉 시작 메뉴 폴더 선택화면

(14) 추가사항적용

R 설치과정에서 추가로 적용하고자 하는 사항을 선택한다. 특별히 추가 적용사항이 없으면 이미 선택된 기본 사항을 그대로 적용하고자 하는 경우 "다음(N)"버튼을 클릭하면 된다.

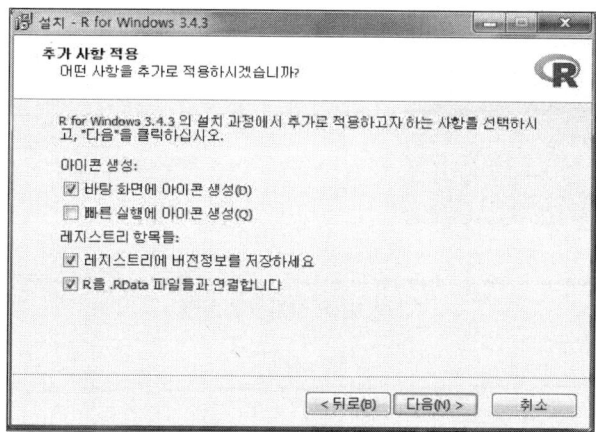

〈그림 15〉 추가사항 선택화면

(15) R 설치와 설치완료

〈그림 16〉 화면은 R 설치과정을 보여준다. 초록색의 바가 빈 공간에 다 차면 〈그림 17〉 화면이 나타난다. 〈그림 17〉은 설치가 완료된 화면이며, "완료(F)"를 누르면 R 프로그램의 설치과정이 끝난다.

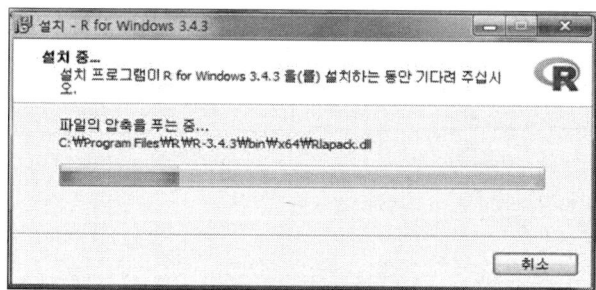

〈그림 16〉 R 설치중 화면

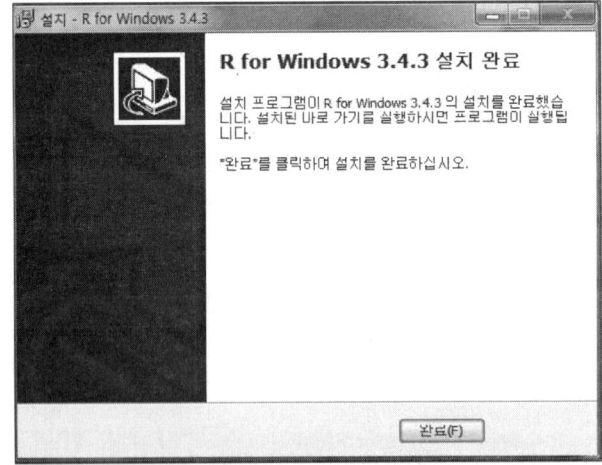

〈그림 17〉 R 설치완료 화면

3. R프로그램의 시작

R 프로그램 시작은 바탕화면에 있는 R 아이콘()을 선택하거나 [시작] – [모든 프로그램] – [R] – [R-3.4.3]을 선택하면 〈그림 18〉과 같이 R 프로그램 초기화면이 나타난다. 그림을 보면 두 개의 화면(혹은 창)이 나타나는데, 안에 있는 화면이 R 콘솔 화면이고, 바깥에 있는 화면이 RGui 화면이다. R 콘솔 화면은 R 코드를 작성하여 실행시킬 수 있는 화면이고, RGui 화면에는 파일, 편집, 보기, 패키지, 윈도우즈, 도움말 등의 R 프로그램과 관련된 여러 가지 메뉴가 들어 있고 메뉴를 통하여 편리하게 R 프로그램 파일처리, R 편집기, 패키지 불러오기, 그 밖에 도움말 기능들을 이용할 수 있다.

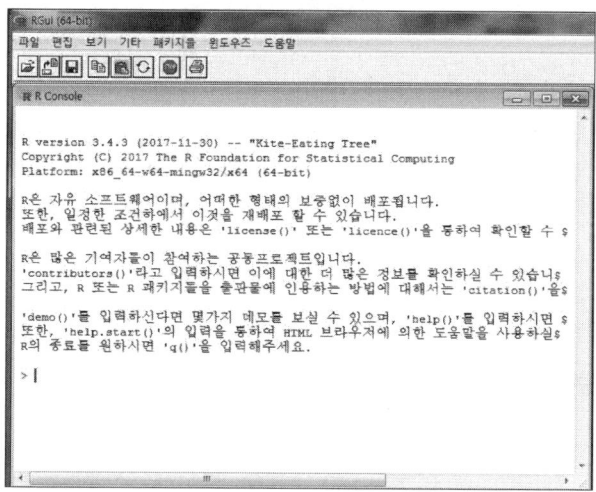

〈그림 18〉 R 초기 실행 화면

■ 4. 패키지(package) 설치 ■

"base"에 포함되지 않는 함수가 포함된 라이브러리는 "패키지" 메뉴에서 가능하다. R은 기본 설치("base")만으로도 많은 함수를 제공하지만 가끔 추가로 제공되는 패키지를 설치하여 사용하면 더 편리해지기도 한다. 대표적으로 2가지 방법이 있다. 첫 번째로 필요한 패키지의 이름을 Console 박스 화면에, 예를 들어, install.packages("spdep")와 같이 직접 타이핑하거나 다음 〈그림 19〉와 같이 window 화면의 패키지를 이용할 수 있다.

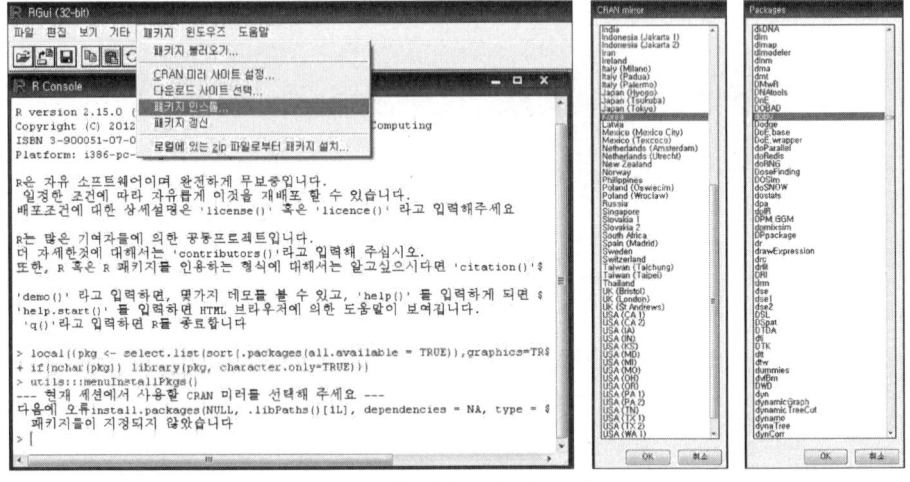

〈그림 19〉 패키지 인스톨 화면

설치가 완료되면 콘솔에 설치된 패키지 내용과 성공여부가 출력된다. 패키지는 한 번만 설치하면 지속적으로 사용할 수 있으므로 미리 설치할 필요 없이 필요할 때마다 설치하면 된다. 파일을 가져올 지역을 선택하는 메뉴가 뜨는데 사는 곳에서 가장 가까운 곳을 (Korea) 선택하면 된다. 설치를 끝낸 후 패키지 "spdep"에 있는 함수나 데이터를 사용하려면 다음과 같이 library(spdep)로 불러들인다.

■ 5. 파일 메뉴 ■

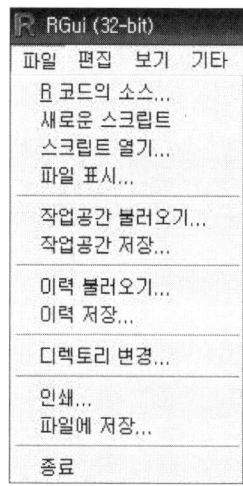

● **스크립트**(script)
  작업을 위한 프로그램 모임. 일정한 작업을 프로그램으로 저장해 놓으면 유사 작업 수행용이

● **작업공간**(workspace)
  프로그램 수행 중 만들어진 오브젝트, 데이터셋 등을 저장해두면, R프로그램 재실행 후에도 동일하게 사용할 수 있음

● **이력**(history)
  작업 수행을 위해 사용하였던 Line 프로그램을 저장. 이전 라인 프로그램으로 가려면 화살표 ↑을 사용하면 된다.

● **디렉터리**(directory) **변경**
  외부 데이터가 있거나 스크립트, 이력 등을 저장하려는 폴더 지정

● **파일에 저장**
  콘솔 내용을 텍스트로 저장

〈그림 20〉 파일 메뉴 화면

■ 6. 편집 메뉴 ■

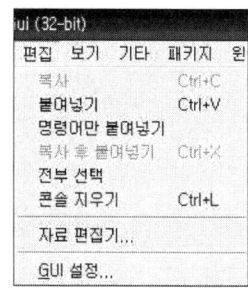

● **편집메뉴**
  프로그램이나 결과 중 필요한 부분 복사, 잘라내기, 붙여넣기 가능

● **콘솔지우기**
  콘솔에 있는 내용 모두 지우기

● **자료편집기**
  데이터 혹은 행렬편집, 엑셀과 같은 스프레드시트 형식으로 열림

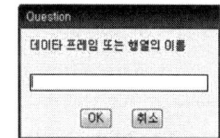

● **GUI설정**
  R의 GUI(Graphic User Interface)환경 설정

〈그림 21〉 편집 메뉴 화면

■ 7. 기타 메뉴 ■

● 보기메뉴
  툴바와 상태바를 설정가능

● 패키지메뉴
  필요한 패키지 메뉴 설치가능

● 윈도우즈 메뉴
  열린 창 보기설정

● 도움말 메뉴
  R의 도움말을 제공하며 도움말 검색기능 및
  매뉴얼 제공

〈그림 22〉 기타 메뉴 화면

■ 8. 오브젝트 (object) ■

오브젝트(object)는 R의 모든 것이다(Object is everything). 모든 오브젝트는 속성을 가지고 있고 이를 통하여 R사용자는 R과 이야기하며, 모든 내용을 이곳에 저장한다. 오브젝트의 형식은 숫자형(numeric), 문자형(characteristic), 요인(분산분석의 요인), 논리형(logical), 실수형(double), 복소수형(complex) 등이 있다.

오브젝트에 저장될 수 있는 내용은 벡터, 행렬, 데이터, 배열, 리스트, 함수(분석)결과 내용 등이 있으며, 저장하려면 기호 <-, =(동일한 작업 내용)을 사용한다. 이를 오브젝트 할당(assignment)이라 한다.

※ R오브젝트 활용

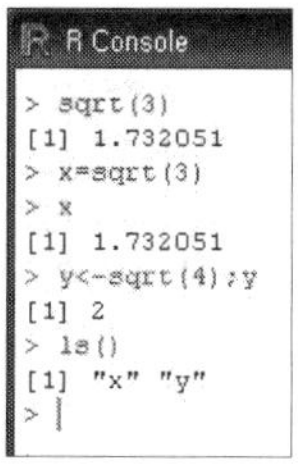

```
R Console
> sqrt(3)
[1] 1.732051
> x=sqrt(3)
> x
[1] 1.732051
> y<-sqrt(4);y
[1] 2
> ls()
[1] "x" "y"
> |
```

- =, <-을 사용하면 우측작업내용이 좌측이름과 동일한 오브젝트로 저장된다.
- 오브젝트 내용을 보려면 오브젝트 이름을 입력하면 된다.
- 오브젝트의 리스트를 보려면 함수 ls()를 이용한다.
- ;는 명령문을 나누는 역할을 한다.

〈그림 23〉 오브젝트 화면 예시

오브젝트이름은 영어 알파벳, 숫자, 마침표(.), under-bar(_) 등의 조합을 사용할 수 있으나, 숫자, 마침표, 언더바, ~은 첫 글자로 사용할 수 없다. 그리고 내장 함수(sqrt, sin, pi) 이름이나 명령어(for, if, matrix, read.csv)로 예약된 단어는 오브젝트 이름으로 사용할 수 없다. R에서는 대소문자를 구별(case sensitive)해야 하므로 오브젝트 이름도 동일한 적용을 받아, data와 DATA는 서로 다른 오브젝트 이름이다.

명령문과 명령문은 세미콜론(;) 또는 새로운 줄로 구분된다. #으로 시작되는 줄은 무시된다. 즉 #으로 시작하는 줄에 프로그램에 대한 설명을 넣을 수 있다. 위, 아래 화살표를 사용하여 이전의 명령문을 다시 부를 수 있다. 줄의 끝에서 명령문이 완결되지 않으면, 명령문이 완결될 때까지 R은 연속프롬프트 +를 다음 줄에 표시한다. 예를 들어, 이와 같이 명령문이 길 때 매번 +를 타이핑하기 번거로우면 다음과 같이 명령문 창에 옵션 명령문을 넣어 준다.[5]

options(width = 70, prompt = "R〉", digits=7, continue = "+ ", show.signif.stars=TRUE)

---

5) 다음과 같이 명령문 options( )을 Console 창에서 실행시키면 많은 options를 볼 수 있다.

이와 같은 옵션 명령문은 창의 넓이를 70 character로 프롬프트를 ")"에서 "R>"로 digits=7의 경우 컴퓨터 화면의 결과물들을 소수점 7자리로 축약하고, continue = "+"의 경우 줄을 넘긴 긴 명령문의 경우에도 그냥 Enter Key로 이어서 입력하면 된다. 마지막으로 show.signif.stars=TRUE의 경우 p값에 따라 .05 .01 .001 각각 *, **, *** 표시한다.

이와 같은 옵션 명령문을 매번 R을 시작할 때마다 실행하기가 번거로우면 Files\R\ R-3.4.3\etc에서 Rprofile.SITE의 파일에 옵션 명령문을 추가로 넣어 주면 된다.

다음과 같이 Rprofile.SITE 파일을 새로 저장하려면, 관리자 권한으로 실행하여야 한다.

```
# Things you might want to change

# options(papersize="a4")
# options(editor="notepad")
# options(pager="internal")

# set the default help type
# options(help_type="text")
options(help_type="html")

# set a site library
# .Library.site <- file.path(chartr("\\", "/", R.home()), "site-library")

# set a CRAN mirror
# local({r <- getOption("repos")
#       r["CRAN"] <- "http://my.local.cran"
#       options(repos=r)})

# Give a fortune cookie, but only to interactive sessions
# (This would need the fortunes package to be installed.)
# if (interactive())
# fortunes::fortune()

options(width = 70, prompt = "R> ", digits=7, continue = "+ ", show.signif.stars=TRUE)
```

제2절 R프로그램의 간단한 예제 및 따라하기

■ 1. R프로그램의 도움말 예제 따라하기 ■

A sample session: 세션을 시작 전에 먼저 인터넷이 연결되어 있어야 하며, R프로그램이 실행 가능해야 한다. 프로그램 구동 후 도움말-Html 도움말을 클릭하면 새로운 윈도우 익스플로러 창이 팝업 된다.

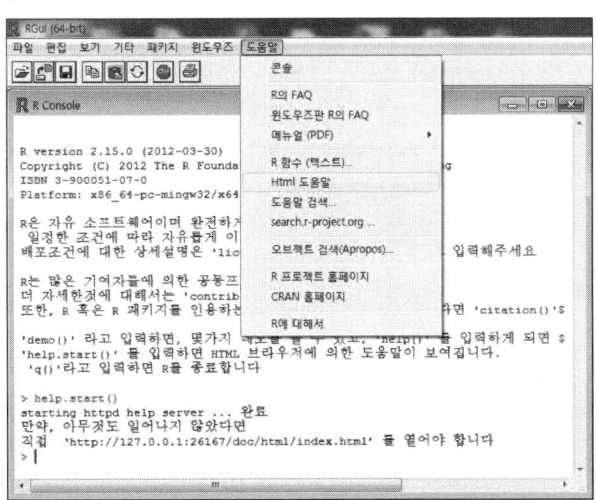

〈그림 24〉 도움말-Html도움말 클릭화면

새로운 팝업창은 아래와 같다. 그 안에서 Manuals항목의 An Introduction to R 클릭하면 새로운 화면으로 전환된다.

〈그림 25〉 Statistical Data Analysis R 화면

〈그림 26〉 세션연습을 위한 준비화면

나타난 화면에서 스크롤을 아래로 내려다보면 14. OS facilities 항목 다음에 "Appendix A A sample session" 항목이 있다. 이 항목을 클릭하면 다음과 같은 화면이 나타난다. 좌측에 붙어있는 연한글씨들은 R프로그램에서 실행할 명령어이며 그 외 띄워져 있는 볼드체로 나타난 부분은 명령어에 대한 설명을 나타낸다.

만약 위와 같이 메뉴를 찾을 수 없을 경우에 R 콘솔창에 help.start( )를 직접 입력하면 위와 같은 팝업창을 찾을 수 있으며 아래의 경로(기본설치경로)를 직접 찾아서 파일을 실행한 다면(C:₩Program Files₩R₩R-3.4.3₩doc₩manual₩R-intro.html)이 세션을 이용할 수 있다.

〈그림 27〉 세션연습 준비완료 화면

〈Sample Session의 시작〉

R을 구동하는 방법은 크게 2가지가 있다.
R 프로그램이 익숙하기 전까지는 반드시 (i) 을 강력하게 추천함.
(i) R 편집기 ===〉 편집 ===〉 줄 또는 선택영역 실행
(ii) R 편집기 ===〉 편집 ===〉 전부 실행하기
가상적인 임의의 정규분포 벡터 x-좌표 및 y-좌표를 생성을 한다.
x 〈- rnorm(50)   # 또는 x = rnorm(50) 정규분포하는 50개의 무작위 자료 x
y 〈- rnorm(x)   # 또는 y = rnorm(x)

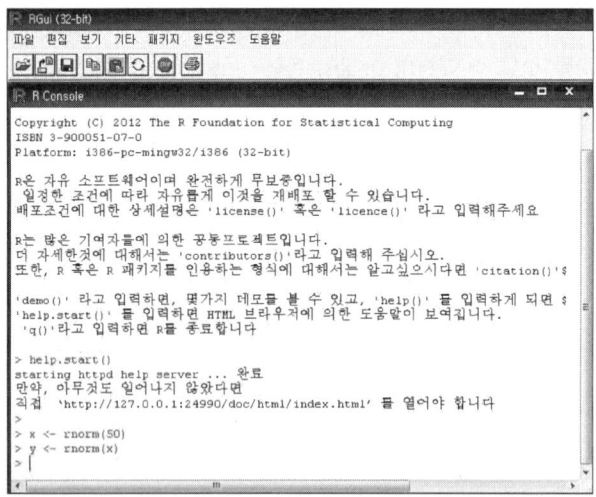

〈그림 28〉 벡터 x-좌표 및 y-좌표를 생성

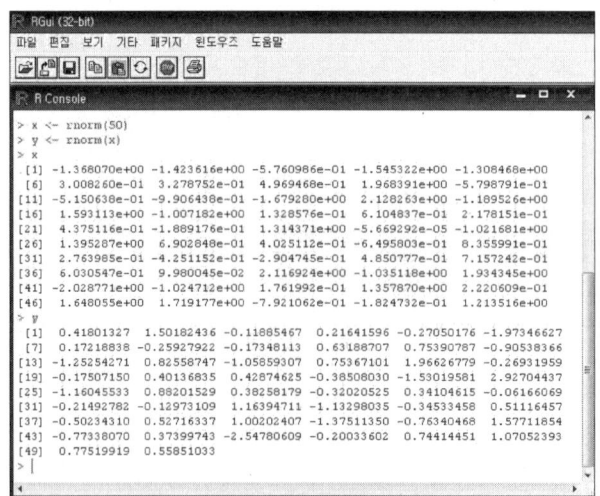

〈그림 29〉 벡터 x-좌표 및 y-좌표 데이터

# x-y 산포도(scatter diagram)가 자동적으로 새창에 나타난다.
plot(x, y)

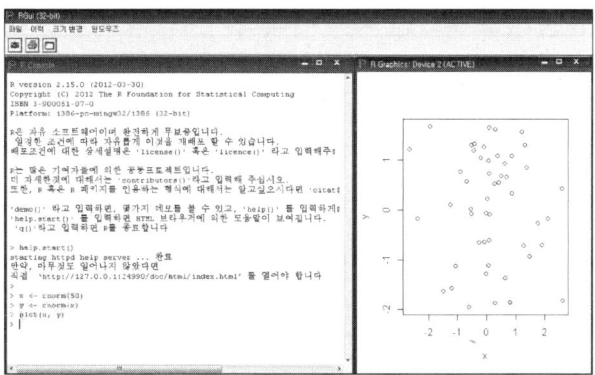

〈그림 30〉 X-Y 산포도

중략 ....

```
q()   # R의 종료
```

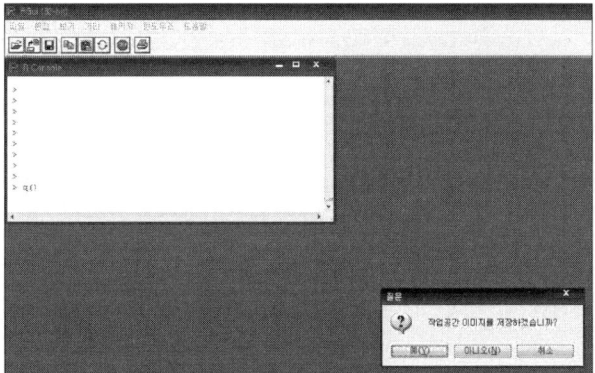

〈그림 31〉 R의 종료 화면

작업공간 이미지를 저장하겠습니까? 아니오.

■ 2. 간단한 R 통계 프로그램 예제 따라하기 ■

벡터는 다음과 같이 만들 수 있다.
- 다음과 같이, 변수에 벡터의 변수값을 직접 할당하여 벡터를 만들 수 있다.

```
x=c(1,2,3,4,5); x
y=c("male", "female", "male", "female", "male"); y   ### 한글 hwp에서 복사함
# 주의: 한글 hwp에서 y를 복사하여 R을 시행하면 y를 인식하지 못함
# 에러: 객체 'y'를 찾을 수 없습니다
# 즉 한글 hwp에서의 " " 부호와 R의 Console 창의 " "의 부호는 다르게 인식함
# 따라서 R의 스크립트 창을 이용하여 타이핑을 하여야 됨.
y=c("male", "female", "male", "female", "male"); y ### 직접 타이핑함
# 결과는 [1] "male"   "female" "male"    "female" "male"
```

여기서 명령문 c(concatenate 또는 combine을 의미함)는 벡터의 변수값을 쉼표로 분리하여 지정한다.
- R은 여러 가지 종류의 오브젝트(object)로 구성 된다. 오브젝트의 종류는 다음과 같이 명령문 class로 확인할 수 있다.

```
class(x)    # 결과는 [1] "numeric"
class(y)    # 결과는 [1] "character"
str(x)      # 결과는 num [1:5] 1 2 3 4 5
str(y)      # 결과는 chr [1:5] "male" "female" "male" "female" "male"
```

x는 수의 값을 가지고 오브젝트의 종류는 numeric이며, y는 문자의 값을 가지고 종류는 character이다. 명령문 str는 R의 오브젝트의 구조(structure)를 요약하며, 여기서는 벡터의 종류와 변수값을 보여준다.
- 다음과 같이, 변수에 벡터의 변수값을 할당할 수도 있다.

```
x1=seq(1,5); x1  # 결과는 [1] 1 2 3 4 5
x2=seq(1,5, by=0.5); x2 # 결과는 [1] 1.0 1.5 2.0 2.5 3.0 3.5 4.0 4.5 5.0
```

여기서 1:5와 seq(1,5)는 1부터 5까지의 1의 크기로 증가하는 벡터의 값을 할당한다. 명령문 seq에 by=0.5으로 지정하면, 0.5의 크기로 증가하는 벡터의 값을 할당한다.

● 새로운 벡터는 산술연산(arithmetic operation)을 통해 만들 수도 있다. 〈표 1〉은 R의 산술연산자(arithmetic operator) 또는 수학함수를 보여준다.

〈표 1〉 R의 수학함수

R명령문	내용
+	더하기
−	빼기
*	곱하기
/	나누기
^	지수승
sqrt	제곱근
log	자연로그
exp	지수함수
abs	절대값
round	반올림
ceiling	올림
floor	내림

● 두 벡터의 길이가 같으면, 산술연산은 원소와 원소 사이에 이루어진다. 다음과 같이, 산술연산을 통해 새로운 벡터를 만들 수 있다.

```
x3=seq(1,10); x3      # 결과는 [1]  1  2  3  4  5  6  7  8  9 10
y3=seq(11,20); y3     # 결과는 [1] 11 12 13 14 15 16 17 18 19 20
z3=x3+y3; z3          # 결과는 [1] 12 14 16 18 20 22 24 26 28 30
z4=y3^2; z4           # 결과는 [1] 121 144 169 196 225 256 289 324 361 400
z5=x3/y3; z5          # 결과는 [1] 0.09090 0.16666 0.23076 0.28571 0.33333 0.37500
                      #       [7] 0.41176 0.44444 0.47368 0.50000
```

● 새로운 벡터는 논리적 연산(logical operation)을 통해 만들 수도 있다. 〈표 2〉는 R의 논리적 연산자를 보여준다.

〈표 2〉 R의 논리적 연산자

R명령문	수학기호	내용
==	=	equal to
!=	≠	not equal to
<	<	less than
<=	≤	less than or equal to
>	>	greater than
>=	≥	greater than or equal to
&		and
|		or

● 예를 들어 다음과 같이, 논리적 연산을 통해 새로운 변수를 만들 수 있다.

```
TF = (x3 > 6); TF
# 결과는 [1] FALSE FALSE FALSE FALSE FALSE FALSE TRUE TRUE TRUE TRUE
class(TF)     # 결과는 [1] "logical"
```

여기서 (x3 > 6)는 x3의 값이 6보다 크면 "TRUE", 그렇지 않으면 "FALSE"의 값을 할당하는 논리적 연산자이며, 그렇게 만들어진 오브젝트의 종류는 logical이다.

● 명령문 as.numeric을 이용하면 다음과 같이 logical 오브젝트를 numeric 오브젝트인 더미변수(dummy variable)로 변환할 수 있다.

```
D1 = as.numeric(TF); D1  # 결과는 [1] 0 0 0 0 0 0 1 1 1 1
```

백터는 다음과 같이 조작할 수 있다.

- 벡터의 색인은 다음과 같이 대괄호([ ])안에 지정한다.

```
#x=c(1,2,3,4,5)
x[5]          # 결과는 [1] 5
x[2:5]        # 결과는 [1] 2 3 4 5
x[c(1,3,5)]   # 결과는 [1] 1 3 5
x[-c(2,3)]    # 결과는 [1] 1 4 5
```

여기서 x[-c(2,3)]처럼 색인 앞에 -부호를 붙이면 그 색인을 제외한 데이터가 선택된다.
- 〈표 3〉은 R의 벡터함수를 보여준다.

〈표 3〉 R의 벡터 함수

R명령문	내용
length	벡터의 길이
sum	모든 요소의 합
cumsum	모든 요소의 누적합
prod	모든 요소의 곱
diff	백터의 차분

- 다음과 같이 벡터의 길이와 벡터의 모든 원소의 합을 계산할 수 있다.

```
length(x)    # 결과는 [1] 5
sum(x)       # 결과는 [1] 15
cumsum(x)    # 결과는 [1]  1  3  6 10 15
prod(x)      # 결과는 [1] 120
diff(x)      # 결과는 [1] 1 1 1 1
diff(z5)     # 결과는 [1] 0.07575758 0.06410256 0.05494505 0.04761905 0.04166667
                         0.03676471
             #           [7] 0.03267974 0.02923977 0.02631579
```

행렬은 다음과 같이 만들 수 있다.

- 다음과 같이 두 벡터를 결합하여 행렬을 만들 수 있다.

```
k1=c(1,2,3,4,5); k1            # 결과는 [1] 1 2 3 4 5
k2=c(6,7,8,9,10); k2           # 결과는 [1] 6 7 8 9 10
K1=cbind(k1,k2); K1            # 결과는 column bind
    k1 k2
[1,]  1  6
[2,]  2  7
[3,]  3  8
[4,]  4  9
[5,]  5 10
K2=rbind(k1,k2); K2            # 결과는 row bind
    [,1] [,2] [,3] [,4] [,5]
k1    1    2    3    4    5
k2    6    7    8    9   10
```

R에서 벡터는 기본적으로 행벡터와 열벡터의 구별이 없다. 명령문 cbind는 벡터를 열벡터로 취급하며 오른쪽으로 쌓아가면서 행렬을 만들고, 명령문 rbind는 벡터를 행벡터로 취급하고 밑으로 쌓아가면서 행렬을 만든다.

- 행렬의 행길이와 열길이의 차수(dimension)는 명령문 dim으로 계산한다.

```
dim(K1)        # 결과는 [1] 5 2 즉 k1은 5*2 행렬
dim(K2)        # 결과는 [1] 2 5 즉 k2은 2*5 행렬
```

- 다음과 같이 명령문 matrix를 이용하여 하나의 벡터를 순서대로 채워 행렬을 만들 수도 있다.

```
X=1:8    # 대문자 X와 소문자 x는 서로 다름
X1=matrix(X, nrow=2, ncol=4, byrow=T); X1  # 결과는
     [,1] [,2] [,3] [,4]
[1,]  1    2    3    4
[2,]  5    6    7    8
X2=matrix(X, nrow=2, ncol=4, byrow=F); X2  # 결과는
     [,1] [,2] [,3] [,4]
[1,]  1    3    5    7
[2,]  2    4    6    8
```

여기서 nrow=로 행의 수를, ncol=로 열의 수를 지정하고, byrow=T이면 행을 순서대로, byrow=F이면 열을 순서대로 채운다.

● 다음과 같이 명령문 matrix에서 벡터 대신 scan()을 지정하면 상호작용하는 식으로 직접 행렬을 입력할 수 있다.

```
C1=matrix(scan(), nrow=3, ncol=3, byrow=T)
1: 1 2 3        # 1 2 3을 입력하고 Enter Key
4: 4 5 6        # 4 5 6을 입력하고 Enter Key
7: 7 8 9        # 7 8 9을 입력하고 Enter Key
10:             # Enter Key
Read 9 items
C1 # 결과는
     [,1] [,2] [,3]
[1,]  1    2    3
[2,]  4    5    6
[3,]  7    8    9
C2=matrix(scan(), nrow=3, ncol=3, byrow=F)
1: 1            # 1을 입력하고 Enter Key
2: 2            # 2을 입력하고 Enter Key
3: 3            # 3을 입력하고 Enter Key
4: 4            # 4을 입력하고 Enter Key
```

```
5: 5           # 5을 입력하고 Enter Key
6: 6           # 6을 입력하고 Enter Key
7: 7           # 7을 입력하고 Enter Key
8: 8           # 8을 입력하고 Enter Key
9: 9           # 9을 입력하고 Enter Key
10:            # Enter Key
Read 9 items
C2 # 결과는
    [,1] [,2] [,3]
[1,]  1    4    7
[2,]  2    5    8
[3,]  3    6    9
```

 byrow=T이면, 행의 데이터를 공백으로 분리해 입력하고 Enter키를 누르고, 입력이 완료되면 Enter키를 눌러 입력을 종료한다. byrow=F이면, 모든 데이터마다 Enter키를 눌러 입력한다.

● 새로운 행렬은 산술연산을 통해 만들 수도 있다. 예를 들어 다음과 같이 산술연산을 통해 새로운 행렬을 만들 수 있다.

```
C3=C1+C2; C3 # 결과는
    [,1] [,2] [,3]
[1,]  2    6   10
[2,]  6   10   14
[3,] 10   14   18
```

행렬은 다음과 같이 조작할 수 있다.

● 행렬의 색인은 다음과 같이 대괄호([,])안에 지정하며, 컴마 앞에는 행의 색인을, 컴마 뒤에는 열의 색인을 지정 할 수 있고 이를 이용하여 벡터의 부분집합을 선택할 수 있다.

```
C3[3,2]              # 결과는 [1] 14
C3[1,2:3]            # 결과는 [1]  6 10
C3[,2:3]             # 결과는
     [,1] [,2]
[1,]   6   10
[2,]  10   14
[3,]  14   18
```

여기서 C3[,2:3]처럼 행의 색인을 지정하지 않으면 모든 행이 지정된다.

- 〈표 4〉는 R의 행렬함수를 보여준다.

〈표 4〉 R의 행렬 함수

R명령문	내용
%*%	행렬곱
t	전치(transpose)
dim	차수(dimension)
det	행렬식 (determinant)
diag	대각원소(diagonal elements)
solve	역행렬(inverse matrix)
eigen	고유값(eigen values), 고유벡터(eigen vectors)

- 예를 들어, 다음과 같이 실행할 수 있다.

```
D=C1%*%C2; D    # 결과는
      [,1] [,2] [,3]
[1,]   14   32   50
[2,]   32   77  122
[3,]   50  122  194
D1=diag(3); D1  # 결과는
      [,1] [,2] [,3]
[1,]    1    0    0
[2,]    0    1    0
```

```
[3,]   0   0   1
D2=D+D1; D2       # 결과는
       [,1] [,2] [,3]
[1,]   15   32   50
[2,]   32   78  122
[3,]   50  122  195
D2%*%solve(D2)    # 결과는
          [,1]         [,2]          [,3]
[1,]  1.000000e+00  2.886580e-15  6.661338e-16
[2,] -3.526693e-15  1.000000e+00 -2.220446e-16
[3,] -5.952704e-15  5.218048e-15  1.000000e+00
zeros=matrix(0,3,3); zeros   # 결과는
     [,1] [,2] [,3]
[1,]   0    0    0
[2,]   0    0    0
[3,]   0    0    0
ones=matrix(1,3,3); ones   # 결과는
     [,1] [,2] [,3]
[1,]   1    1    1
[2,]   1    1    1
[3,]   1    1    1
```

데이터 프레임(data frame)은 다음과 같이 만들 수 있다.

- 데이터프레임은 같은 관측치를 가지는 열벡터의 변수들로 이루어진 행렬의 데이터이다. 명령문 data.frame을 이용하여 벡터로부터 다음과 같이 만들 수 있다.

```
d=data.frame(X1,X2); d
```

- R에는 여러 데이터가 이미 내장되어 있다. 명령문 data()을 실행하면 팝업창에 내장된 데이터의 목록을 보여준다. 그 중에서 cars란 데이터를 사용하려면 다음과 같이 실행한다.

```
data()
data(package = .packages(all.available = TRUE))
?cars
data(cars)
View(cars)       # 결과는 table 창이 나타남
str(cars)
'data.frame':   50 obs. of  2 variables:
 $ speed: num  4 4 7 7 8 9 10 10 10 11 ...
 $ dist : num  2 10 4 22 16 10 18 26 34 17 ...
names(cars)      # 결과는
[1] "speed" "dist"
class(cars)      # 결과는
[1] "data.frame"
speed            # 결과는
에러:개체 'speed'이 없습니다
# 데이터프레임의 변수는 데이터프레임의 하부항목이다.
# 따라서 다음과 같이 데이터프레임과 변수 사이에 $ 기호를 붙여서
# 변수가 어느 오브젝트의 하부항목인지를 알려줘야 한다.
cars$speed       # 결과는
 [1]  4  4  7  7  8  9 10 10 10 11 11 12 12 12 12 13 13 13 13 14 14 14 14 15
[25] 15 15 16 16 17 17 17 18 18 18 18 19 19 19 20 20 20 20 20 22 23 24 24 24
[49] 24 25
attach(cars)     # 이러한 것이 불편한 경우에는 명령문 attach를 이용할 수도 있다.
speed
cars[11:15,]     # 결과는
   speed dist
11    11   28
12    12   14
13    12   20
14    12   24
15    12   28

speed[44:50]             # 결과는
   speed
44    22
45    23
46    24
47    24
48    24
49    24
```

● 데이터프레임은 예를 들어 다음과 같이 콤마로 분리된 텍스트파일을 외부로 저장하고, 후에 다시 불러올 수 있다.

```
setwd("C:/R_행통")
write.csv(cars, "dt1.csv", row.names=T)
write.csv(cars, "dt2.csv", row.names=F)
d1_new=read.csv("dt1.csv")
View(d1_new)
str(d1_new)              # 결과는
'data.frame':  50 obs. of  3 variables:
 $ X    : int  1 2 3 4 5 6 7 8 9 10 ...
 $ speed: int  4 4 7 7 8 9 10 10 10 11 ...
 $ dist : int  2 10 4 22 16 10 18 26 34 17 ...
d2_new=read.csv("dt2.csv")
View(d2_new)
str(d2_new)              # 결과는
'data.frame':  50 obs. of  2 variables:
 $ speed: int  4 4 7 7 8 9 10 10 10 11 ...
 $ dist : int  2 10 4 22 16 10 18 26 34 17 ...
```

데이터의 요약통계(summary statistic)는 다음과 같이 구한다.

● 명령문 summary는 데이터의 주요통계인 평균, 최소값, 제1사분위수, 중위수, 제3사분위수, 최대값 등을 보여준다.

```
summary(cars)           # 결과는
    speed           dist
 Min.   : 4.0   Min.   :  2.00
 1st Qu.:12.0   1st Qu.: 26.00
 Median :15.0   Median : 36.00
 Mean   :15.4   Mean   : 42.98
 3rd Qu.:19.0   3rd Qu.: 56.00
 Max.   :25.0   Max.   :120.00
```

```
var(speed)              # 결과는 [1] 27.95918
sd(speed)               # 결과는 [1] 5.287644
quantile(dist)          # 결과는
 0%  25%  50%  75% 100%
  2   26   36   56  120
IQR(dist) # Q3-Q1       # 결과는 [1] 30
```

- 〈표 5〉는 R의 통계함수를 보여준다.

〈표 5〉 R의 행렬 함수

R명령문	내용
mean	평균
min	최소값
max	최대값
median	중위수
quantile	분위수
var	분산
sd	표준편차
IOQ	사분위범위
cov	공분산
cor	상관계수

표와 그래프는 다음과 같이 만든다.
- 히스토그램(histogram)을 만들려면, 명령문 hist로 다음과 같이 실행한다.

```
hist(speed, col="blue")
```

실행 후엔 〈그림 32〉와 같은 히스토그램을 만들 수 있다.

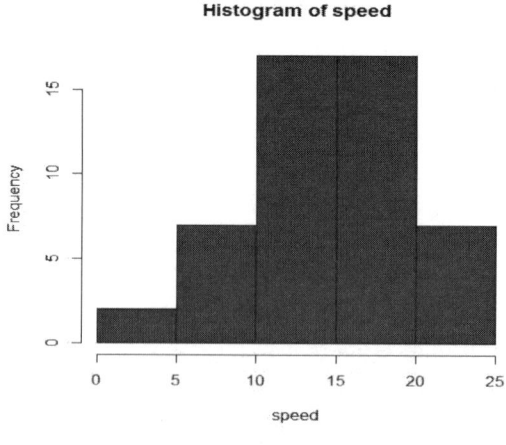

〈그림 32〉 Histogram of "speed"

● 두 변수의 산점도(scatter plot)를 만들려면, 명령문 plot으로 다음과 같이 세로축(X-axis), 가로축(Y-axis)의 변수를 순서대로 지정하며, 〈그림 33〉과 같은 산점도를 만들 수 있다.

```
plot(speed, dist, col="red")
```

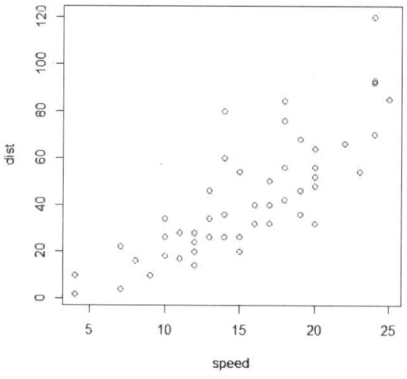

〈그림 33〉 Scatter Plot of 'speed' vs. 'dist'

확률계산과 확률표본의 추출은 다음과 같이 할 수 있다.

- 정규분포의 분포함수(distribution function)는 pnorm, 확률밀도함수(probability density function)는 dnorm, 분위수(quantile)는 qnorm, 무작위 정규확률표본(random sample)은 rnorm으로 구한다.

```
# 정규분포의 분포함수(distribution function)
set.seed(1234)           # 같은 결과를(reproducible numbers) 얻기 위해 설정
Y=rnorm(1000, 10, 10)    # 평균 10 표준편차가 10인 1000개의 무작위 정규분포 샘플
mean(Y)                  # 결과는 [1] 9.734028
sd(Y)                    # 결과는 [1] 9.973377
hist(Y)                  # 결과는 생략
pnorm(10,10,10)          # 결과는 [1] 0.5
dnorm(100,100,100)       # 결과는 [1] 0.003989423
qnorm(0.975)             # 결과는 [1] 1.959964
```

- 〈표 6〉은 R의 다양한 분포 명령문을 보여준다.

〈표 6〉 R의 다양한 분포 명령문

R명령문	내용
pnorm	정규분포의 분포함수
dnorm	정규분포의 확률밀도함수
qnorm	정규분포의 분위수
rnorm	정규분포의 확률표본
pchisq	− 분포의 분포함수
dchisq	− 분포의 확률밀도함수
qchisq	− 분포의 분위수
rchisq	− 분포의 확률표본
pt	− 분포의 분포함수
dt	− 분포의 확률밀도함수
qt	− 분포의 분위수
rt	− 분포의 확률표본
pf	− 분포의 분포함수
df	− 분포의 확률밀도함수
qf	− 분포의 분위수
rf	− 분포의 확률표본

```
# R의 다양한 분포 명령문
pchisq(10,10)    # 결과는 [1] 0.5595067
pt(1.96,100)     # 결과는 [1] 0.9736105
pf(10,10,5)      # 결과는 [1] 0.9898849
```

시뮬레이션(simulation) 프로그래밍은 다음과 같이 한다.

● 명령문 if는 논리적 연산자를 이용하여 조건적 실행을 하게하고, 명령문 for는 조건적 실행을 되풀이 하게 한다. 명령문 if와 for를 이용해 시뮬레이션 프로그래밍을 할 수가 있다.

● 예를 들어, 다음 프로그램은 1000개의 표준정규분포로부터의 확률표본 즉, n=1000, X~(0,1)에 대한 95%의 신뢰구간에(α=5%) 평균 0이 속하지 않을 확률에 대한 1000번의 Monte-Carlo simulation이다.

```
# 시뮬레이션(simulation) 프로그래밍
# Monte-Carlo simulation
set.seed(1234)
t=qt(0.025,999,lower.tail=F)
error=0
for(i in 1:1000) {
X=rnorm(1000, 0, 1); Xbar=mean(X); s2=var(X);
ci_low=Xbar-t*sqrt(s2/1000); ci_upper=Xbar+t*sqrt(s2/1000);
if((0 < ci_low) | (0 > ci_upper)) {error=error+1}
}
error     # 결과는 [1] 50
```

새로운 R함수는 다음과 같이 만들 수 있다.

● 명령문 function으로 다음과 같이 새로운 R함수를 만들 수 있다.

```
# 명령문 function으로 다음과 같이 새로운 R함수를 만들 수 있다.
cubic_fun=function(x){return(x^3)}
cubic_fun(3)    # 결과는 [1] 27
```

■ 3. 다양한 R 함수 예제 따라하기 ■

함수	기능
abs(x)	절대값
sqrt(x)	제곱근
x^n	n승값
ceiling(x)	올림
floor(x)	내림
trunc(x)	소수점 이하 버림
A=abs(-3); A	# 결과는 [1] 3
B=sqrt(4); B	# 결과는 [1] 2
C=10^2; C	# 결과는 [1] 100
D=ceiling(3.14); D	# 결과는 [1] 4
E=floor(3.6); E	# 결과는 [1] 3
F=trunc(1.24); F	# 결과는 [1] 1

함수	기능
round(x, digits=n)	소수점 n자리 이하 반올림
cos(), sin(), tan()	삼각함수값
log(), log10(), log2()	자연로그값, 상용로그값, 밑이 2인 로그값
exp()	지수함수값
prod()	데이터 곱
choose(n, r)	조합, combination
factorial(n)	순열, factorial
a1=round(3.145, 2); a1	# 결과는 [1] 3.15
a2=sin(45); a2	# 결과는 [1] 0.8509035
a3=log10(100); a3	# 결과는 [1] 2
a4=exp(3); a4	# 결과는 [1] 20.08554
a5=prod(2,3,4); a5	# 결과는 [1] 24
a6=choose(5,3); a6	# 결과는 [1] 10
a7=factorial(4); a7	# 결과는 [1] 24

통계분포함수(Statistical distribution function)

함수	기능
d*(x, 모수)	확률변수 x의 x에서의 확률값, f(x), 확률밀도함수
p*(x, 모수)	확률변수 x의 x까지 누적확률값, F(x), 누적분포함수
q*(x, 모수)	누적확률값이 p인 확률변수 x의 값, 역분포함수, F(p)
r*(x, 모수)	분포함수 *를 따르는 데이터 n개를 랜덤하게 생성, 확률변수 생성

- x : 확률변수값, p : 확률, n : 표본크기

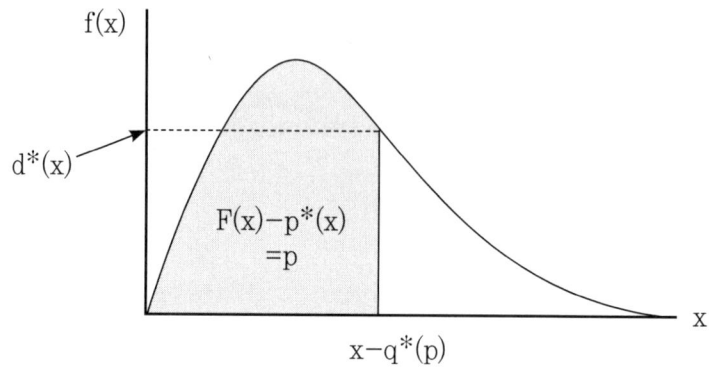

통계분포이름 및 R함수

분포이름	R함수	모수
beta	beta	shape1, shape2
binomial	binom	size, prob
Cauchy	cauchy	location, scale
chi-squared	chisq	df, ncp
exponential	exp	rate
F	f	df1, df2
gamma	gamma	shape, scale
geomatric	geom	prob
hypergcomatric	hyper	m, n, k
log-normal	lnorm	meanlog, sdlog
logistic	logis	location, scale
negative binomial	nbinom	size, prob
normal	norm	mean, sd
Poisson	pois	lambda
Student's t	t	df, ncp
uniform	unif	min, max
Weibull	weibull	shape, scale
Wilcoxon	wilcox	m, n

PLOT( ) 함수

함수		기능
X		x축 · 변수 지정
Y		y축 변수 지정
malil=		그래프 제목
sub=		그래프 아래 제목
xlim=		x4축 좌표 눈금 지정, y축은 ylim
ylab=		y-축 제목 지정, x-축은 xlab
type=	p	관측값 점을 0으로 표현
	l	라인으로 그리기
	b	점과 라인 모두 그리기
	c	점선으로 그리기
	o	선과 점을 동시에 그리기
	h	히스토그램을 선으로 형태
	s	계산 형식의 히스토그램
	n	그래프 사용하지 않음

※ plot(x, y, main=", sub=", xlim=c(a, b), ylab=", type=")

■ 4. 중심극한정리(central limit theorem) 그래프 보기 ■

R을 이용하여 표본크기(n)이 1, 5, 10, 50으로 증가할 때의 다양한 분포도(Normal, Gamma, Uniform, Beta)를 "TeachingDemos" 패키지를 이용하여 그래프로 나타내 보기로 하자. 어떠한 분포를 갖고 있더라도 표본수(sample size)가 커질수록 정규분포에 가까워지는 것을 볼 수 있다.

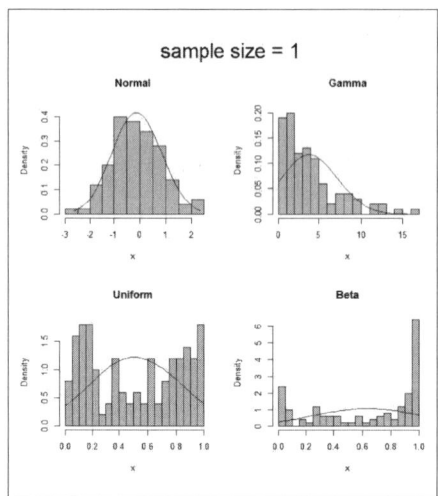
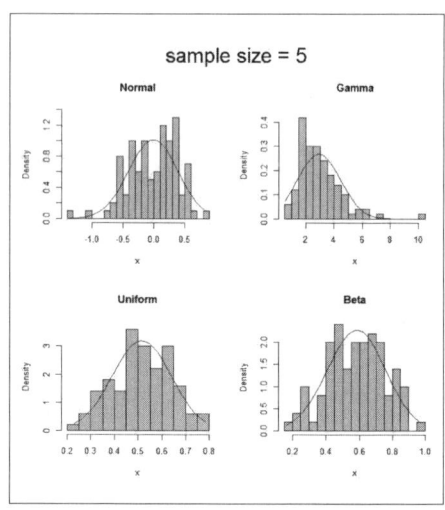
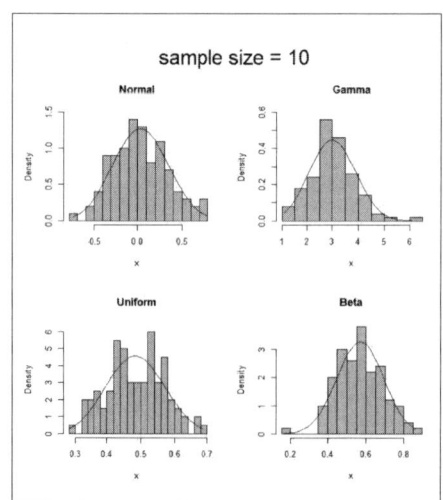
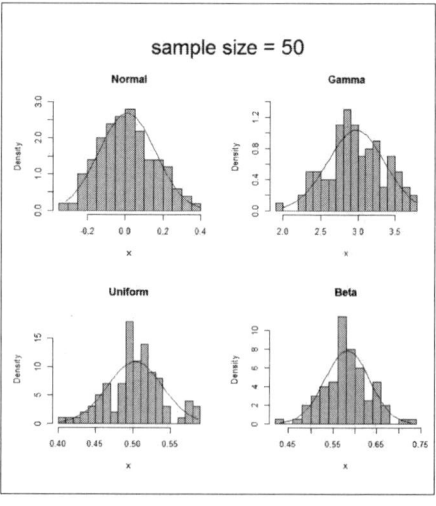

```
# R을 이용한 중심극한정리
install.packages("TeachingDemos")      # 새로운 패키지 설치
library("TeachingDemos")               # 패키지를 탑재(불러들임)
clt.examp(n = 1, reps = 100, nclass =16)
Sys.sleep(5)                           # 5초동안 화면 정지
clt.examp(n = 10, reps = 100, nclass =16)
Sys.sleep(5)
clt.examp(n = 50, reps = 100, nclass =16)
Sys.sleep(5)
clt.examp(n = 100, reps = 100, nclass =16)
```

5. 스크립트(script)

콘솔에서는 라인 타입 명령문 입력과 실행으로 작동하여 Enter 키를 입력하지 않는 한 라인에 작업한 내용은 실행되지 않는다. 그러므로 상이한 명령문을 연속하여 동일라인에 입력하고자 하면 명령문 사이에 세미콜론(;)을 사용하면 된다.

명령문 길이가 길어 한 라인에 들어가기 못하는 경우(Enter 키를 치기 전까지는 하나의 명령문으로 R은 인지하고 있음), 명령어 중간에서 Enter 키를 치면 커서는 다음 라인에 위치하고 대신 플러스(+)사인이 라인 첫 머리에 나타난다.

이전 라인 명령문을 재실행하려면 방향 키(↑,↓)를 사용하면 된다. 라인 명령문을 향후에도 사용하려면 이력저장을 이용하여 명령어들을 저장한 후 향후 불러 사용하면 된다.

라인 에디터 작업 환경은 다소 불편하므로 다수의 라인 명령어들을 동시에 실행하거나 원하는 함수를 만들기, 작업에 필요한 프로그램 작업을 위해서는 스크립트(script)를 활용하는 것이 좋다. 스크립트는 SAS의 프로그램 작업과 동일하다. 새로운 스크립트 만들기는 다음과 같이 하면 스크립트 창이 열린다.

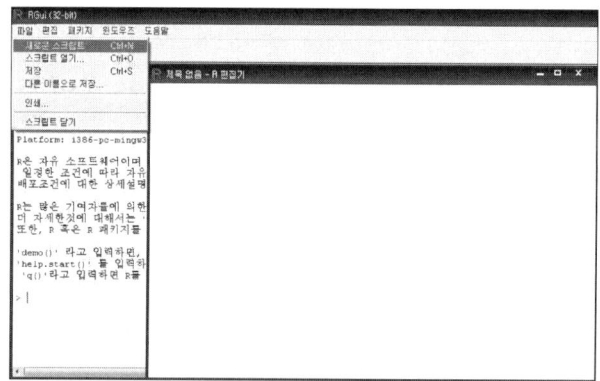

　　스크립트 작업이 끝나면 스크립트를 저장(다른이름으로 저장...)하여 다시 불러 사용하면 된다. 저장할 때는 R을 확장자로 사용하는 것이 적절하다. 이는 R은 다른 소프트웨어와는 달리 확장자 R이 자동으로 붙여지지 않는다. 그러므로 스크립트 이름을 붙일 때는 다음과 같이 이름 뒤에 확장자까지 붙여 저장하기를 권장한다.

　　스크립트에 작성된 프로그램은 라인별로 실행할 수도 있으며 전체 프로그램을 한 번에 실행할 수도 있다. 실행된 명령문은 콘솔에 명령문과 함께 결과가 출력된다.

- 라인별 실행

　　커서를 명령문 라인 아무 곳에나 놓고 ctrl+r을 치면 라인 명령문이 실행되어 콘솔에 명령문과 결과가 출력되고 커서는 다음 라인 명령문으로 이동한다. 커서가 마지막 라인에 있으면 더 이상 아래로 이동하지 않는다.

- 전체 스크립트 실행

　　아무 곳에나 놓고 ctrl+a을 입력하면 스크립트 명령문 전체가 선택된다. ctrl+r을 치면 스크립트 전체가 실행되어 콘솔에 나타난다. 스크립트 일부만 선택하고 싶으면 마우스로 실행 원하는 부분을 선택한 후 ctrl+r을 치면 된다. 스크립트에서 명령문을 실행하지 않으려면 명령문 제일 앞에 '#' 표시를 하여 실행되지 않도록 한다. 이를 주석문(comment statement)이라 한다.

● 유용한 편집프로그램

https://www.rstudio.com/에서 무료로 R Studio 프로그램을 다운로드 받을 수 있다. 반드시 R 프로그램이 먼저 저장되고 작동되어야 R Studio 프로그램이 가동된다.

본 저서에 수록된 모든 R Studio 프로그램 내용은 "R_Studio_Figure" 폴더에 각 장(Chapter)별로 jpg 파일로 저장되어 있다. 또한 R 명령어 파일, R Studio notebook을 활용한 명령어 및 결과를 한번에 볼 수 있는 html 파일, 본서에 관련된 자료(DATA)들은 윤성사 홈페이지(www.yspublish.co.kr) 자료실에서 다운 받아 볼 수 있다.

다음은 통계학에서 기호로 자주 사용되는 Greek 문자와 그의 발음표이다.

소문자	α	β	γ	δ	ε	ζ	η	θ
대문자	A	B	Γ	Δ	E	Z	H	Θ
발음	alpha (알파)	beta (베타)	gamma (감마)	delta (델타)	epsilon (엡실론)	zeta (제타)	eta (에타)	theta (쎄타)
소문자	ι	κ	χ	λ	μ	ν	ξ	o
대문자	I	K	X	Λ	M	N	Ξ	O
발음	iota (아이오타)	kappa (카파)	chi (카이)	lambda (람다)	mu (뮤)	nu (누)	xi(ksi) (자이)	omicron (오미크론)
소문자	π	ρ	σ	τ	υ	ϕ	ψ	ω
대문자	Π	P	Σ	T	Y	Φ	Ψ	Ω
발음	pi (파이)	rho (로)	sigma (시그마)	tau (타우)	upsilon (웁실론)	phi (파이)	psi (사이)	omega (오메가)

제 01 장

통계학의 기초 및 자료의 수집과 정리

통계학의 기초 및 자료의 수집과 정리

제01장

제1절 통계학의 필요성과 기초

■ 1. 통계학의 기원 ■

구약성서의 민수기(numbers)에는 광야 생활 전과 후에 각 한 번씩 이스라엘 백성 인구조사가 적혀 있다. 로마 황제 Tullis는 세금 징수를 위하여 5년마다 로마 인구 조사를 실시하였으며, Caesar는 이를 로마 제국 전역으로 확대하여 세금을 징수하였다. 총 조사를 의미하는 센서스(census)의 어원은 'censors'(라틴어)로 세금을 의미하며, statistics(통계학)의 라틴어 어원은 'status'로 국가를 의미한다. 이처럼 초기 통계학은 국가를 유지하기 위한 수단으로 활용되었다.

이와 같이 인구 통계만을 조사하다가 17세기부터 영국에서 출생률과 사망률을 조사하기 시작하였다. 크리미안 전쟁 중 간호사였던 나이팅게일(Florence Nightingale)은 사망자 수와 사망 원인을 그래프로 표현한 〈그림 1-1〉과 같이 Polar Diagram을[6] 작성하였다.

---

6) I. Bernard Cohen. (1984). Florence Nightingale. *Scientific American*, 250(3): 128-137.

사회조사는 19세기 후반부터 사회 과학자들에 의해 사용되기 시작하였다. Karl Marx는 1880년에 2만 5천명의 프랑스 노동자를 대상으로 그들의 정치적 태도와 성향에 대한 우편 조사를 시행하였고, Max Weber는 직접 관찰과 조사 연구를 통하여 노동자들의 심리, 태도, 직업관 등을 연구하였다. 20세기에 들어오면서 미국 사회학자들에 의해 사회조사 방법론 연구가 활발하게 진행되었으며, 미국 통계국(Bureau of Census)은 표본추출 방법과 자료수집 방법에 대한 연구에 집중하였고, Gallup과 Roper와 같은 사회여론 조사기관은 방법론을 발전시켰다(권세혁, 2010: 4-5).

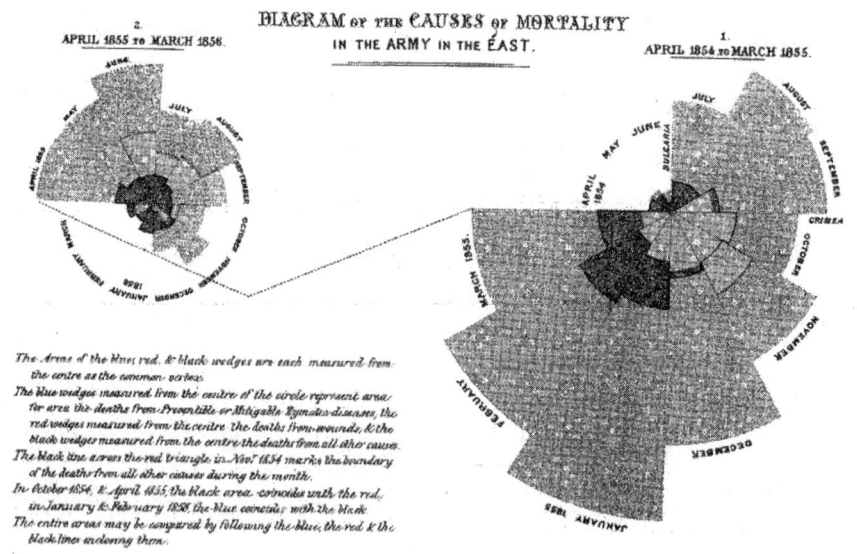

* 자료: (권세혁, 2010: 3)에서 재인용

〈그림 1-1〉 나이팅게일(Florence Nightingale)의 Polar Diagram

2. 통계와 통계학

통상적으로 통계라고 하면 수치화된 통계수치 또는 통계자료를 의미한다. 즉, 통계는 조사를 통하여 수집된 자료들을 수치로 종합해 놓은 것을 말한다. 정부예산액, 인구증가율, 재정자립도, 주택보급률, 물가지수 등은 대표적인 정부통계의 예들이다. 이러한 각종 통계는 정치·경제·사회 현상을 분석하고자 할 때, 통계분석방법의 기초자료로 이용될 수 있다.

반면 통계학이란 연구목적에 필요한 자료 및 정보를 최적의 방법으로 수집하고, 수집한 자료를 과학적이고 논리적인 이론에 의하여 정리하는 학문이다. 따라서 통계는 통계분석의 원자료(raw data)가 되고, 통계학은 통계를 이용하는 분석도구를 가리킨다(김호정, 2013: 4). 이런 측면에서 사회 및 자연 현상에서 자료수집과 분석에 기초하여 의사결정을 내리는데 필요한 방법론을 다루는 학문이 통계학인 것이다.

우리는 수많은 정보의 홍수 속에서 살고 있지만 실제로 우리가 접하는 정보는 정보라고 하기 보다는 자료인 경우가 더 많다. 이러한 자료를 정리하고 분석 및 가공하여 가치 있는 정보를 생산할 수 있다. 이렇게 자료를 가치 있는 정보로 만드는 기술 중에서 가장 과학적인 방법이 통계학이다. 즉, 불확실한 상황에서 합리적인 의사결정을 할 수 있도록 돕는 도구가 통계학인 것이다(박주문, 2010: 11).

학문으로서 통계학은 추정을 위한 통계방법을 개발하는 학문분야의 수리통계학과 행정학, 경제학, 정치학 등과 같은 특정 분야에 수리통계방법을 적용하는 응용통계학으로 구분된다. 또한 통계학을 다루는 분야에 따라 기술통계학(descriptive statistics)과 추리통계학(inferential statistics)으로 분류된다. 기술통계학은 어떠한 통계집단에 대해 그 구조나 특성을 파악하기 위하여 평균, 중위수, 표준편차 등의 기술적인 측정치로 나타내어 그 통계집단에 대한 사실이나 현상에 대한 요약된 정보를 제공한다. 이처럼 자료의 정리와 요약을 주목적으로 하는 통계학 분야를 기술통계학이라 한다. 반면 추리통계학은 정리된 자료로부터 자료가 나온 대상 즉 모집단의 아직 알려지지 않은 사실에 대하여 추측, 추정, 또는 추론을 주요 목적으로 한다.

따라서 기술통계학은 자료의 정리 및 요약을 통해 "사물의 상태가 어떠한가?(how things are?)"에 주안점을 둔다면, 추리통계학은[7] 주어진 자료를 바탕으로 모수의 추정, 가설검정 등을 통하여 "모집단에 대한 일반적 특성은 무엇인가?"가 주요 관심영역으로 볼 수 있다(Hays, 1981: 1). 즉, 추리통계학은 일종의 귀납법(induction) 방식으로 모집단으로부터 추출된 표본에 근거하여 그 모집단에 대한 일반화(generalization)를 도모하거나, 또는 반복된 표본 추출에 기초하여 일반 법칙을 형성하는 것으로 볼 수 있다(Blalock, 1981: 2).

■ 3. 사회과학 통계학의 필요성 ■

사회과학에서 이용되는 통계는 일종의 응용통계학으로서, 통계분석의 기법들을 현실문제에 적용하며 바람직한 해결책을 모색하려는 학문이라고 할 수 있다. 즉, 사회과학의 통계학이란 사회현상을 객관적이고 과학적으로 기술하고 설명하며 예측함으로써 의사결정과 정책결정에 도움을 주기 위한 학문이라고 할

---

[7] 추리통계학은 아일랜드 맥주회사 양조 화학 기사였던 고셋(W. S. Gosset, 1876-1937)의 student's t distribution을 기원으로 한다고 볼 수 있다. 그 후 케임브리지대학 수학과 출신인 피셔(R. A. Fisher, 1890-1962)가 농사 시험장의 통계 기사로 근무하면서 포장시험의 설계방법과 포장시험을 통하여 얻어진 자료에 대한 새로운 통계적 해석방법을 창출하여 실험계획법의 기초를 만들었으며, 이 실험계획법의 분석방법은 오늘날 분산분석법(analysis of variance)의 효시라고 할 수 있다(이준형, 2000: 25).

수 있으며, 구체적으로 표현하면 정치·행정·사회의 현상에 관한 자료를 수집하고 정리하여 간단명료하게 표현하며, 계량적으로 분석하는 절차와 방법의 체계를 의미한다고 하겠다(김호정, 2005: 26-27).

사회과학 통계학은 수리통계학에서 개발한 통계 방법을 사회과학의 각 분야에 적용하는 응용통계학이다. 예를 들어, 행정통계학은 행정학이나 정책학 분야에서 다루는 여러 현상에 대해 기술통계학이나 추론통계학적 방법을 도입하여 그 현상들의 일반성이나 법칙성을 파악하여, 그 현상을 기술·정리하여 표현하고, 나아가 현상의 변화를 확률론을 기초로 하여 추론하는 학문이다(박주문, 2010: 13-14).

이러한 맥락에서 사회과학 통계론은 특히 사회과학에 관련된 의사결정을 위한 도구로 통계를 활용하여 각종 현안문제 및 가까운 미래의 정책적 수요 등을 과학적, 계량적으로 접근할 방법을 제공해 줄 것이다. 따라서 사회과학 통계론에 대한 이론적 체계인 통계학의 학습 및 컴퓨터 프로그램을 이용한 다양한 방법론의 습득 및 구현은 그 중요성을 아무리 강조해도 지나침이 없겠다.

■ 4. 의사결정과 통계 ■

우리는 매일 다양한 형태의 매체를 통하여 수많은 숫자 또는 통계수치를 접하게 된다. 예를 들어 "코스피지수가 2,000포인트를 넘었다" 또는 "500명을 조사한 결과 음주와 흡연을 동시에 하면 구강암 발생률이 15배 높아진다." 등과 같은 다양한 정보를 접하게 된다. 이러한 통계수치는 개별적인 자료로부터 생성된다. 코스피지수는 증권거래소에 상장된 개별 기업의 주식가격을 가중평균한 값으로 계산된다. 구강암 관련 자료 역시 500명의 관찰 자료를 기초하여 나타낸 통계결과이다. 이처럼 통계수치는 관찰을 통해 수집된 자료 및 정보를 가공하여 나타냄으로써, 전체 자료의 특성을 더욱 쉽게 이해할 수 있도록 해준다. 이러한 측면에서 통계의 가장 기본적인 기능은 방대한 자료의 특징을 한눈에 이해할 수 있도록 요약·정리하여 주는 일이다(이준형, 2000: 24).

　자료의 통계적 요약과 정리는 특정한 사건이나 현상에 대한 이해와 더불어 의사결정과정에서 정보를 제공해 준다. 정부는 내년도 경제성장률에 기초하여 세수를 결정하고, 지출내용인 예산안을 결정하게 된다. 정부뿐만 아니라 기업도 통계에 기초해 경영전략을 수립한다. 소비자의 욕구수준을 파악하여 상품을 개발하고, 최적의 생산요소 결합과 함께 마케팅 전략을 세우게 된다. 이러한 과정에서 개인의 소득 및 소비자 행동 등 다양한 형태의 통계자료가 활용된다. 다양한 통계분석기법이 동원되는 조직적 차원에서뿐만 아니라, 개인도 통계수치를 통해 정보를 얻고 이를 기초로 의사결정을 내리게 된다. 기상청이 발표하는 비가 올 확률을 듣고 우산을 준비하기도 한다. 흡연자는 폐암 발생확률을 접하고 금연을 결심하기도 한다. 이처럼 우리는 많은 통계자료를 통해 정보를 습득하고, 의사결정을 내리고 있다.

■ 5. 통계분석 도구의 활용 ■

　사회과학 통계학은 사회과학 현상과 관련된 자료를 정리함으로써 사회현상에 대하여 파악을 쉽게 하고, 나아가 정책결정을 위한 도구로써 활용하게 된다. 사회현상을 설명하고 분석하는 데 있어 방대한 자료를 분석하게 될 뿐만 아니라, 다양한 형태의 통계학적 분석기법을 동원해 미래를 예측함으로써 더욱 합리적인 정책대안을 발굴하게 된다. 통계학적 분석기법은 일반적으로 표본을 통해 모집단의 특성 및 변수 간의 관계 분석에 활용되는데, 이러한 과정에서 수리적 모형과 복잡한 연산 작업이 요구된다. 이러한 연산 작업은 전문화된 통계분석 프로그램을 통해 이루어진다. 최근 PC의 발전으로 인해 개인용 컴퓨터에서도 이들 통계분석 프로그램을 이용해 대용량의 자료를 분석하고 복잡한 수리적 계산이 용이하게 되었다.

통계분석을 위한 프로그램들은 다양하게 개발되어 있다. 대표적으로 SPSS(statistical package for the social science), SAS(statistical analysis system), MINITAB, STATA 등이 기초통계 및 고급통계분석을 위해 사용되고 있다. 기타 AMOS, Eview, LISREL 등은 특정모형을 분석하기 위해 고안된 통계프로그램들이다. 이들 대부분의 프로그램은 다양한 분석 기법이 포함되어 있고, 사용자의 편의에 맞게 설계되어 있다. 하지만 비용측면에서 고가라는 단점으로 일반적인 사용자의 접근이 쉽지 않은 상황이다.

이들 고가의 통계프로그램과 대조적으로 "R" 이라는 프로그램은 무료로 배포되고 있다. R은 통계 계산과 그래프 작성을 위한 언어와 환경으로 뉴질랜드 Auckland 대학의 Ross Ihaka와 Robert Gentleman이 1995년 개발[8]하고, R-Core팀이 1997년 결성된 후 2002년 R Foundation이 설립되어 전 세계에 무료로 배포되고 있다. R은 Unix와 유사한 OS로 다양한 인터페이스와 DBMS데이터를 수용하며, 그래픽 기능이 강한 S언어 환경에서 개발되었다. 따라서 S코드 대부분은 수정 없이 R에서 실행이 가능하다.

R의 장점은 작고 효과적이며 대화식 프로그램 수행이 가능하다는 것이다. 대용량 데이터 관리 및 처리, 행렬 연산이 가능하며 Freeware and Open source

---

8) R은 두 사람의 이름 첫 글자를 따서 이름이 지어졌다.

개념을 지향하여 GPL(General Public License) 개념으로 CRAN(Comprehensive R Archive Network)에서 배포한다. 그러므로 R은 전 세계 연구자에 의해 개발된 알고리즘과 함수 활용을 가능하게 한다. 다양한 확장성 및 범용성을 가지고 있어 UNIX, Mac, Windows 운영체계 등의 사용이 가능하며 Java, C, Fortran 프로그래밍 언어에 인터페이스가 제공되고 있다.

■ 6. 통계자료의 기초지식 ■

자료(data)는 다양한 변수들을 관찰하여 기록한 결과로 볼 수 있다. 자료는 크게 질적(qualitative) 자료와 양적(quantitative) 자료로 구분할 수 있다. 질적 자료는 명목(nominal) 자료와 서열(order, 순위) 자료로 구분되며, 양적 자료는 등간(interval) 자료와 비율(ratio) 자료로 구분될 수 있다. 자료는 또한 셀 수 있느냐 없느냐의 기준에 따라 이산형(discrete) 자료와 연속형(continuous) 자료로도 구분되어진다.

〈표 1-1〉 자료의 구분

자료	질적 자료	명목 자료	이산형 자료
		서열 자료	
	양적 자료	등간 자료	이산형 자료
		비율 자료	연속형 자료

1) 변수의 유형

변수(variable)는 항상 일정한 값을 갖는 것을 상수(constant)라 하고 여러 번 측정할 때 그 값이 변할 수 있는 것은 변수라 한다. 예를 들어, 몸무게, 키, 소득, 성별 등 고정값을 가지고 있지 않다. 즉 여성이든 남성이든지 50kg이든 60kg 이든지, 170cm이든 180cm이든지, 연봉 3000만원이든 4000만원이든지 그 값들이 대상에 따라 변할 수 있다. 이때 관찰된 특성에 따라 그 값을 알맞은 크기나 수로 표현한 것을 변수의 값이라고 한다. 몸무게, 키, 소득과 같이 양적으로 나타낼 수 있으면 이를 양적변수(quantitative variable)라 하고, 성별과 같이 여성인지 남성인지 질적인 척도에 의해 나타낼 수 있는 변수를 질적변수(qualitative variable)라 한다. 또한 몸무게, 키, 시간 등 한 변수의 값이 연속적인 척도에 의해 얻어져, 셀 수 없는 경우에는 연속변수(continuous variable)라 하고, 어떤 대학교의 학생 수, 어떤 공공기관의 하루 민원 처리 건수 등 셀 수 있는 경우에는 이산변수(discrete variable)[9]라 한다.

예를 들어 "부모님들의 키가 자식들의 키에 영향을 준다"라는 가설을 증명하고자 할 때 부모님들의 키가 독립변수(independent variable)가 되고 자식들의 키가 종속변수(dependent variable)가 된다. 또한 독립변수는 종속변수의 영향요인, 결정요인, 혹은 선행변수, 원인변수라 부르기도 하며, 종속변수는 결과변수로 부르기도 한다.

---

9) 실제로 우리가 기록하는 대부분의 값은 이산값(discrete value)이다. 왜냐하면 단순화나 계량화를 위해 올림을 하거나 내림을 하기 때문이다. 그러나 통계분석에서는 궁극적으로 모든 관찰값을 연속값(continuous value)으로 변환하여 다루게 된다(박주문, 2010: 21).

2) 모집단과 표본

통계청에서 매5년마다 실시하는 "인구 및 주택 총조사"는 대상 집단을 우리나라 전 국민을 대상으로 한다. 예를 들어, 우리나라 대학생들의 1년 평균 등록금과 같이 관심의 대상이 되는 전체 집단, 즉 전 국민 또는 우리나라 전체 대학생들을 모집단(population)이라고 한다. 그러나 이와 같이 대상 집단 전체를 조사하는 전수조사는 시간과 비용이 너무 들기 때문에 현실적으로 어려움이 생긴다. 따라서 시간과 비용을 고려한 표본(sample)을 추출해서 조사하는 것이 더욱더 현실적이라 할 수 있다. 여기서 모집단의 특성을 나타내는 수치, 예를 들어, 모집단의 평균(μ), 표준편차(σ), 분산(σ^2) 등을 모수(parameter)라 하고, 표본의 특성을 나타내는 수치인 표본의 평균($\overline{X}$), 표준편차(S), 분산(S^2) 등을 통계량(statistic)이라고 한다.

이와 같은 표본조사의 목적은 표본의 결과를 이용하여 모집단의 특성을 추정하는 데 있다. 오늘날 행정학, 정치학, 인구학, 경제학, 사회학 등 다양한 부문에서 연구가설을 설정하고 이를 검정하기 위해 표본조사가 이루어지고 있다. 예를 들어, 정부에서는 취업률과 실업률, 국민 소득과 지출, 주거 실태 등 다양한 표본조사를 통하여 이를 행정 및 정책 집행에 이용하고 있다.

3) 기술통계와 추리통계

기술통계(descriptive statistics)는 대상 모집단으로부터 자료를 수집하여 정리·요약하고 각종 특성치를 계산 및 현상을 숫자로 설명하는 것으로써 비율, 표나 그림, 평균과 표준편차, 교차표 등을 이용할 수 있다. 반면 추리통계(inferential statistics)는 기술통계로부터 얻은 정보를 통해 "모집단의 특성"을 추론하는 절차와 기법들을 추리통계라 한다. 예를 들어, 농촌과 도시의 가구당 평균 소득, 지역별, 교육정도별, 연령별 임금의 차이 등을 표나 그림 및 각종 통계 값으로 나타내는 작업들을 기술통계라 할 수 있고, 이를 이용하여 각종 통계값 차이의 비교 검정을 통한 미래의 정책 수요 범위 및 예측 등을 추론하는 작업을 추리통계라 할 수 있다.

제2절 자료의 수집

1. 자료의 특성

우리가 정보를 얻고자 하는 대상의 특성을 분석하기 위하여 자료를 수집해야 한다. 이러한 자료에는 양적자료와 질적자료로 구분할 수 있다. 양적자료 또는 양적변수(quantitative variable)란 관찰대상의 특성을 수치로 표현 가능한 변수로 측정한 측정값을 의미한다. 질적자료 또는 질적변수(qualitative variable)란 관찰대상을 측정수치로 표현이 불가능한 것으로 단순히 숫자 등으로 구분한 측정값을 의미한다.

예를 들어 성별, 종교 등의 변수는 남자 또는 여자, 기독교, 불교, 천주교 등 구분만 가능한 변수를 질적변수라고 한다. 물론 이들 측정값은 "남자=0", "여자=1"로 숫자를 부여할 수 있지만, 이 역시 단순히 구분기호에 불과하다. 반면, 양적변수 경우 응답자의 연령, 영어성적, 나이 등과 같이 대상의 특성을 숫자로 표현되는 변수를 말한다.

이러한 양적자료와 질적자료는 어떠한 척도에 의해 분석대상이 측정되었는가에 따라 구분되기도 한다. 명목척도와 서열척도로 측정된 자료의 경우는 질적 자료가 되고, 등간척도와 비율척도로 측정된 자료의 경우는 양적자료가 된다.

■ 2. 자료의 척도 ■

1) 명목척도

명목척도(nominal scale 또는 nominal measurement)란 변수의 특성을 단순히 분류·식별하기 위해 사용되는 척도이다. 예를 들어 성별, 종교, 지역 등이 여기에 해당 된다. 즉 단순분류(구분)만을 위해 사용하는 척도로써 요소들을 특정 범주(class)에 할당하거나 식별을 위해 숫자(數字)를 부여하는 것이다. 예를 들어, 컴퓨터 프로그램 코딩에서는 (남 = 0, 여 = 1 ; 대도시 = 0, 중소도시 = 1; 동 = 0, 서 = 1, 남 = 2, 북 = 3) 등으로 표시할 수 있다.

2) 서열척도

서열척도(ordinal scale 또는 ordinal measurement) 또는 순서척도란 명목척도에서와 같이 특성을 분류·식별할 수 있을 뿐만 아니라, 그 결과 값이 "크다", "중간", "적다"와 같이 순서화 할 수 있는 척도를 말한다. 일반적으로 설문조사에서 많이 사용하고 있는 리커트(Likert)[10] 타입의 5점 척도 "매우만족", "만족", "보통", "불만", "매우 불만" 등으로 구분된 척도의 경우 선호도의 순서를 평가한 서

---

[10] 사회과학에서 종종 자료 취득의 어려움으로 말미암아 종종 Likert 척도를 등간(간격)척도로 간주하여 쓰기도 한다. 그러나 엄밀히 말해 Likert 척도는 서열(순서) 척도이다.

열척도이다. 즉 서열 결정과 부여된 숫자들 간의 대소(大小)를 결정하기 위한 것으로 척도들 간의 질적 수준 차이가 동등한[11] 것은 아니다. 또한 서열척도에서 일반적으로 "0"은 최하선호도를 나타내는 부호일 뿐 "아무것도 없다"는 의미가 아니다.

3) 등간척도

등간척도 또는 간격척도(interval scale 또는 interval measurement)란 서열척도와 같이 서열화가 가능할 뿐만 아니라, 이들 서열 간 간격이 동일한 척도를 의미한다. 이러한 등간척도의 경우 해당 특성이 전혀 없는 상태인 절대값 "o"(absolute zero)이 존재하지 않는다. 대표적인 예로 IQ, 종합주가지수[12], 온도 등이 있다. 온도의 경우 0℃와 10℃ 간의 간격과 10℃와 20℃ 간의 간격은 같다는 것이고, 0℃의 경우 온도가 없다는 것이 아니라, 물이 어는점의 온도를 0℃로 정의[13] 할 뿐이다.

4) 비율척도

비율척도(ratio scale 또는 ratio measurement)란 등간척도가 갖고 있는 특성과 함

---

11) 다시 말해 서열척도의 차이, 예를 들어 '좋다'(1), '보통'(2), '싫다'(3)으로 분류된 자료에서 '좋다'와 '보통'의 차이(1-2)와 '보통'과 '싫다'의 차이(2-3)는 같지 않다.

12) 우리나라의 종합주가지수의 경우 1980년 1월 4일 기준 상장종목전체의 시가총액을 100으로 기준으로 하여, 현재의 상장종목의 시가총액을 보여주는 수치이다.

13) 따라서 대상에 할당된 數字들 간의 간격의 同等性 여부를 결정할 때 사용하며, 선형변형(Y = a + bX) 전환 가능할 뿐만 아니라 (+, −, =, ≠, ≥, ≤)의 수리적 조작·연산 가능하지만, (×, ÷)는 아무런 의미가 없다고 하겠다. 예를 들면, 섭씨 10도와 20도의 차이는 10도인데 이것은 20도와 30도의 10도 차이와 같은 간격이다. 그러나 30도는 10도보다 3배 더 뜨겁다를 의미하지는 않는다.

께 절대값 "0"(absolute zero)이 측정한 척도를[14] 의미한다.

예를 들어, 근무 연수 20년은 10년보다 2배 많이 근무했다고 말할 수 있다. 근무 연수 0년은 실제로 근무 연수가 없다는 것을 의미한다. 즉 등간척도와의 차이점으로써 절대값 "0"(absolute zero)이 존재한다는 것이다. 그리고 어떤 측정 대상이 등간척도로 측정되었다면 이는 비율척도로 표시할 수 있지만 그 반대의 경우는 반드시 성립하지 않는다.

〈표 1-2〉 자료와 척도

자료의 구분	척도	특징	사칙연산	예
질적자료	명목척도	특성의 분류·식별		성별, 종교
	서열척도	서열화	〈, 〉	학력
양적자료	등간척도	절대값 "0" (×)	〈, 〉, +, −	IQ, 온도
	비율척도	절대값 "0" (O)	〈, 〉, +, −, ×, ÷	신장, 연령

제3절 자료의 정리

수집된 자료를 정리함으로써 대상의 특성을 쉽게 파악하고, 정책 및 의사결정에 근거 자료로 활용 할 수 있다. 자료를 정리하는 방법에는 표 또는 그림으로 나타내는 방법이 있고, 수치로 표현하는 방법이 있다.

---

14) 예를 들어 신장, 연령, 투표율, 공무원 봉급, 근무 연수 등이다. 즉 완전한 수리적 조작(가감승제, +, −, ×, ÷)이 가능하다.

■ 1. 표와 그림에 의한 자료의 정리 ■

일반적으로 질적 자료의 경우 단순한 분류 또는 서열화 가능한 자료로 이들 자료에 대해서는 수집된 자료를 성질이나, 크기가 유사한 묶음으로 분류함으로써 자료의 특성에 대하여 쉽게 이해할 수 있다.

1) 도수분포표

성질이나 크기가 유사한 묶음으로 자료를 분류한 표를 도수분포표(frequency distribution)라고 한다. 특성을 단순히 분류·식별이 가능한 명목척도와 서열척도로 측정된 자료의 경우 도수분포표를 이용하여 자료의 특성을 쉽게 파악할 수 있다. 다음은 가상자료(stat.csv)[15]를 이용하여 다양한 표와 그림을 만들어 보기로 한다. 〈표 1-3〉은 학력별 직무만족도를 표로 나타내어 보았다.

〈표 1-3〉 도수분포표

	고등학교이하(1)	고등학교이상(2)	대학이상(3)	대학원이상(4)
매우불만족(1)	0	2	5	0
불만족(2)	3	6	13	1
보통(3)	9	25	60	7
만족(4)	10	24	49	7
매우만족(5)	3	7	17	2

( )는 변수의 코딩 숫자

---

15) stat.csv는 엑셀의 comma separate value 형식의 자료로서 250개의 관측값과 15개의 변수로 구성되어 있으며 변수의 구성은 다음과 같다. "성별" "연령" "연령대" "학력" "근무지역" "고용형태" "주택점유" "직무인식" "상급자관계" "보수인식" "승진인식" "동료관계" "기관인식" "이직의사" "직무만족".

2) 도표

도수분포표는 자료를 정리하고 요약하는 역할을 하지만, 보다 가시적 효과를 갖기 위해서는 그래프로 표현함으로써 자료의 특성을 보다 쉽고 명확히 파악할 수 있다. 도표에는 일반적으로 막대그래프, 원형그래프, 시계열 자료에 적합한 꺾은선 그래프 등이 있다. 다음 〈그림 1-2〉는 가상자료(stat.csv)의 '직무만족' 변수를 이용하여 히스토그램을 그려본 것이다

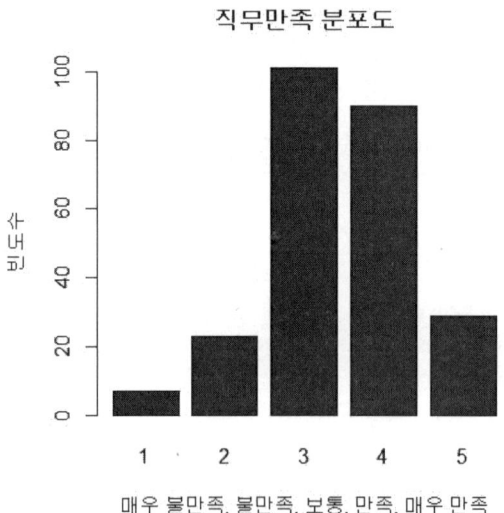

〈그림 1-2〉 직무만족 그래프[16]

---

16) 〈그림 1-2〉는 R의 Graphics 화면창에 나온 그래프 결과 화면에서 그 위에 오른쪽 마우스를 클릭하여 'bitmap 형식으로 복사'를 클릭하여 한글 hwp 파일에 붙여넣기 한 것임. 이후의 모든 그림 파일들도 같은 작업을 수행한 결과임.

```
# <R을 이용한 풀이>
setwd("C:/R_행통")                                    # / 방향에 주의
# 여러분의 컴퓨터 C 드라이브에 R_행통 디렉토리를 만들어
# 여기에 stat.csv 자료가 있다고 가정함
d = read.csv("C:/R_행통/stat.csv")                    # 자료 읽기
View(d)                                               # 자료 table로 보기
str(d)                                                # 구조(structure) 파악
summary(d)                                            # 자료요약
attach(d)                                             # 변수 활성화
# 만약 attach(d)와 같은 명령문이 없으면
# 이하의 명령문들은 작동 되지 않음
# 예를 들어 length(직무만족)은 length(d$직무만족)으로 해야 작동 됨
# 즉 attach(d)없다면
# mean(직무만족) ===> mean(d$직무만족)
# var(직무만족) ===> var(d$직무만족) sd(직무만족) ===> sd(d$직무만족)
names(d)                                              # 변수 이름
M = mean(직무만족); M                                  # 평균 3.444
V = var(직무만족); V                                   # 분산 0.8342
S = sd(직무만족); S                                    # 표준편차 0.9133
CV = S/M; CV                                          # 변동계수 0.2652
table(직무만족, 학력)                                  # <표 1-3> 도수분포표
barplot(table(직무만족), col="blue")
title(main='직무만족 분포도', xlab='매우불만족,불만족,보통,만족,매우만족', ylab='빈도수')
# <그림 1-2> 직무만족 그래프
```

■ 2. 수치에 의한 자료의 특성 ■

일반적으로 양적자료의 경우 질적자료화하여 도수분포표와 도표 등을 이용해 자료의 특성을 이해할 수 있다. 하지만 더욱 간단한 수치로 자료의 특성을 파악하고 이해한다면 의사결정을 위한 비교·평가가 더욱 용이할 것이다. 대표적으로 자료의 대표값, 분포도, 비대칭도 등이 주로 이용된다.

1) 대표값

대표값은 자료를 대표할 수 있는 위치를 수치로 나타낸 것으로 집중경향치라고도 한다. 주요한 대표값으로 산술평균(mean), 중앙값(median), 최빈값(mode) 등이 있다.

(1) 산술평균

산술평균(mean)은[17] 사회과학에서 대표값으로 가장 많이 활용 하는 것으로 각 자료의 관찰치를 모두 합쳐 자료의 개수만큼 나누어 계산한다.

$$\overline{X} = \frac{\sum X}{n} = \frac{X_1 + X_2 + X_3 + X_4 + \cdots + Xn}{n} \qquad (식\ 1\text{-}1)$$

(2) 중앙값

중앙값(median)은 수집된 자료를 크기순으로 나열 하였을 때 중앙에 오는 자료의 값을 말한다. 이러한 중앙값은 평균값이 대표값으로 부적절 할 경우 평균을 보완하거나, 평균대신으로 사용한다.[18]

(3) 최빈값

최빈값(mode)은 도수가 가장 많은 자료의 값이나 명칭을 가리키는 대표치이다. 이는 양적자료에서 뿐만 아니라 질적자료인 명목과 서열척도에서도 이용된다.[19]

---

[17] 산술평균 : 모집단의 평균= μ, 표본의 평균= $\overline{X}$, 여기서, μ는 로마자의 m에 해당, m은 mean(평균) 그리고 Σ는 로마자 S에 해당, S는 summation(합계)을 의미한다.

[18] 평균값의 경우 매우 극단적인 값을 포함하고 있는 자료의 경우 이들 극단적인 값의 영향으로 자료의 특성을 나타내는 대표 값으로 사용하는데 문제가 발생할 수 있다.

[19] 가장 빈도가 높은 자료, 두 개의 이상의 값을 가져도 무방하다.

예제1

행정통계학을 수강하는 50명의 학생들의 I.Q.를 조사해보니 다음과 같았다고 가정하자(실제로는 R 프로그램을 이용하여 평균 120 표준편차 10인 50개의 무작위 정규분포 난수를 생성함).

108 123 131 97 124 125 114 115 114 111 115 110 112 121 130 119 115 111
112 144 121 115 116 125 113 106 126 110 120 111 131 115 113 115 104 108
98 107 117 115 134 109 111 117 110 110 109 107 115 115

각종 기초 통계량을 R을 이용하여 구해보기로 하자.

(i) 자료의 개수는?   50

(ii) 평균 I.Q는?   115.5

(iii) 중앙값(median)?   115

(iv) 표준편차 및 분산은?   8.83, 77.97

(v) 최대값과 최소값은?   144, 97

(vi) 범위(range)는?   97 - 144

(vii) 사분위(quantile)값은? 0%   25%   50%   75%   100%
                            97.00 110.00 115.00 119.8 144.00

```
# <R을 이용한 예제1 풀이>
set.seed(1234)                          # 같은 결과를 얻기 위해 설정
N=rnorm(50, mean =120, sd=10); N        # 50개의 무작위 정규분포 자료 생성
                                        # 평균(120) 표준편차(10)
data= round(N); data                    # 예제 자료와 똑같은 값의 생성
n=length(data); n                       # 자료의 갯수
Nbar=mean(data); Nbar                   # 평균값
Nmed=median(data); Nmed                 # 중앙값
sdN=sd(data); sdN                       # 표준편차
varN=var(data); varN                    # 분산
maxN=max(data); maxN                    # 최대값
minN=min(data); minN                    # 최소값
ranN=range(data); ranN                  # 범위
quaN=quantile(data); quaN               # 사분위수
```

2) 분포도

양적자료의 대표값(집중경향치) 만으로 자료의 특성을 나타내는데 한계가 있을 수 있다. 즉, 자료가 대표값을 중심으로 몰려있는지, 아니면 넓게 흩어져 있는지에 대한 정보는 대표값을 통해 획득이 불가능하다. 따라서 대표값의 불완전성을 보완하기 위하여 자료에 대한 분산정도인 분포도에 대한 정보가 요구된다. 분포도에는 범위, 사분위편차, 평균편차, 분산 및 표준편차 등이 많이 사용된다.

(1) 범위

범위(range)는 어떤 자료집합의 가장 큰 측정값에 가장 작은 측정값을 뺀 값이다.

(2) 사분위편차

사분위편차(quartile deviation)은 모든 자료를 크기순으로 나열하여, 최소값에서 시작하여 큰 방향으로 75% 위치에 있는 자료(3분위자료: Q_3)에서 최소값에서 25%에 위치해 있는 자료(1분위수: Q_1)의 차이로 계산된다.

$$Q = \frac{(Q_3 - Q_1)}{2} \quad \text{(식 1-2)}$$

(3) 평균편차

평균편차(MD: mean deviation)은 평균과 관찰값 간의 평균편차를 의미한다. 즉, 평균으로부터 관찰된 값들이 평균적으로 얼마나 떨어져 있는지를 나타낸다.

$$MD = \frac{\sum (X_i - \overline{X})}{n} \quad \text{(식 1-3)}$$

(4) 절대편차

절대편차(AD: absolute deviation)는 평균과 떨어진 정도의 평균 절대값을[20] 의미한다.

$$AD = \frac{\sum |X_i - \mu|}{n} \quad \text{(식 1-4)}$$

(5) 분산과 표준편차

분산(variation)[21]과 표준편차(standard deviation)은 자료의 분포도를 나타내는

---

20) 절대값은 수학적 응용(가감승제) 계산이 불가능하다.

21) 분산 (식 1-6)을 보면, 샘플수(n)이 커지면 커질수록, 자료의 관측값(X_i)들이 평균값($\overline{X}$)과 멀리 떨어져 있지 않을수록, 즉 평균값과 조밀하게 가까이 있을수록, 분산(또는 표준편차)이 적어짐을 알 수 있다.

데 가장 많이 쓰이는 수치이다. 분산은 관찰치가 평균으로 떨어진 거리를 제곱한 값을 관측치로 나눈 것으로 평균과 관측치 간에 거리의 제곱의 평균이다. 이렇듯 평균으로부터의 편차를 제곱하여 계산하기 때문에 평균으로부터 멀리 떨어진 관찰값일수록 그 의미가 증폭되어 나타난다. 이런 분산 값의 제곱근을 구한 것이 표준편차이다.

$$\sigma^2 = \frac{\sum(X_i - \overline{X})^2}{N}, \quad \sigma = \sqrt{\frac{\sum(X_i - \overline{X})^2}{N}} \qquad (식\ 1-5)$$

$$S^2 = \frac{\sum(X_i - \overline{X})^2}{n-1}, \quad S = \sqrt{\frac{\sum(X_i - \overline{X})^2}{n-1}} \qquad (식\ 1-6)$$

(여기서 σ^2, σ : 모집단의 분산 및 표준편차, S^2, S : 표본의 분산 및 표준편차)

(6) 변동계수

표준편차 및 분산은 자료들의 흩어진 정도(dispersion)를 측정하기 위해 많이 이용된다. 그러나 집단내 자료들 간의 실제 차이가 작은 집단이라도 다른 집단에 비해 평균이 크면 표준편차도 함께 크게 나타날 수 있다. 이러한 이유로 말미암아 표준편차는 평균이 상이한 집단들 간에 실질적(상대적) 차이를 구분하지 못한다. 따라서 이러한 실질적(상대적) 차이를 측정하기 위해서는 표준편차를 평균으로 나누어야 하며 이렇게 계산된 값을 변동계수(CV: coefficient of variation) 또는 변이계수라고 한다.

$$CV = 100 \times \frac{표준편차}{평균} \qquad (식\ 1-7)$$

예제2

A지역 APT가격은 평당 평균 500만원, 표준편차는 50만원이라 하고 B지역의 경우 평균 200만원, 표준편차 40만원이라고 가정하자. 표준편차가 크다는 것은 투자의 위험부담이 크다는 것을 의미할 수도 있다. 그러면 안전한 투자를 원하는 투자자는 B지역 APT를 먼저 고려함이 상식적 판단이다. 그러나 정확한 비교는 평균대비 편차로 계산한 변동계수가 B가 더 크기 때문에 투자자는 A지역부터 검토해야 한다.[22]

A지역의 변동계수: $100 \times (50/500) = 10\%$
B지역의 변동계수: $100 \times (40/200) = 20\%$

3) 왜도와 첨도

자료의 특성을 파악하기 위하여 대표값 및 분포도와 함께, 분포가 기울어진 방향과 정도를 나타내는 왜도(skewness)와 분포가 얼마나 중심에 집중되어 있는가를 나타내는 첨도(kurtosis)를 사용한다.[23] 다음의 〈그림 1-3〉 대표값의 비교에서 평균값(μ) 중앙값(Me) 최빈값(Mo)의 정보를 이용하여 어떠한 분포도의 모양을 갖추었는지 대략 알 수 있었다.

---

[22] 따라서 도시들 간 주요 지표들의 분포도나 격차를 비교할 때, 평균값의 차이가 심하면 표준편차 또는 분산의 비교보다는 변이계수를 이용한 비교가 더욱 더 타당한 기준이 될 수 있다(김호정, 2013: 80).
[23] 왜도와 첨도의 경우 자료의 정규 분포성을 알아보기 위해 사용되는 것이 일반적이다.

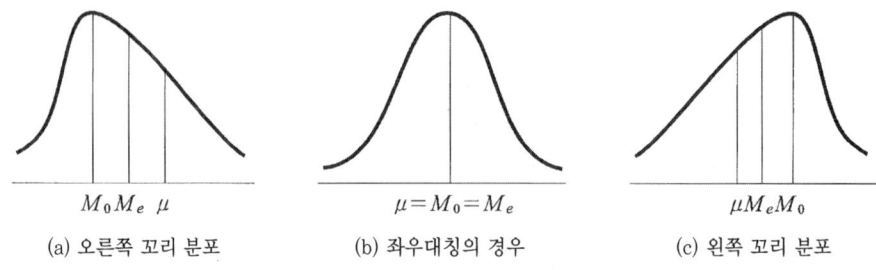

〈그림 1-3〉 분포도에 따른 집중경향치(산술평균, 중앙값, 최빈값) 비교

앞의 〈그림 1-3〉에서 볼 수 있는 바와 같이 평균값(μ) 중앙값(M_e) 최빈값(M_o)이 같을 때에는 가운데 그림(b)와 같이 좌우대칭분포를 띠고 있다. 그러나 최빈값(M_o) 〉 중앙값(M_e) 〉 평균값(μ)의 순으로 된다면 그림(a)와 같이 오른쪽 꼬리분포의 형태를 취한다. 평균값(μ) 〉 중앙값(M_e) 〉 최빈값(M_o)의 순으로 된다면 그림(c)와 같이 왼쪽 꼬리분포 모양을 갖는다. 따라서 평균값(μ) 중앙값(M_e) 최빈값(M_o)이 서로 다를 때에는 최빈값(M_o) 〉 중앙값(M_e)의 경우 왼쪽꼬리분포 형태를, 최빈값(M_o) 〈 중앙값(M_e)의 경우 오른쪽꼬리분포의 형태를 띤다.

그러나 이러한 대표값들만을 가지고 기울어진 정도의 크기를 알 수 는 없다. 따라서 왜도를 이용하여 어떤 분포가 어느 정도 더 왼쪽 또는 오른쪽으로 더 기울어져 있는지 그 기울어짐의 정도 또는 강도를 알 수 있다. 그리고 첨도를 통하여 표준정규분포와 비교해서 더 뾰족한 봉우리를 또는 더 납작한 봉우리를 가지고 있는지 구분할 수 있다.

(1) 왜도(skewness, 비대칭도)

왜도는 자료의 분포가 대칭인지 아닌지 뿐만 아니라 방향성 정도를 확인하기 위한 특성치로, 자료의 기울어진 정도를 수치로 표현하는 척도이다.

$$S_k = \sum_{i=1}^{n} \frac{[(X_i - \overline{X})/S]^3}{(n-1)} \qquad \text{(식 1-8)}$$

다음의 〈그림 1-4〉와 같이 $S_k=0$ 이면 좌우대칭, $S_k<0$ 이면 왼쪽꼬리 분포, $S_k>0$ 이면 오른쪽꼬리 분포를 나타낸다.

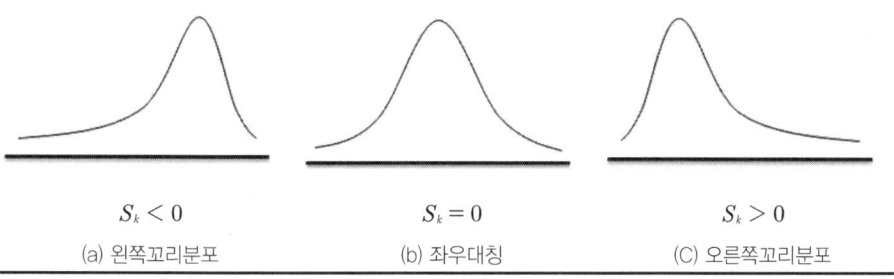

〈그림 1-4〉 왜도(skewness)에 따른 분포의 모양

(2) **첨도**(kurtosis)

첨도는 자료의 분포가 얼마나 뾰족한지를 나타내는 척도로 첨도가 큰 값을 가지면 뾰족한 봉우리를 갖고 작은 값을 가지면 평평한 봉우리를 갖게 된다.

$$K_t = \sum_{i=1}^{n} \frac{[(X_i - \overline{X})/S]^4}{(n-1)} - 3 \qquad \text{(식 1-9)}$$

다음의 〈그림 1-5〉와 같이 $K_t=0$ 정규 분포형, $K_t>0$ 정규 분포형 보다 상대적으로 더 뾰족, $K_t<0$ 정규 분포형 보다 완만한 분포를 나타낸다.

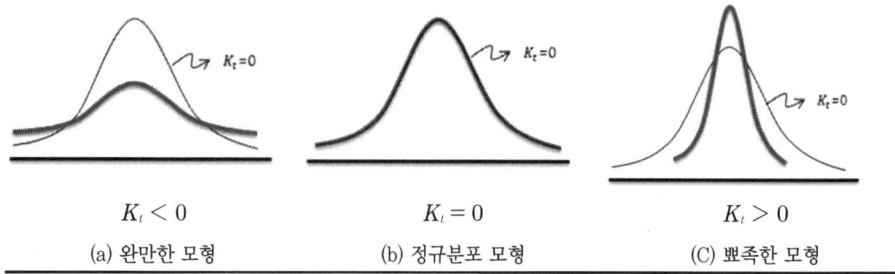

$K_t < 0$
(a) 완만한 모형

$K_t = 0$
(b) 정규분포 모형

$K_t > 0$
(C) 뾰족한 모형

〈그림 1-5〉 첨도(kurtosis)에 따른 분포의 모양

예제3: 왜도 및 첨도 1

앞의 예제1과 같이 행정통계학을 수강하는 50명의 학생들의 I.Q. 자료를 이용하여 첨도와 왜도를 구해보기로 하자.

(i) 왜도는?   0.7927 즉 오른쪽 꼬리분포(〈그림 1-4〉의 (c)).

(ii) 첨도는?   1.164 즉 정규분포형 보다 상대적으로 더 뾰족한 형태를 보임(〈그림 1-4〉의 (c)).

```
# 〈R을 이용한 예제3 풀이〉

################ 왜도 및 첨도 1 ####################
set.seed(1234)                       # 같은 결과를 얻기 위해 설정
N=rnorm(50, mean =120, sd=10); N     # 50개의 무작위 정규분포 자료 생성
                                     # 평균(120) 표준편차(10)
data= round(N); data                 # 예제 자료와 똑같은 값의 생성
########################################
# R에서 round(x, digits=n): 소수점 n자리 이하 반올림
# x=3.567;
# round(x,2)                         결과는 3.57
# ceiling(x): 올림
# ceiling(x)                         결과는 4
```

```
# floor(x): 내림
# floor(x)                              결과는 3
# trunc(x): 소수점 이하 버림
# trunc(x)                              결과는 3
#########################################
n=length(data); n                       # 자료의 개수 50
Nbar=mean(data); Nbar                   # 평균 115.5
sdN=sd(data); sdN                       # 표준편차 8.83
b1 = sum((data-Nbar)^3/(sdN^3*(n-1))); b1      # 왜도 0.7927
b2 = sum((data-Nbar)^4/(sdN^4*(n-1)))-3; b2    # 첨도 1.164
hist(data,probability=TRUE)             # 히스토그램
Sys.sleep(5)                            # 5초 동안 화면정지
lines(density(data), col="blue")        # 히스토그램에 확률밀도곡선 표시
Sys.sleep(5)                            # 5초 동안 화면정지
qqnorm(N)                               # Q-Q 정규분포도
Sys.sleep(5)                            # 5초 동안 화면정지
qqline(data, col="blue")                # Q-Q 정규분포도에 참조선 표시
# shapiro.test(data) #sample size   3 <= x <= 5000
# 정규분포 가정을 기각함. W = 0.9425, p-value = 0.01696
```

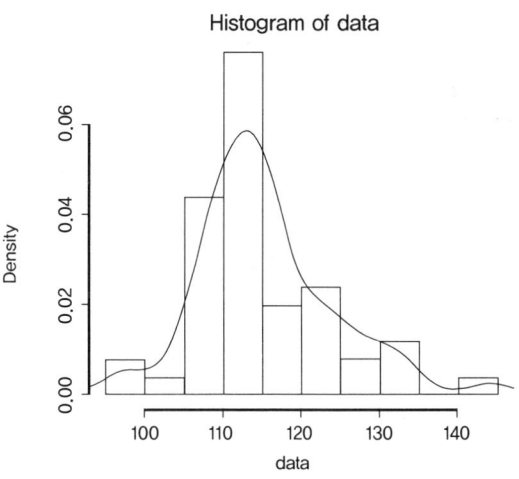

〈그림 1-6〉 행정통계론 수강생들의 I.Q. 히스토그램

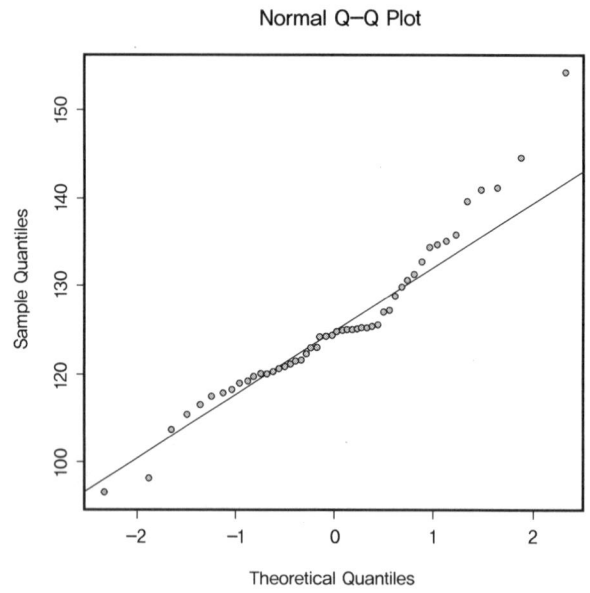

※ 자료값들이 참조선(파란 직선)에 가까울수록 정규 분포한다고 볼 수 있다.

〈그림 1-7〉 행정통계론 수강생들의 I.Q.에 대한 정규직선 Q-Q plot

예제4: 왜도 및 첨도 2

앞의 〈표 1-3〉에서 사용한 가상자료(stat.csv)의 변수 '연령'을 이용하여 첨도 및 왜도를 구해보고 이 변수가 정규 분포하는지 살펴보기로 하자.

(i) 왜도는?   0.4027. 즉, 오른쪽 꼬리분포(〈그림 1-4〉의 (c)).

(ii) 첨도는?   −0.3312. 즉, 정규 분포형 보다 상대적으로 덜 뾰족한 형태를 보임(〈그림 1-5〉의 (a)).

〈R을 이용한 예제4 풀이〉

################ 왜도 및 첨도 2 #######################
```
d = read.csv("C:/R_행통/stat.csv")        # 자료 읽기
attach(d)                                  # 변수 활성화
# 만약 attach(d)와 같은 명령문이 없으면
# 이하의 명령문들은 작동 되지 않음
# 예를 들어 length(직무만족)은 length(d$직무만족)으로 해야 작동 됨
# 즉 attach(d)없다면
# mean(x) ===> mean(d$x)
# sd(x) ===> sd(d$x)
# length(x) ===> length(d$x)으로 변경해야만 작동됨.
x=연령                                     # 변수 rename
xbar=mean(x); xbar                         # 평균 35.03
sdx=sd(x); sdx                             # 표준편차 7.473
n=length(x); n                             # 자료의 개수 250
b1 = sum((x-xbar)^3/(sdx^3*(n-1))); b1     # 왜도 0.4027
b2 = sum((x-xbar)^4/(sdx^4*(n-1)))-3; b2   # 첨도 -0.3312

hist(x, probability=TRUE)                  # 히스토그램
Sys.sleep(3)                               # 3초 동안 화면정지
lines(density(x), col="blue")              # 히스토그램에 확률밀도곡선 표시
Sys.sleep(3)                               # 3초 동안 화면정지
qqnorm(x)                                  # Q-Q 정규분포도
Sys.sleep(3)                               # 3초 동안 화면정지
qqline(x, col="blue")                      # Q-Q 정규분포도에 참조선 표시
Sys.sleep(3)                               # 3초 동안 화면정지
# 정규정 검정 Shapiro-Wilk normality test
shapiro.test(x) #sample size   3 <= x <= 5000
# 정규분포 가정을 기각함. W = 0.9781, p-value = 0.0006746
```

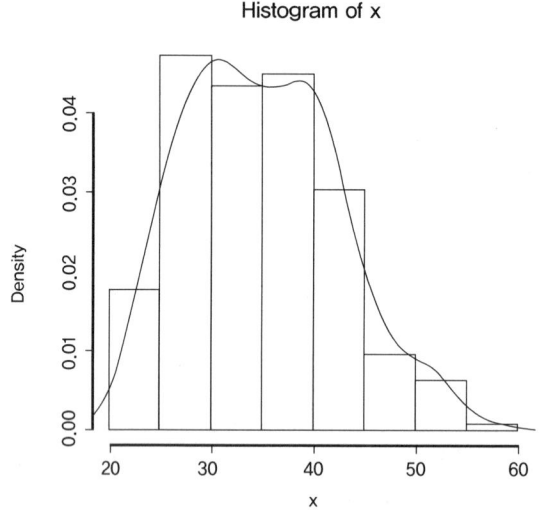

〈그림 1-8〉 '연령' 변수의 히스토그램

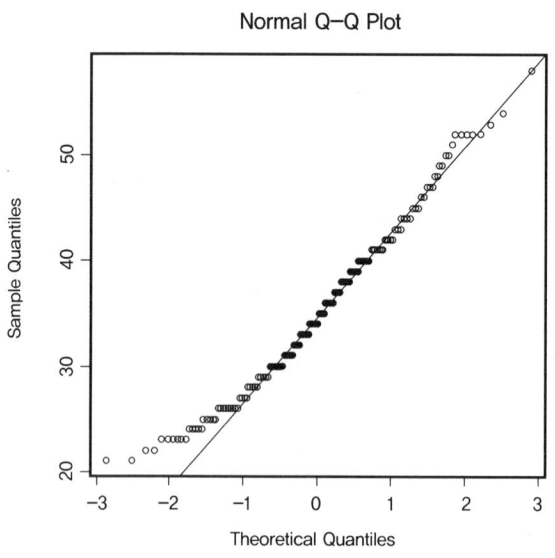

〈그림 1-9〉 '연령' 변수에 대한 정규직선 Q-Q plot

제4절 R 연습[24]

```
# setwd("C:/R_행통")
# 에러메시지:'/R'는 "C:/R"로 시작하는 문자열 중에서
# 인식되지 않는 이스케이프 문자입니다
setwd("C:/R_행통")   ## set working directory ## / 방향에 주의
d = read.csv("C:/R_행통/stat.csv")
View(d)                        # 자료 table로 보기
str(d)                         # 자료의 구조(structure)
summary(d)                     # 자료의 요약
attach(d)                      # 변수 활성화
# 만약 attach(d)와 같은 명령문이 없으면
# 이하의 명령문들은 작동 되지 않음
# 예를 들어 length(직무만족)은 length(d$직무만족)으로 해야 작동 됨
# 즉 attach(d)없다면
# mean(직무만족) ===> mean(d$직무만족)
# var(직무만족) ===> var(d$직무만족) sd(직무만족) ===> sd(d$직무만족)
length(직무만족)                # 결과는 [1] 250
M = mean(직무만족); M           # 결과는 [1] 3.444
V = var(직무만족); V            # 결과는 [1] 0.8342
S = sd(직무만족); S             # 결과는 [1] 0.9133
# 변동계수
CV = S/M; CV                   # 결과는 [1] 0.2652
```

---

[24] R 파일은 CHAP_1.R로 저장되어 있음.

```
table(직무만족, 학력)
# 결과는
#          학력
# 직무만족   1    2    3    4
     1     0    2    5    0
     2     3    6   13    1
     3     9   25   60    7
     4    10   24   49    7
     5     3    7   17    2
```

HST = hist(직무만족, col="blue"); HST # 결과는 〈그림 1-1〉을 참조

barplot(table(직무만족), col="blue")

title(main='직무만족 분포도', xlab='매우 불만족,

+ 불만족, 보통, 만족, 매우 만족', ylab='빈도수')

여기서 +는 명령문이 계속됨을 나타냄[25]

barplot(table(학력), col="green")

title(main='학력 분포도', xlab='고교이하, 고교이상,

+ 대학이상, 대학원이상', ylab='빈도수')

---

[25] R에서 명령문과 명령문은 세미콜론(;) 또는 새로운 줄로 구분된다. #으로 시작되는 줄은 무시된다. 즉 #으로 시작하는 줄에 프로그램에 대한 설명을 넣을 수 있다. 또한 위, 아래 화살표를 사용하여 이전의 명령문을 다시 부를 수 있다. 줄의 끝에서 명령문이 완결되지 않으면, 명령문이 완결될 때까지 R은 연속프롬프트 +를 다음 줄에 표시한다. 예를 들어, title(main='직무만족 분포도', xlab='매우불만족, + 불만족, 보통, 만족, 매우 만족', ylab='빈도수') 명령문이 길 때 매번 +를 타이핑하기 번거로우면 다음과 같이 명령문 창에 옵션 명령문을 넣어 주면 편리하다. options(width = 70, prompt = "〉", digits=5, continue = "+ ") 옵션 명령문은 창의 넓이를 70 character로 프롬프트를 "〉"에서 "R〉"로 결과물을 5째 자리까지만 보여주고, 마지막으로 긴 명령문의 경우에도 다음 줄 첫 번에 "+" 필요 없이 그냥 Enter Key로 이어서 입력하면 된다.

```
# 여기서 +는 명령문이 계속됨을 나타냄
colors()         # 657개의 서로 다른 color를 볼 수 있음
# 사분위수
quantile(연령)
# 결과는
# 0%  25%  50%  75%  100%
# 21   29   34   40   58
fivenum(연령)                           # 결과는 [1] 21 29 34 40 58
IQR(연령)                               # 결과는 [1] 11 즉 Q3-Q1=40-29


########## 첨도 및 왜도 #####################################
x=연령
xbar=mean(x); xbar                      # 결과는 [1] 35.03
sdx=sd(x); sdx                          # 결과는 [1] 7.473
n=length(x); n                          # 결과는 [1] 250
b1 = sum((x-xbar)^3/(sdx^3*(n-1))); b1   # 왜도 [1] 0.4027
b2 = sum((x-xbar)^4/(sdx^4*(n-1)))-3; b2 # 첨도 [1] -0.3312
hist(x, probability=TRUE)               # 결과는 〈그림 1-8〉
Sys.sleep(5)                            # 5초 동안 화면정지
lines(density(x), col="blue")           # 결과는 〈그림 1-8〉
Sys.sleep(5)                            # 5초 동안 화면정지
qqnorm(x)                               # Q-Q 정규분포도, 〈그림 1-9〉
Sys.sleep(5)                            # 5초 동안 화면정지
qqline(x, col="blue")                   # Q-Q 정규분포도에 참조
선 표시, 〈그림 1-9〉
```

```
Sys.sleep(5)                              # 5초 동안 화면정지


################ 첨도 및 왜도 다른 package에서 구하기 ######
## 첨도와 왜도를 바로 구하는 수식은 R에 기본적으로 설치되어있지 않다.
## 그래서 따로 'e1071'라는 패키지를 설치해 주어야한다.
## 가상자료(stat.csv)의 변수 '연령'
## d = read.csv("C:/R_행통/stat.csv")   # 자료 읽기
## attach(d)                             # 변수 활성화
## x=연령                                # 변수 rename
install.packages("e1071")
library(e1071)
kurtosis(x)                              # [1] -0.34185
skewness(x)                              # [1] 0.40113


############### 알아두면 좋은 보충 R 프로그램 ############
########## 첨도 및 왜도 function 만들기#####################
sk.ku = function(x) {
        xbar=mean(x)
        print(xbar)
        sdx=sd(x)
        print(sdx)
        n=length(x)
        print(n)
        b1 = sum((x-xbar)^3/(sdx^3*(n-1)))
        print(b1)
```

```
            b2 = sum((x-xbar)^4/(sdx^4*(n-1)))-3
            print(b2)
hist(x, probability=TRUE)
Sys.sleep(5)
lines(density(x), col="blue")
Sys.sleep(5)
qqnorm(x)
Sys.sleep(5)
qqline(x, col="blue")
Sys.sleep(5)
# 정규정 검정 Shapiro-Wilk normality tes
shapiro.test(x) #sample size   3 < x < 5000
}


# d = read.csv("C:/R_행통/stat.csv")            # 자료 읽기
# x=연령                                        # 변수 rename
sk.ku(x)                                        # 결과는
# [1] 35.032                                    평균
# [1] 7.472505                                  표준편차
# [1] 250                                       표본수
# [1] 0.4027423                                 왜도
# [1] -0.3311792                                첨도
# 정규분포 가정을 기각함. W = 0.978, p-value = 0.00067
# 즉 변수 x(연령)는 정규분포 한다고 볼 수 없음.
```

```
set.seed(1234)
Y=rnorm(1000,100,10)
# 평균이 100 표준편차 10인 1000개의 정규분포를 따르는 임의의 값
sk.ku(Y)
# 결과는
# [1] 99.73403                     평균
# [1] 9.973377                     표준편차
# [1] 1000                         표본수
# [1] -0.005199425                 왜도
# [1] 0.2387199                    첨도
# 정규분포 가정을 기각하지 못함. W = 0.997, p-value = 0.11
# 즉 변수 Y는 정규분포 한다고 보아도 무방함.
```

제 **02** 장

확률과 확률분포

제02장

확률과 확률분포

우리는 생활에서 어떤 일이 일어날 확률이 높다 또는 낮다는 표현을 통해 자기 주장의 신뢰성을 높인다. 흡연자의 폐암발병 확률이 비흡연자보다 6.5배 높다는 정보에 우리는 흡연과 폐암발생 간의 관련성이 높다고 인식한다. 한편 확률 형태로 표현되는 정보를 기초로 의사결정을 내린다. 기상청 홈페이지에 오늘 비가 올 확률이 90%라는 정보를 얻었다면, 우산을 챙길 것이다.

확률은 어떤 결과가 나올지 모르는 불확실한 상황에서 의사결정을 하거나 정책 결정을 하는 데에 아주 유용한 개념이다. 정부의 예산, 인력, 장비는 한정되어 있어 효율적 관리와 집행을 위한 의사결정에는 직·간접적으로 확률의 개념이 내포되어 있다. 예를 들어, 여름철 산사태와 침수에 대비해 사고확률이 높은 지역을 선정하여 특별관리 한다든가, 산불발생 가능성이 높은 건조기후 시기에는 입산을 통제한다든지, 각종 질병이 빈번히 발생하는 지역에 방역활동을 강화하는 것 등이 모든 행정 관련 사례들은 의식·무의식적으로 확률을 주요한 근거로 하여 결정되고 집행된다고 하겠다(김호정, 2013: 97).

이렇듯 확률은 불확실한 결과에 대한 가능성을 수학적으로 표현된 예측이다[26].

---

[26] 우리는 이미 어떤 사건이 일어날 확률을 0가 1사이 즉 0%~100% 등의 숫자로 측정하여 표현하는데 익숙해져 있다.

확률이론들은 이후 추론통계학의 기초가 된다. 동전의 앞면이 나올 확률은 1/2, 주사위의 특정눈금이 나올 확률은 1/6인 것처럼, 확률은 특별한 성질을 갖는 변수의 결과 또는 값의 분수(fraction) 또는 비율(proportion)이라고 말할 수 있다(이준형, 2000: 104).

제1절 확률과 조건부확률

1. 확률(Probability)

확률은 어떻게 정의되는가? 확률의 종류는 크게 객관적 방법과 주관적 방법으로 구분하여 설명할 수 있으며, 객관적 방법은 경험적 방법과 논리적 방법으로 다시 구분하여 설명할 수 있다.

사회현상에 대한 자료를 수집할 때 관찰 또는 실험의 결과를 관측을 통해 이루어진다. 이러한 우연한 사건의 결과를 관찰하는 과정을 확률실험(random experiments)이라고 하고, 이러한 관찰이나 실험을 통해 얻어지는 결과나 사건을 사상(event)이라고 한다. 확률실험을 반복적으로 시행할 경우, 특정사건의 발생빈도에 따라 확률을 정할 수 있다.

경험적 방법은 실제로 경험을 통한 자료의 수집과 분석을 기초로 통계조사를 반복적으로 시행하면 한 사상이 발생하는 상대도수는 일정한 법칙을 따른다는 것을 경험에 비추어 알 수 있다. 예를 들어 구슬이 들어있는 상자에서 1개의 구슬을 뽑아 색깔을 확인한 이후 다시 상자에 넣는 실험을 가정해 보자. 실험을 100회 반복한 결과 노란색 구슬이 50회 관찰되었다면 상자에서 노란색 구슬이 선택될 확률은 50/100 즉 1/2이라고 정의한다. 이렇듯 사건의 상대적 발생빈도를 기초로 해당 사건의 확률로 인식하게 되는데, 이러한 실험을 무수히 많이 반복했을 때 특정한 확률 p에 수렴하게 된다. 이때 확률 p를 해당 사건이 일어날 확률로 정의하는 것이다. 이러한 확률적 정의를 경험적 방법에 의한 정의 또는 상대빈도적 정의라고 한다.

$$P(A) = \lim_{n \to \infty} \frac{f}{n} \qquad \text{(식 2-1)}$$

(단, n : 총시행횟수, f : 사상A의 발생횟수(빈도))

한편 주위사람들에게 동전을 던져 앞면이 나올 확률이 얼마냐고 물어보면, 1/2이라고 대답한다. 1부터 6까지 숫자가 있는 주사위를 던졌을 때 1이 나올 확률이 얼마냐?는 질문에 1/6이라고 답할 것이다. 그렇다면, 이러한 확률은 실험을 하지 않고도 어떻게 정의한 것일까? 이는 실험을 통해서가 아닌 논리적 추론을 통해 얻은 결과이다. 이렇듯 논리적 추론에 확률을 정의 하는 것을 논리적 추론에 의한 확률의 정의라고 한다. 논리적 방법에 의한 확률의 정의는 고전적 확률 개념이라고도 하는데, 17세기 라프라스(Laplace)에 의해 정립된 확률개념이다. 수리적인 표현을 하자면 다음과 같다. 확률실험(random experiments)에서 가능한 모든 결과의 집합인 표본공간(sample space)의 각 원소인 사상들이 일어날 확률이 모두 같고, 이들 원소들이 상호배타적(mutual exclusiveness)[27]일 때, n 개의 원소로 구성된 사상 A가 일어날 확률로 (식 2-2)와 같이 정의 된다.

---

27) 두 개의 사상 A와 B간의 공통된 원소가 없는 즉, $A \cap B = \phi$ 인 두 사상을 상호배타적인 사상이라고 한다. 즉, $P(A \cap B) = 0$ 인 경우를 말한다.

$$P(A) = \Pr(A) = \frac{A\text{에 속하는 사상의 개수}}{\text{발생가능한 모든 사상의 개수}} \qquad (\text{식 2-2})$$

확률의 종류는 크게 객관적 방법과 주관적 방법으로 구분하여 설명할 수 있다. 예를 들어, 어떤 A지역의 대한민국의 보편적 특성을 가진 남녀 대학생 100명을 대상으로 반값 등록금의 찬성반대 유무를 물었다고 가정하자. 찬성비율이 95%으로 조사되었다. 이를 전국에 있는 200개 대학에 각각 남녀 대학생 100명을 대상으로 확대 실시하였다면 찬성비율은 95%로 수렴할 가능성이 매우 높다. 이와 같이 경험적 방법은 선험적 지식을 기초로 하지 않고, 직접 자료의 조사 및 수집을 통하여 확률을 구하기 때문에 다른 방법에 비해 정확한 추정치를 얻을 수 있어 다른 방법에 비해 많이 사용되어 진다. 따라서 객관적 방법에 의해서 얻어진 확률은 다음과 같은 덧셈 법칙 및 곱셈 법칙이 가능하다.

앞서 정의한 확률은 다음 몇 가지 공리(axiom)를 만족한다고 가정한다. 먼저 어떤 사건(사상) A가 일어날 확률은 $0 \leq P(A) \leq 1$라는 것이다. 즉, 어떤 사건의 확률이라는 것은 음수의 값도 1을 넘는(초과한) 값도 될 수 없다는 것이다. 확률이 0이라는 것은 어떤 사건이 일어날 가능성이 없다는 것이고, 1이라는 것은 어떤 사건이 100% 발생한다는 의미이다. 둘째 확률실험(random experiments)을 통해 얻을 수 있는 모든 결과의 집합인 표본공간 S에 대하여 $P(S) = 1$이라는 것이다. 동전 던지기를 가정 했을 때 표본공간 S=앞면, 뒷면일 것이다. 따라서 동전 던지기를 하면 앞면 또는 뒷면의 결과를 관찰할 수 있을 것이다. 따라서 $P(S)$의 확률은 1이 되고, 반대로 $P(S^c) = 0$이 된다. 셋째 표본공간의 사상들이 상호배타적일 때 사상 A 또는 B가 일어날 확률($P(A \cup B)$)은 $P(A) + P(B)$와 같다. 즉, 상호배타적인 사상의 경우 그 합집합의 확률은 각 사상의 확률의 합과 같다(박명섭·박광태 2008). 즉, 동전던지기에서 앞면(1/2) 또는 뒷면(1/2)이 나올 확률은 1/2 + 1/2 = 1 이 된다.

⟨확률의 공리⟩
1. 어떤 사건(사상) A가 일어날 확률은 $0 \leq P(A) \leq 1$
2. 표본공간 S에 대하여 $P(S) = 1$
3. 상호배타적인 사상 A, B에 대하여 $P(A \cup B) = P(A) + P(B)$

■ 2. 확률의 덧셈법칙 ■

확률의 덧셈법칙은 두 가지 사상 가운데 어느 한 가지 사상이 일어날 확률, 즉 A 또는 B가 일어날 확률을 의미하고, 수리적으로 $P(A \cup B)$으로 표현한다. 확률의 덧셈법칙의 정의는 (식 2-3)과 같다.

$$P(A \cup B) = P(A) + P(B) - P(A \cap B) \qquad (식\ 2-3)$$

그러나 사상 A, B가 상호 배타적(mutual exclusive)인 경우 $(A \cap B) = \phi$이므로 $P(A \cap B) = 0$이 된다. 따라서 상호 배타적(mutual exclusive) 사상의 경우 공리 3과 같이 $P(A \cup B) = P(A) + P(B)$으로 정의 할 수 있다.

먼저 상호 배타적인 경우 예를 통해 살펴보자. 어떤 설문조사의 응답자 100명의 학력을 조사해보니 초등이하 25명, 중등 25명, 고등 25명, 대학 이상이 25명이었다. 여기서 한사람을 뽑을 때 중등이하(초등 또는 중등 학력)의 학력 소지자가 뽑힐 확률은 (25+25)/100 = 1/2이다. 확률의 덧셈법칙을 이용한다면, 초등이하의 학력을 $P(A)$, 중등 이하의 학력을 $P(B)$라 하면, $P(A \cup B) = P(A) + P(B) =$ (25/100) + (25/100) = 50/100이 될 것이다.

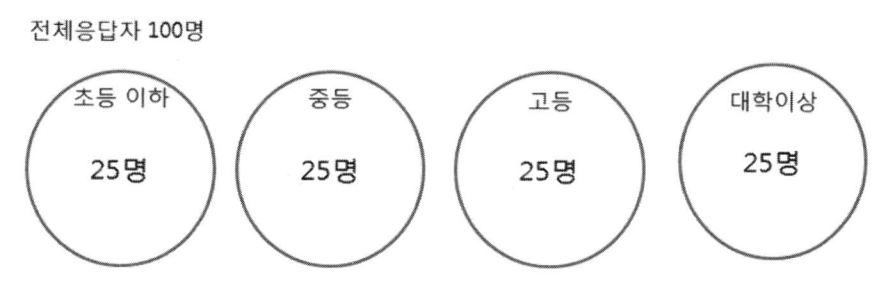

〈그림 2-1〉 상호배타적인 경우

상호 배타적이 아닌 경우 확률을 덧셈법칙을 이용해 보자. 고등학교 재학생 100명을 대상으로 사교육에 대한 조사를 하여 보았다. 영어 과외를 받는 학생은 70명, 수학 과외를 받고 있는 학생은 60명, 그리고 영어와 수학을 모두 받는 학생은 50명으로 조사되었다. 여기서 1명의 학생을 무작위로 추출했을 때 영어 또는 수학 과외를 받을 확률은 "(영어 또는 수학 과외를 받는 학생 수[28])/전체"일 것이다. 따라서 (70+60-50)/100=80/100이다. 확률의 덧셈법칙을 이용하면, $P(A \cup B) = P(A) + P(B) - P(A \cap B) =$ (70/100) + (60/100) - (50/100) = 80/100이다.

---

[28] 영어 또는 수학 과외를 받는 학생의 수는 (영어 과외를 받는 학생 수 + 수학 과외를 받는 학생 수) - (영어와 수학을 동시에 과외를 받는 학생 수)이다. 즉, $A \cup B = A + B - (A \cap B)$이다.

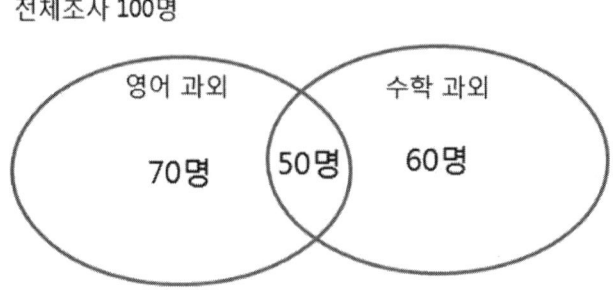

〈그림 2-2〉 상호배타적이 아닌 경우

■ 3. 조건부 확률 ■

조건부 확률(conditional probability)이란 것은 앞에 일어난 사상(사건)의 결과에 따른 조건하에 다음 사상(사건)이 일어날 확률을 의미한다. 예를 들어 흰공 2개와 검은공 2개가 있는 주머니에서 한 개씩 두번을 뽑는 실험을 한다고 가정한다. 그리고 첫 번째 뽑힌 공을 주머니에 다시 넣지 않고, 두 번째 공을 뽑는 비복원추출(sampling without replacement)을 할 경우를 생각해 보자. 두 번째 흰공이 뽑힐 확률은 첫 번째 어떤 공이 뽑혔는지에 따라 달라질 것이다. 즉, 첫 번째 흰공이 뽑혔다면 주머니에 흰공 1개와 검은공 2개가 남게 되어 두 번째 흰공이 뽑힐 확률은 1/3이 될 것이다. 이렇듯 사상(사건) B가 일어난 조건하에 사상(사건) A가 일어날 확률은 수리적으로 $P(A|B)$으로 표현하고, 조건부 확률 $P(A|B)$에 대한 정의는 (식 2-4)와 같다.

$$P(A|B) = \frac{P(A \cap B)}{P(B)} \quad \text{(식 2-4)}$$

조건부 확률은 어떤 사건이 일어난 조건하에서 특정 사상(사건)이 발생할 확률을 의미하는 것으로 이들 사상(사건)들 간의 관계가 매우 중요한 요소가 된다. 즉, 사상(사건)이 상호 독립적인 경우, 또는 종속적인 경우가 매우 중요한 요소가 된다. 앞의 비복원추출에서와 같이 A(첫 번째)라는 사상(사건)에 따라 B(두 번째) 사상(사건)이 일어날 확률이 달라진다면 A 사상은 B 사상에 종속되어 있다고 한다. 즉, 사상(사건) A와 B는 상호 독립적이라고 할 수 없다.

하지만 앞의 실험에서 첫 번째 뽑힌 공을 주머니에 다시 넣는 복원추출(sampling without replacement)의 경우는 첫 번째 흰공이 뽑힌 조건하에서 두 번째 흰공이 뽑힐 확률은 2/4이다. 반대로 첫 번째 검은공이 뽑힌 조건하에 흰공이 뽑힐 확률 역시 2/4로 동일하다. 즉, 복원추출의 경우 앞의 사건이 뒤에 일어날 사건에 영향을 주지 않는다. 이러한 경우에 A와 B를 상호독립적(independent)인 사상(사건)이라고 한다. A와 B가 상호독립적일 때 조건부 확률은 (식 2-5)와 같이 정의 된다.

$$P(A|B) = P(A), P(B|A) = P(B) \qquad \text{(식 2-5)}$$

(단, 사상 A와 B가 상호독립적일 때)

(식 2-5)와 같이 $P(A|B) = P(A), P(B|A) = P(B)$를 만족하게 되면 사상(사건) A와 B는 "상호독립적"이라고 할 수 있다. 즉, 사상(사건) A와 B가 상호독립인 조건이 될 것이다.

4. 조건부 확률의 곱셈법칙

확률의 곱셈법칙에 의해서 구하는 확률은 두 개 이상의 사상이 동시에 발생하는 확률을 의미한다. 따라서 여러 개의 사상이 동시에 발생할 확률을 구할 때 사용된다. 예를 들어, 어떤 회사에 신입사원 채용과정에서 〈표 2-1〉과 같이 20명의 응시자가 최종면접을 보았다고 하자. 그렇다면 신입사원을 1명을 뽑는다고 가정할 경우 지방의 전문대학 출신이 채용될 확률은 얼마인가? 즉, 지방출신(A)이면서 동시에 전문대학 출신(B)인 확률을 의미한다. 논리적 방법에 의한 확률의 정의에 따라 1/20이 될 것이다.[29]

〈표 2-1〉 최종면접 응시자의 학력 및 지역별 구성

	고교졸업	전문대졸	대학교	대학원이상	계
수도권	0	1	3	9	13
지방	1	1	2	3	7
계	1	2	5	12	20

한편, 사상(사건) A와 B가 동시에 일어날 확률은 앞서 살펴본 조건부 확률식(식 2-4)을 이용하여 (식 2-6)과 같이 정의 할 수 있다.

$$P(A \cap B) = P(B) \times P(A|B) = P(A) \times P(B|A) \qquad \text{(식 2-6)}$$

---

[29] $P(A) = \Pr(A) = \dfrac{A\text{에 속하는 사상의 개수}}{\text{발생가능한 모든 사상의 개수}} = \dfrac{1}{20}$

즉, A와 B가 동시에 일어날 확률은 B가 일어날 확률에 B가 일어날 조건하에 A가 일어날 확률의 곱과 같다. 이는 반대로 A가 일어날 확률에 A가 일어날 조건하에 B가 일어날 확률의 곱과 같다는 것이다. 앞의 예에서 지방출신 이면서 동시에 전문대학 출신이 채용될 확률은 먼저 지방출신이 채용될 확률($P(A) = 7/20$)에다 지방출신인 조건하에서 전문대 출신이 채용될 확률 ($P(B|A) = 1/7$)의 곱 ($P(A) \times P(B|A) = (7/20) \times (1/7) = 1/20$)과 같다.

만일 두 사상(사건) A와 B가 상호 독립적(independent)인 경우는 $P(A|B) = P(A), P(B|A) = P(B)$가 되므로 상호 독립적(independent) 사상(사건) A, B가 동시에 일어날 확률은 (식 2-7)이 된다.

$$P(A \cap B) = P(A) \times P(B) \qquad \text{(식 2-7)}$$

(단. 사상 A와 B가 상호독립적일 때)

그렇다면 A와 B가 상호 독립적(independent)인 경우의 예를 살펴보자. 공무원 시험 응시자를 대상으로 남·녀 각각 100명씩 군가산점에 대한 찬성·반대를 물었다. 남자의 경우 80명이 찬성을 하였고 여자는 30명이 찬성하였다고 하자. 여기서 남·녀 각각 1명의 응시자를 무작위로 뽑았을 때 남·녀 모두 군가산점 제도에 대해 찬성할 확률은? 남자의 찬성 확률을 $P(A)$, 여자의 찬성 확률을 $P(B)$라 하면 A와 B가 상호 독립적(independent)이므로 (식 2-7)에 의해 $P(A \cap B) = P(A) \times P(B) = (80/100) \times (30/100) = 2400/10000 = 0.24$이다.

따라서 확률의 덧셈 및 곱셈 법칙을 정리하면 다음과 같다.

■ 확률의 덧셈 법칙

- 상호 배타적(mutual exclusive)인 경우 :

  $P(A \cup B) = P(A) + P(B) - P(A \cap B) = P(A) + P(B)$

- 상호 배타적(mutual exclusive)이 아닌 경우 :

  $P(A \cup B) = P(A) + P(B) - P(A \cap B)$

■ 확률의 곱셈 법칙

- 두 사상, A와 B가 상호 독립적(independent)인 경우 :

  $P(A \mid B) = \dfrac{P(A \cap B)}{P(B)} = P(A)$

  $P(B \mid A) = \dfrac{P(A \cap B)}{P(A)} = P(B)$

  $P(A \cap B) = P(A) \times P(B)$

- 두 사상, A와 B가 상호 독립적(independent)이 아닌 경우 :

  $P(A \mid B) = \dfrac{P(A \cap B)}{P(B)} = P(B) \times P(A \mid B)$

  $P(B \mid A) = \dfrac{P(A \cap B)}{P(A)} = P(A) \times P(B \mid A)$

  즉, $P(A \mid B) \neq P(B \mid A)$

5. 결합(동시)확률과 주변(한계)확률

결합(동시)확률(joint probability)은 앞의 확률 곱셈법칙에서처럼 두 개 이상의 사상이 동시에 발생하는 확률을 의미한다. 앞의 〈표 2-1〉를 다시 살펴보기로 하자. 예를 들어, 지방대 출신으로 고교학력을 갖고 있는 결합(동시)확률은 1/20이다. 또한 수도권 출신으로 대학교 학력을 갖고 있는 동시(결합)확률은 3/20이다. 즉 가로축(학력)과 세로축(지역)이 교차하는 셀의 확률이 결합(동시) 확률이다.

⟨표 2-1⟩ 최종면접 응시자의 학력 및 지역별 구성[30]

	고교졸업	전문대졸	대학교	대학원이상	계
수도권	0	1	3	9	13
지방	1	1	2	3	7
계	1	2	5	12	20

　주변(한계)확률(marginal probability)은 같은 성질을 지닌 동시(결합)확률들의 합을 의미한다. 수도권 출신의 주변(한계)확률은 13/20(즉, 0/20+1/20+3/20+9/20=13/20) 이며, 지방 출신의 주변(한계)확률은 7/20(즉, 1/20+1/20+2/20+3/20=7/20)이 된다. 마찬가지로 고교졸업자의 주변(한계)확률은 1/20(즉, 0/20+1/20=1/20)이며, 대학원이상졸업자의 주변확률은 12/20(즉, 9/20+3/20=12/20)이 된다. 이와 같이 주변확률은 가로축 또는 세로축 셀들을 합한 확률값으로 볼 수 있다. 물론 동시확률의 총합과 주변확률의 총합은 1이 된다.

　그러나 주관적 확률은 개인적 의견이나 판단 및 경험이 반영된 확률로 볼 수 있다. 각 사상들이 동일하지 않을 수도 있으며, 경험적 객관적 자료를 구하기도 매우 어려운 상황이 있을 수 있다. 이러한 경우 부득이 주관적 판단에 의한 확률을 구할 수밖에 없다. 예를 들면, 어떤 프로야구 전문 해설가는 앞으로 5년 이내에 류현진 선수가 월드시리즈 진출해서 우승할 확률이 30%라고 말했다고 가정하자. 이는 개인적인 주관에 의해 결정되는 개념의 확률이므로 다른 전문가와 야구팬들의 확률과는 다를 수 있다. 따라서 주관적 확률은 수학적으로 설명하기 어렵다.

---

30) 설명을 쉽게 하기 위해 앞의 ⟨표 2-1⟩을 다시 표시 함.

■ 6. 베이즈 정리 ■

지금까지는 어떤 한 특정 사상(사건: event)의 발생 확률은 다른 사상의 발생 여부와 전혀 관련이 없었다. 즉 두 사상은 서로 독립적인 관계에 있다고 한다. 이제는 두 사상 또는 사건 사이에 밀접한 관계를 갖고 있어 두 사상은 서로 종속적인 관계에 있다고 하자. 즉 하나의 사상이 이미 발생한 상태에서 다른 사상이 일어날 확률을 조건부 확률(conditional probability)이라고 한다. 예를 들어, 어떤 두 사건을 A와 B라고 할 때, 사건 A가 일어날 확률은 P(A), 사건 B가 일어날 확률은 P(B)라고 하자. 그렇다면, 사건 B가 이미 일어난 상태에서 사건 A가 일어날 조건부 확률은 P(A|B)으로 나타낼 수 있다.

베이즈 정리(Bayes' theorem)는 확률의 곱셈법칙과 조건부확률을 이용한다. 사전확률(prior probability)은 특정 사상에 부여된 주관적인 확률이다. 경험적 증거나 어떤 선행연구의 결과로 얻는 사후확률(posterior probability)은 사전확률보다 의사결정에 있어 더 나은 근거를 제공한다. 즉 베이즈 정리는[31] 사후에 일어날 수 있는 사상에 관한 정보를 가지고 알려지지 않은 어떤 사상의 확률을 구하는데 사용될 수 있다. 다시 말해 베이즈 정리는 추가 정보를 토대로 사전확률을 얼마나 수정할 것인가, 즉 알려지지 않은 사후확률을 구하려는 이론이다.

예를 들어, 어떤 공기업에 납품하는 두 회사 A, B가 있다고 하자. 그리고 A회사의 납품 비중은 60%이고 B회사의 납품 비중은 40%이다. 그런데 A회사의 납품물량 중 불량품 비율은 5% 그리고 B회사의 납품물량 중 불량품 비율은 7%

---

[31] 1986년 Challenger 우주왕복선이 발사되기 전 미 공군에서는 우주선 엔진의 고장 확률을 베이즈 정리를 이용하여 계산한 적이 있는데 35번 중 1번 정도는 고장이 생길 수 있다고 발표하였다. 발사대를 떠난 직후 폭발하여 비극적으로 끝난 Challenger 우주왕복선은 25번째 비행이었다(박주문, 2010:58).

라고 한다. 전체 납품 물량 중 어떤 중소기업의 불량품 확률이 더 높은지를 알아보기로 하자.

> P(A) = A회사의 납품비중 = 0.6, P(B) = B회사의 납품비중 = 0.4
> P(Bad|A) = A회사의 납품물량 중 불량품 비율 = 0.05,
> P(Bad|B) = B회사의 납품물량 중 불량품 비율 = 0.07

(i) 전체 납품물량 중 A회사의 불량품 비중은?

$P(A \cap Bad) = P(A) \times P(Bad|A) = 0.6 \times 0.05 = 0.03$

(ii) 전체 납품물량 중 B회사의 불량품 비중은?

$P(B \cap Bad) = P(B) \times P(Bad|B) = 0.4 \times 0.07 = 0.028$

(iii) 전체 납품 물량 중 불량품 비중은?

$P(Bad) = P(A \cap Bad) + P(B \cap Bad) =$

$P(A) \times P(Bad|A) + P(B) \times P(Bad|B) =$

$(0.6 \times 0.05) + (0.4 \times 0.07) = 0.03 + 0.028 = 0.058$

(iv) 전체 납품 불량품 중 A회사의 불량품 비중은?

$P(A|Bad) = \dfrac{P(A \cap Bad)}{P(Bad)} = 0.03/0.058 = 0.517$

(v) 전체 납품 불량품 중 B회사의 불량품 비중은?

$P(B|Bad) = \dfrac{P(B \cap Bad)}{P(Bad)} = 0.028/0.058 = 0.483$

따라서 A회사가 불량품을 납품 할 확률이 사후적으로 더 높다(0.517 > 0.483)

고 볼 수 있다.

이를 수형도로 나타내면 다음과 같이 표시 할 수 있다.

■ 수형도를 이용한 베이즈 정리 이해

$P(A) = 0.6$
- $P(Bad | A) = 0.05 \rightarrow P(A) * P(Bad | A) = P(A \cap Bad) =$
  $(0.6) * (0.05) = 0.03$
- $P(Good | A) = 0.95 \quad P(A) * P(Good | A) = P(A \cap Good) =$
  $(0.6) * (0.95) = 0.57$

$P(B) = 0.4$
- $P(Bad | B) = 0.07 \rightarrow P(B) * P(Bad | A) = P(B \cap Bad) =$
  $(0.4) * (0.07) = 0.28$
- $P(Good | B) = 0.93 \rightarrow P(A) * P(Good | A) = P(A \cap Good) =$
  $(0.4) * (0.93) = 0.372$

제2절 확률변수와 확률분포

■ 1. 확률변수 ■

사회현상에 대한 자료의 수집은 관찰 또는 실험의 결과를 관측함으로써 이루어지게 되는데, 이러한 우연한 사건의 결과를 관찰하는 과정을 확률실험(random experiments)이라고 한다. 한편 이러한 관찰이나 실험을 통해 얻어지는 결과나 사건을 사상(event)이라 하고, 확률실험(random experiments)에서 가능한 모든 결과의 집합을 표본공간(sample space)이라고 한다. 확률변수는 이러한 확률실험을 통해 나타나는 사상(event)을 기초하여 실수 값으로 다시 정의한 것으로 각 값이 확률로 나타낼 수 있는 변수를 말한다.

예를 들어 동전 던지기를 할 경우 사상은 앞면과 뒷면이 나올 것이다. 이때 앞면을 "1", 뒷면을 "2"로 다시 정의 한다면, 이것은 확률변수가 되고 확률변수 값은 X=x:1,2가 될 것이다. 한편, 동전 3번 던졌을 경우 앞면이 나온 숫자를 확률변수로 정의한다면, 확률변수 값은 X=x:0,1,2,3이 될 것이다. 한편, 행정통계론 수업을 듣는 학생을 10명 뽑는 경우 남자가 뽑히면 100, 여자가 뽑히는 경우 500이라는 정수 값으로 확률변수를 정의 하였다면, 확률변수 값은 X=x:100, 500이 될 것이다. 즉, 확률변수(random variable)란 표본공간을 구성하는 사건에 수치를 부여하는 것으로 두 개 이상의 값을 가지며, 각 값이 취할 수 있는 가능성을 확률로 나타낼 수 있는 변수를 말한다(황인창 외, 2005: 110). 이렇게 변수에 숫자를 부여하는 것은 수리적인 계산이 가능하도록 하기 위해서다.

많은 통계학 서적에서 예로 들고 있는 동전 던지기를 기초로 설명하면 동전을 두 번 던지는 실험에서 동전의 앞면을 H, 뒷면을 T라고 할 때 동전을 두 번 던지는 시험의 모든 가능한 결과(표본공간)는 〈표 2-2〉와 같다. 이때 확률변수 X를 앞면이 나온 개수라고 정의하면 확률변수 X가 취할 수 있는 값은 X=x: 0,1,2이다. 그리고 확률변수 X는 각각 일어날 확률을 가진다. 〈표 2-3〉과 같이 발생가능한 모든 확률변수에 각각의 확률을 나타낸 표를 확률분포표(probability distribution)라고 한다.

⟨표 2-2⟩ 표본공간 및 확률변수

표본공간	확률변수(X)
HH	2
HT	1
TH	1
TT	0

⟨표 2-3⟩ 확률분포표

확률변수(X)	n	$P(X=x)$
0	1	1/4
1	2	2/4
2	1	1/4
계	4	4/4

이러한 확률변수는 크게 두 가지 형태로 구분된다. 예를 들어 주사위를 던졌을 때의 눈금의 수를 확률변수로 할 경우 1부터 6까지 정수로 나타날 것이다. 한편, 직급, 사람 수 등을 확률변수로 할 경우에도 정수로만 표시될 것이다. 반면, 몸무게, 신장, 속도, 온도, 투표율, 경제성장률의 경우 실수 공간의 값으로 연속성을 띠게 된다[32]. 이렇듯 연속된 모든 실수 값으로 표시되는 확률변수를 연속확률변수(continuous random variable)라고 하고, 주사위수와 같이 확률변수가 정수 형태로 정의되거나, 실수 공간에서 불연속적인 값을 취하는 경우 이산확률변수(discrete random variable) 또는 불연속확률변수라고 한다. 그리고 '남자=1', '여자

---

[32] 그러나 실제로 모든 자료는 이산(불연속)적이라고 할 수 있다. 예를 들어, 신장을 측정하는데 그 신장의 크기를 소수 첫째자리 까지만 허용한다면 결과적으로 그 자료는 소수 첫째 자리에서 이산적이라고 할 수 있다(박주문, 2010: 62).

=2'와 같이 질적자료를 확률변수로 정의한 경우에도 불연속확률변수가 된다.

이처럼 이론상으로는 이산 또는 연속확률변수가 명백히 구분될 수 있으나, 현실적으로는 특히 사회과학분야에서 구분을 하지 않는 경우가 많다. 즉, 불연속적 확률변수라고 하더라도 자료의 개수가 많고 가능한 변수값이 다양할 경우에는, 연속적 확률변수로 간주하여 통계 처리하는 사례를 흔히 발견할 수 있다(김호정, 2013: 108).

■ 2. 확률분포 ■

확률분포(probability distribution)란 표본공간에 나타나는 확률변수가 취할 수 있는 모든 값들과 그 값에 대응하는 확률을 동시에 표시한 것으로 표, 그림, 수식 등으로 표현이 가능하다. 이러한 확률분포는 확률변수의 성격에 따라 용어를 조금 달리 사용한다. 앞서 살펴본 바와 같이 확률변수가 이산(불연속)확률변수의 값들과 이들의 확률을 표시한 경우를 이산(불연속)확률분포(discrete probability distribution)라고 하고, 연속확률변수인 경우는 연속확률분포(continuous probability distribution)라고 한다.

그리고 확률변수에 대하여 각각의 확률값으로 대응시키는 함수를 확률함수(probability function)라고 한다. 이런 확률함수를 확률변수의 특징에 따라 이산(불연속)확률변수를 확률값으로 대응시키는 함수를 확률질량함수(probability mass function)라고 하고, 연속확률변수가 취할 수 있는 실수구간에 대해 확률을 대응시키는 함수를 확률밀도함수(probability density function)라고 한다. 따라서 이산(불연속)확률변수가 취할 수 있는 가능한 값들의 합은 (식 2-8)과 같이 정의 되고, 연속확률 변수의 경우 (식 2-9)와 같이 정의 된다.

$$\sum P(X=x) = 1 \qquad \text{(식 2-8)}$$

$$\int_{-\infty}^{\infty} f(x)\,dx = 1 \qquad \text{(식 2-9)}$$

이산(불연속)확률분포의 대표적인 형태가 이항분포, 포하송분포 등이 있고, 연속확률분포에는 정규분포, T-분포, F-분포, x^2-분포 등이 있다. 만일에 어떤 확률변수의 각각의 값에 대하여 확률값을 대응시키는 확률질량함수 또는 확률밀도함수가 사전에 알려진 특정한 확률분포를 따른다면, 우리는 이러한 확률분포를 이용하여 특정 사건이 일어날 확률을 손쉽게 계산할 수 있을 것이다.

즉, 이들 확률분포의 다양한 조건 및 가정을 이해한다면 특정 사건이 일어날 가능성을 쉽게 예측함으로써 의사결정에 도움이 될 것이다. 어떤 확률분포를 사용할 것인가는 연구 목표 집단의 확률분포가 우리가 사용하려고 하는 확률분포에 내재되어 있는 가정들과 일치 하느냐 또는 일치하지 않느냐에 따라서 결정된다. 일단 여러 가지 조건들을 감안하여 확률분포가 결정되면 실제로 적용되는 통계적 분석 방법은 비교적 단순하다고 볼 수 있다.

3. 확률분포의 기대값과 분산

앞서 우리가 자료의 특징을 이해하기 쉽게 평균과 분산과 같이 간단한 수치로 표현하였다. 확률분포의 경우 확률질량함수 또는 확률밀도함수로 나타낼 수 있다. 하지만, 이들의 경우 매우 복잡할 뿐만 아니라 확률분포의 특징을 쉽게 파악하기에는 한계가 있다. 따라서 확률분포 역시 평균과 분산값을 통해 분포의 특징을 수치화 할 수 있다. 이것이 확률분포의 기대값과 분산이다.

기대값(expected value)이란 어떠한 실험을 지속적으로 반복했을 때 평균적으로 기대할 수 있는 값으로 확률분포의 중심화 경향값을 나타내는 특성값(치)이다. 다른 말로 표현하면 기대값은 모집단의 평균과 같은 개념으로 이해할 수 있다. 모집단 평균은 주어진 자료에 의해서 계산된다면, 기대값은 확률변수가 취할 수 있는 값과 그 값에 대응하는 확률을 이용해 계산된다. 확률분포의 기대값은 확률변수가 취할 수 있는 모든 값의 평균값으로 $E(X)$로 표시한다. 확률분포가 이산(불연속)확률변수의 기대값은 (식 2-10)과 같이 정의 되고, 연속확률변수의 경우 (식 2-11)과 같이 정의 된다.

$$\mu = \sum_{i=1}^{m} \frac{Xf_i}{N} = \sum_{i=1}^{m} X_i \frac{f_i}{N} \Rightarrow \sum X_i P(X_i) = E(X) \qquad \text{(식 2-10)}$$

(상대도수 $\frac{f_i}{N} = P(Xi)$)

$$\int_{-\infty}^{\infty} X_i \times f(x)\,dx = E(X) \qquad \text{(식 2-11)}$$

(식 2-10)에서 알 수 있듯이 평균(μ)은 각 관찰값에 대응하는 상대도수를 곱하여 계산하지만, 기대값 $E(X)$은 상대도수 대신 확률을 곱해서 계산한다. 그런데 실험을 무한히 반복한다면 경험적 확률변수의 정의와 같이 상대도수는 확률로 정의 된다. 따라서 평균과 기대값은 같아지게 된다. 확률분포의 기대값은 다음과 같은 성질을 가지고 있다.

> a, b는 상수이고, X, Y가 확률변수 일 때
> 1. $E(a) = a$
> 2. $E(aX) = aE(X)$
> 3. $E(aX+b) = aE(X)+b$
> 4. $E(X+Y) = E(X)+E(Y)$
> 5. $E(X \times Y) = E(X) \times E(Y)$ (단 X와 Y는 상호독립)

앞서 자료의 정리에서 살펴보았듯이 평균인 기대값은 확률분포의 중심화 경향을 나타내는 대표값이다. 이러한 기대값은 자료의 분포의 모양에 대한 정보를 제공할 수 없다는 측면에서 단점이 있다. 이를 보완하기 위해 확률분포의 분포도 및 밀집도를 분산이나 표준편차 값으로 나타낸다. 분산은 평균에서 떨어진 정도를 제곱한 값을 다시 산술평균한 값으로 수리적으로 표현하면 $(X_i - \mu)^2$의 기대값(평균)이다. 따라서 확률표본의 분산을 σ^2 또는 $Var(X)$로 표기하면 (식 2-12), (식 2-13)과 같이 정의 된다.

$$Var(X) = E[(X_i - \mu)^2]$$
$$= \sum (X_i - \mu)^2 \times P(X_i) \; : \; 이산(불연속)확률변수인 경우 \quad (식\ 2\text{-}12)$$
$$= \int (X_i - \mu)^2 \times f(X_i) dx \; : \; 연속확률변수인 경우 \quad (식\ 2\text{-}13)$$

또한 (식 2-14)와 같이 간략하게 정리할 수 있다.

$$Var(X) = E(X^2) - E(X)^2 \qquad (식\ 2\text{-}14)$$

확률분포의 분산은 다음과 같은 몇 가지 특징을 가지고 있다.

> a, b는 상수이고, X, Y가 확률변수 일 때
> 1. $Var(a) = 0$
> 2. $Var(aX) = a^2 Var(X)$
> 3. $Var(aX + b) = a^2 Var(X)$
> 4. $Var(X + Y) = Var(X) + Var(Y)$ (단 X와 Y는 상호독립)

제3절 주요 확률분포

확률분포는 어떤 확률실험을 통해 나타날 수 있는 모든 확률변수에 대하여 각각의 확률을 표시한 것이다. 한편, 확률실험이 어떤 조건을 충족할 경우 특정 확률분포를 따른다는 것을 안다면, 이런 확률분포를 이용해 어떤 확률변수가 발생할 확률을 쉽게 나타낼 수 있을 것이다. 통계분석에 있어 모수의 추정 및 가설검정 등이 이러한 확률분포를 이용해 이루어지게 된다. 따라서 확률분포의 특징을 이해하고, 어떤 조건에서 어떠한 확률분포를 적용할 것인가를 파악해 두면 통계분석에 대단히 유용하다(박명섭·박광태, 2008:113).

이러한 확률분포는 확률변수의 특징에 따라 구분된다. 확률변수가 이산(불연속)확률변수인 경우에는 이항분포와, 포아송분포 등이 대표적인 확률분포이다. 한편, 연속확률변수인 경우 정규분포가 대표적이다.[33]

---

33) 기타 t-분포, F-분포, x^2-분포가 가설검정을 위해 많이 활용된다. 해당 분포에 대해서는 가설검정 부분에서 설명토록 한다.

확률분포에는 여러 가지 형태의 확률분포가 있다. 각 확률분포에 따라 여러 가지 조건들의 가정이 내재하고 있다. 따라서 어떤 확률분포를 사용할 것인가는 예를 들어 연구 목표집단의 확률분포가 사용하려고 하는 그 확률분포의 내재되어 있는 가정들이 맞느냐 또는 맞지 않느냐에 따라서 결정된다. 일단 여러 가지 조건들을 감안하여 확률분포가 결정되면 실제로 적용되는 통계적 분석 방법은 비교적 단순하다고 볼 수 있다.

1. 이항분포(bionomial distribution)

표본공간이 단지 두 개의 상호배타적인 원소로 구성된 실험의 시행을 말하며, 매번 시행 때마다 이 두 개의 원소 중에서 하나만이 실험의 결과로 나타난다. 예를 들어, 동전던지기의 결과는 앞면, 뒷면 뿐이며, 둘 중 "성공"으로 표현하는 하나만 고려될 뿐, "실패"라고 설정하는 경우는 고려 하지 않는다. 따라서 베르누이 분포(Bernoulli distribution)[$X \sim B(p)$]는 모든 시행이 서로 독립이고, 시행(trial) 결과가 성공(success)과 실패(failure) 두 가지만 발생하고, 매 시행 성공 확률이 p로 일정한 경우에 이를 베르누이 시행(Bernoulli trial)이라 한다.

예를 들어 주사위를 던져 1의 숫자가 나오면 '성공', 1이외 숫자인 경우 '실패'로 정의한다면, 이러한 시행은 베르누이 시행이 된다. 한편, 동전 던지기에서 뒷면이 나오는 경우를 '성공'이라고 정의 할 수 있고, 한반 학생의 키를 조사할 경우 170㎝ 이상일 경우를 '성공'으로 정의 할 수 있다. 이들 모두 베르누이 시행 조건에 충족된다.

베르누이 시행 조건

1. 각 시행의 결과는 상호 배타적인 두 사건 즉 한 사건은 "성공", 다른 사건은 "실패"로 나타낸다.
2. 각 시행에서 성공의 결과가 나타날 확률은 p로 나타내며, 실패할 확률 $q = 1-p$이다.
3. 각 시행은 서로 독립적이다. 한 시행의 결과는 다음 시행의 결과에 아무런 영향을 주지 않는다.

베르누이 시행조건을 만족하는 베르누이 시행을 n번 시행하고, 이때 성공횟수를 x라고 하고, 각 시행마다 성공할 확률이 p로 항상 일정할 때, 성공횟수(x)를 확률변수로 정의한 확률변수 $P(X=x)$의 확률분포는 (식 2-15)와 같은 이항확률분포를 따른다.[34]

$$P(X=x) = {}_nC_x \cdot p^x (1-p)^{n-x}\ \text{[35]} \qquad \text{(식 2-15)}$$

(n : 시행횟수 x : 성공횟수, p : 성공확률)

예를 들어 동전을 던져 앞면이 나오는 경우를 '성공'이라고 정의할 때 4번 동전을 던져 1번 성공(앞면)할 확률을 구해보자.

$$P(X=1) = {}_4C_1 \cdot p^1 (1-p)^{4-1} = \frac{4!}{1!3!} \cdot \left(\frac{1}{2}\right)^1 \cdot \left(\frac{1}{2}\right)^3 = 4 \cdot \left(\frac{1}{16}\right) = \frac{1}{4}$$

---

[34] 확률변수 X에 대하여 이항확률분포를 따른다는 것을 수리적으로 $X \sim B(n,p)$ 표현한다.

[35] ${}_nC_x = \dfrac{n!}{x!(n-x)!}$, $n! = n \cdot (n-1) \cdot (n-2) \ldots 2 \cdot 1$

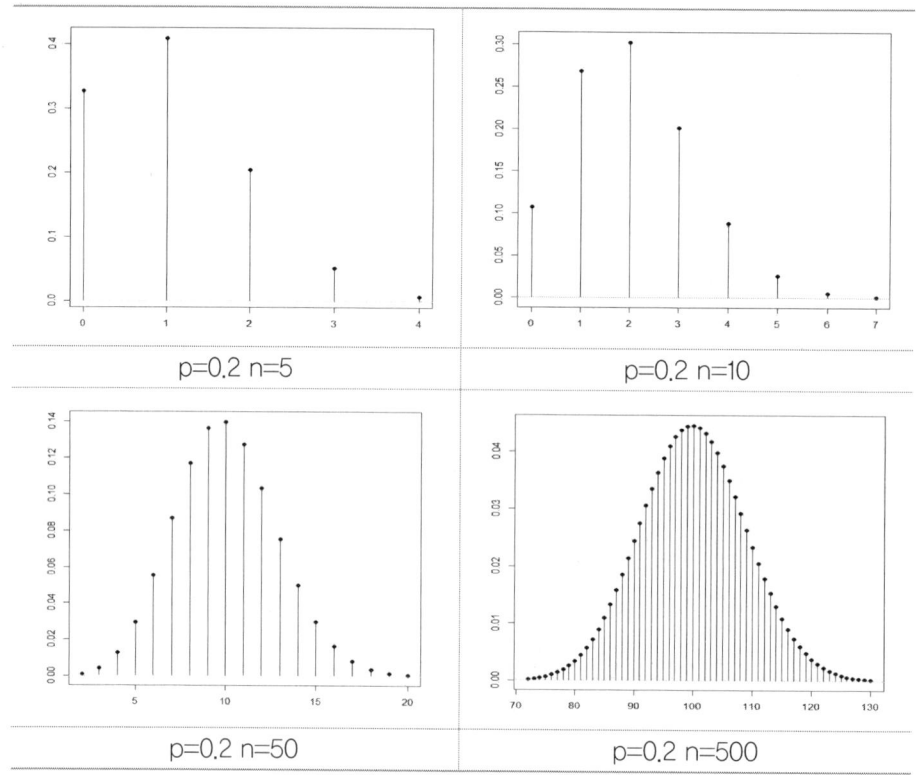

〈그림 2-3〉 이항분포의 시행횟수에 대한 분포의 모양

이항분포의 형태는 n(시행횟수)와 성공확률(p)에 의해 변화된다. 〈그림 2-3〉에서와 같이 $p=0.2$, $n=5$에서 분포의 모양은 오른꼬리 분포모양을 하지만, n의 값이 증가 할수록 분포의 모양은 좌우대칭인 정규분포모양을 띄게 된다.[36]

시행의 성공일 확률이 p라 하고 성공이면 확률변수 X=1, 실패면 X=0이라 하면 확률분포함수는 다음과 같다.

---

[36] 보다 수리적으로 이항분포가 $np \geq 5$와 $n(1-p) \geq 5$ 일 때 근사적으로 평균 $\mu = np$, 분산 $\sigma^2 = np(1-p)$인 정규분포를 따른다.

$$p(x\mid p) = p^x(1-p)^{1-x},\ x=0,1 \text{(평균}=p\text{, 분산}=pq\text{)} \quad \text{(식 2-16)}$$

다음은 R을 이용하여 다양한 이항분포함수를 그려보기로 하자.

```
# 이항분포함수 그리기

x=seq(0,20) # 확률변수 생성 및 범위
y1=dbinom(x,20,0.1)    # 이항분포 B(n=20, p=0.1) 확률밀도함수값
y2=dbinom(x,20,0.5)    # 이항분포 B(n=20, p=0.5) 확률밀도함수값
y3=dbinom(x,20,0.9)    # 이항분포 B(n=20, p=0.9) 확률밀도함수값
split.screen(c(1,1))   # 그래프 화면 나누기 지정
screen(1)              # 그래프 위치 지정
plot(y1~x, type='h', main='이항분포',col="green",
ylab='f(x)', xlab='x', ylim=c(0,0.3))
Sys.sleep(3)           # 3초동안 화면정지
screen(1)              # 그래프 위치 지정
plot(y2~x, type='h',col="blue", lwd=2,
ylab='f(x)', xlab='x', ylim=c(0,0.3))
Sys.sleep(3)           # 3초동안 화면정지
screen(1)              # 그래프 위치 지정
plot(y3~x, type='h',col="red", lty=2,
ylab='f(x)', xlab='x', ylim=c(0,0.3))
```

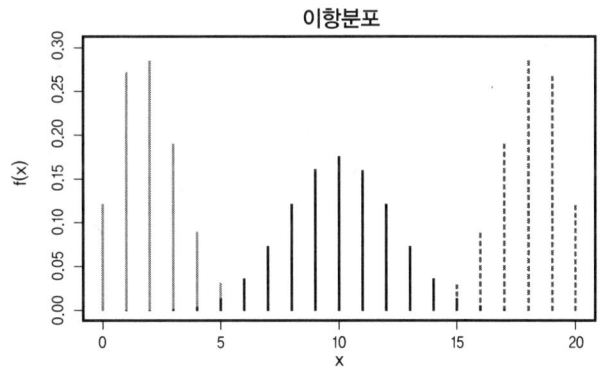

〈그림 2-4〉 R을 이용한 다양한 이항분포함수 그래프

■ 2. 포아송분포 ■

포아송분포(Poisson distribution)는[37] 단위시간이나 단위면적 등의 단위구간에서 발생하는 성공횟수에 대한 확률분포를 의미한다. 이항분포의 평균만 알 수 있는 경우에 확률변수의 발생확률을 구할 때 또는 이항분포에서 n이 아주 크거나 p가 너무 작아서 이항분포표를 이용하기 곤란할 때 사용된다. 예를 들어, 단위면적당 거주하는 고령자 인구수, 하루 이용 고속도로 교통사고 발생건수, 어떤 구청의 하루에 처리되는 민원 건수 등이 포아송분포를 이용할 수 있다. 포아송분포의 확률계산은 다음과 같다.

$$P(X=x) = \frac{\mu^x \cdot e^{-\mu}}{x!} \qquad (\text{식 } 2\text{-}17)$$

여기서 e는 자연로그(e=2.718282...), μ는 성공의 평균횟수, 그리고 x는 성공횟수이다.

예를 들어 119 소방서에 1시간에 5통의 화재신고가 온다고 하자, 그렇다면 1시간에 3통의 화재신고가 들어올 확률은 얼마인가?

---

[37] 프랑스의 수학자 포아송(Simeon Denis Poisson, 1781-1840)의 이름을 따서 명한 것으로 생물학과 의학 분야에 많이 이용되는 이산 확률분포의 하나이다. 이 분포가 성립하기 위해서는 다음과 같은 조건을 충족해야 한다. 첫째, 실험은 특정 사상이 특정 시간동안이나 면적, 무게, 거리, 부피와 같은 특정 공간 내에서 발생하는 횟수를 세는 것으로 구성된다. 둘째, 사상의 발생은 독립적이다. 즉, 특정 사상의 단위 시간이나 공간 내에서 발생할 확률은 동일한 단위 면적이나 공간 내에서 발생하는 두 번째 사상의 발생 확률에 영향을 미치지 못한다. 셋째, 이론적으로 사상은 일정한 공간이나 시간 등 단위 구간에서 무수히 발생해야 한다. 넷째, 특정 사상이 주어진 시간이나 공간 내에서 발생할 확률은 시간이나 공간의 단위에 비례한다. 마지막으로, 주어진 시간이나 공간은 아주 작은 단위구간으로 나뉠 수 있으며, 그 작은 단위구간에서 특정사상이 한번 이상 발생할 확률은 아주 적다(박주문, 2010: 75).

$$P(X=3) = \frac{5^3 \cdot e^{-5}}{3!} = \frac{125 \cdot 0.00674}{6} = 0.14 \text{ 즉 } 14\%\text{가 된다.}$$

포아송분포 역시 기대값과 분산으로 분포의 특성을 나타낼 수 있다. 이항분포의 기대값과 표준편차는 (식 3-19)와 같이 정의 된다.

$$E(X) = \lambda \cdot t \quad \text{그리고} \quad \sigma^2 = \lambda \cdot t \qquad \text{(식 2-18)}$$

(여기서 λ 는 평균 성공 비율 또는 횟수, t 는 단위 면적 또는 시간 등)

다음은 R을 이용하여 앞의 이항분포 및 포아송 함수 그래프를 그려보았다.

```
# 이항분포 및 포아송 함수 그리기
op <- par(mfrow=c(2,2))
x=seq(0,20) # 확률변수 생성 및 범위지정
y1=dbinom(x,20,0.1) # 이항분포 B(n=20, p=0.1) 확률밀도함수값
y2=dbinom(x,20,0.5) # 이항분포 B(n=20, p=0.5) 확률밀도함수값
y3=dbinom(x,20,0.9) # 이항분포 B(n=20, p=0.9) 확률밀도함수값
y4=dpois(x,10)      # 포아송분포 P(lambda=5) 확률밀도함수값
plot(y1~x, type='h', main='이항분포(20,0.1)', col="green",
ylab='f(x)', xlab='x', ylim=c(0,0.3)); abline(0,1,0) # 참조선(reference line)
Sys.sleep(3)
plot(y2~x, type='h',main='이항분포(20,0.5)', col="blue", lwd=2,
ylab='f(x)', xlab='x', ylim=c(0,0.3)); abline(0,1,0) # 참조선(reference line)
Sys.sleep(3)
plot(y3~x, type='h',main='이항분포(20,0.9)', col="red", lty=2,
ylab='f(x)', xlab='x', ylim=c(0,0.3)); abline(0,1,0) # 참조선(reference line)
Sys.sleep(3)
plot(y4~x, type='h', main='포아송(lambda=5)', col="red", lty=2,
ylab='f(x)', xlab='x', ylim=c(0,0.3)); abline(0,1,0) # 참조선(reference line)
par(op)
```

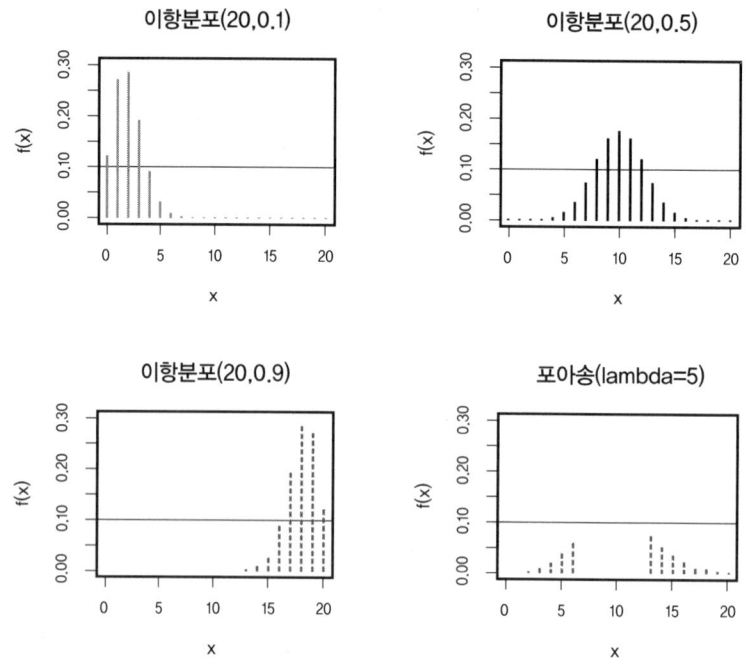

〈그림 2-5〉 R을 이용한 이항분포 및 포아송 함수 그래프

■ 3. 정규분포 ■

정규분포는[38] 확률분포 중에서도 가장 중요하게 다루어지며, 이는 어떤 경험적 현상의 실제 측정결과로부터 얻은 확률분포가 아니라 이론적으로 유도된 수학적 공식이다.

정규분포는 두 개의 모수, 즉 "평균"과 "분산"에 의해 그 형태가 완전하게 결

---

38) 정규분포의 수식은 영국의 수학자 뫼브르(Abraham de Moivre, 1667-1754)에 의해 처음으로 발표되었으나 각종 실험에 광범위하게 적용한 독일의 수학자 가우스(Carl Friderich Gauss, 1777-1855)의 이름을 따서 가우스 분포라고 부르기도 한다.

정된다. 표본 수가 충분히 클 때, 대부분의 확률변수들은 중심극한정리에 의하면 정규분포를 형성한다.

정규분포의 밀도함수는 확률변수 X가 정규분포를 따르며 평균과 분산이 각각 μ와 σ^2일 때, 변수 X의 확률밀도함수 f(x)는 다음과 같이 나타낼 수 있다.

$$f(x) = \frac{1}{\sigma\sqrt{2\pi}} e^{\frac{-(X-\mu)^2}{2\sigma^2}}, -\infty < x < \infty \qquad \text{(식 2-19)}$$

여기서 π = 3.14159......, e = 2.71828 ...... 인 무리수로서 상수이다.

이러한 정규분포의 특징은 (i) 종모양의 곡선을 가지며, 곡선아래면적은 1, (ii) 곡선의 모양은 평균을 중심으로 좌우 대칭, (iii) 곡선의 최고 높이는 $\frac{1}{\sqrt{2\pi\sigma_x^2}} = \frac{1}{\sigma_x}\frac{1}{\sqrt{2\pi}} = \frac{0.399}{\sigma}$ (∵이차함수에서 일차미분을 0으로 만드는 X는 μ), (iv) 곡선의 변곡점은 $(\mu-\sigma)$와 $(\mu+\sigma)$에 있으며, 그리고 (v) $\mu \pm \sigma$: 전체 면적의 68.3%, $\mu \pm 2\sigma$: 전체 면적의 95.4%, $\mu \pm 3\sigma$: 전체 면적의 99.7%이다.

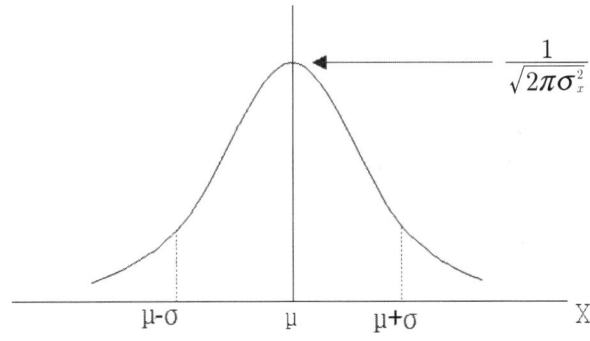

〈그림 2-6〉 정규분포 밀도함수

다음은 R을 이용하여 다양한 정규분포도를 그려보기로 하자.

```
# 다양한 표준정규분포 그리기
x=seq(-5,5,0.1)                    # 확률변수 생성 및 범위지정
y1=dnorm(x,0,1)                    # 표준정규분포 N(0,1) 확률밀도함수값
y2=dnorm(x,0,2)                    # 표준정규분포 N(0,2) 확률밀도함수값
y3=dnorm(x,1,1)                    # 표준정규분포 N(1,1) 확률밀도함수값
y4=dnorm(x,1,2)                    # 표준정규분포 N(1,2) 확률밀도함수값
windows()                          # 새로운 그래프 창을 만듬
split.screen(c(1,1))               # 그래프 화면 나누기 지정
screen(1)                          # 그래프 위치 지정
plot(y1~x, type='l', main='정규분포 PDF', col="green",
ylab='f(x)', xlab='x', ylim=c(0,0.4))
screen(1)                          # 그래프 위치 지정
plot(y2~x, type='l', col="blue",
ylab='f(x)', xlab='x', ylim=c(0,0.4))
screen(1)                          # 그래프 위치 지정
plot(y3~x, type='l', col="red",
ylab='f(x)', xlab='x', ylim=c(0,0.4))
screen(1)                          # 그래프 위치 지정
plot(y4~x, type='l', col="yellow",
ylab='f(x)', xlab='x', ylim=c(0,0.4))
```

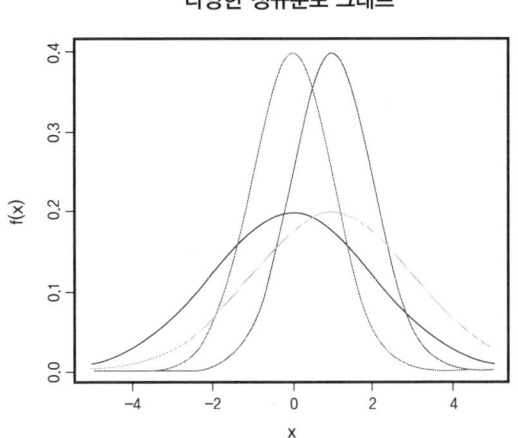

〈그림 2-7〉 R을 이용한 다양한 정규분포도

y1은 표준정규분포 N(0,1) 확률밀도함수값을 초록색으로, y2는 표준정규분포 N(0,2) 확률밀도함수값을 파란색으로, y3은 표준정규분포 N(1,1) 확률밀도함수값을 빨간색으로, 그리고 y4는 표준정규분포 N(1,2) 확률밀도함수값을 노랑색으로 그려보았다.

예제1

어떤 집단의 I.Q. 분포도를 조사해보니 정규분포하며 평균이 100이고 표준편차가 10으로 조사되었다[즉 I.Q. ~ N(100,10)]. 그렇다면 이 집단에서 I.Q가 90~110, 80-120, 70-130에 포함 될 확률은 각각 얼마나 될까 R 프로그램을 이용하여 알아보기로 하자. 정답은 68.3% 95.4% 99.7%이다.

다음의 〈그림 2-8〉에서 볼 수 있듯이 정규분포의 평균에서 1배의 표준편차 사이의 확률은 0.683, 2배의 표준편차 사이의 확률은 0.954, 3배의 표준편차 확률은 0.997안에 있다.

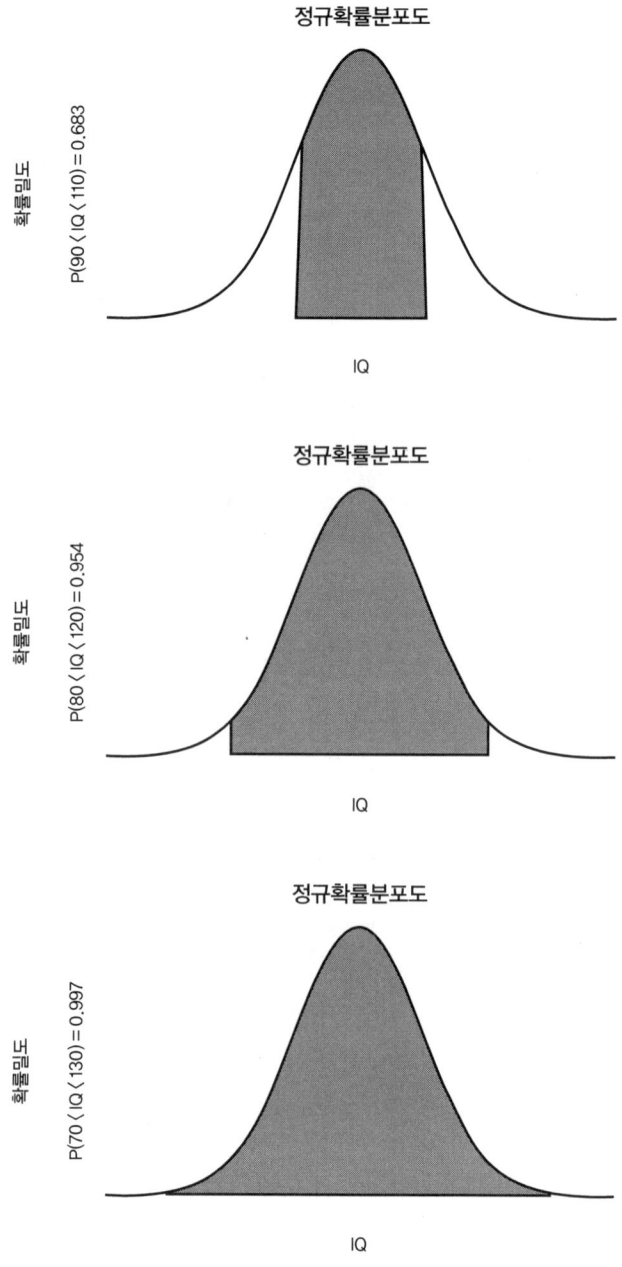

〈그림 2-8〉 R을 이용한 정규분포 확률밀도

```
# R을 이용한 예제1 풀이

mean=100; sd=10
lb=90; ub=110 # 첫 번째 그래프
# 두 번째 그래프는 lb=80; ub=120
# 세 번째 그래프는 lb=70; ub=130
x <- seq(-4,4,length=100)*sd + mean
hx <- dnorm(x,mean,sd)
plot(x, hx, type="n", xlab="IQ", ylab="확률밀도",
main="정규확률분포도", axes=FALSE)
i <- x >= lb & x <= ub
lines(x, hx)
polygon(c(lb,x[i],ub), c(0,hx[i],0), col="red")
area <- pnorm(ub, mean, sd) - pnorm(lb, mean, sd)
result <- paste("P(",lb,"< IQ <",ub,") =",
signif(area, digits=3))
mtext(result,2)
```

4. 표준정규분포

정규확률분포 변수가 어떤 범위의 값을 가질지 이를 확률밀도함수로 매번 계산하여 그 곡선의 밑 부분에 해당되는 확률값을 구하기는 매우 번거로운 일이다. 따라서 예를 들어 확률변수 X의 원점을 평균 μ로 하고, 그리고 X의 표준편차 단위로 변환하면 편리하다. 표준정규분포는 다음과 같이 계산된다.

$$Z = \frac{X - \overline{X}}{S} \quad\quad\quad (식\ 2\text{-}20)$$

여기서 S는 표준편차, $\overline{X}$는 확률변수 X의 평균이다.

예를 들어, 어떤 지역 상가 임대료를 나타내는 확률변수 X가 평균 480만원이고 분산이 900만원인 정규분포를 형성하였다고 하자. 이 지역의 상가 임대료가 $X_1 = 500$만원과 $X_2 = 520$만원 사이일 확률, 즉 P($500 \leq X \leq 520$)를 구하면 다음과 같다.

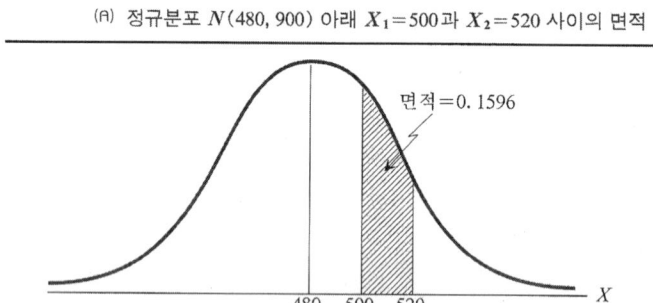

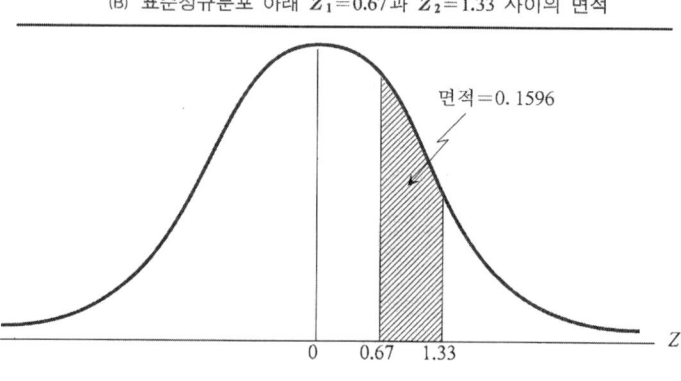

〈그림 2-9〉 표준정규분포를 이용한 풀이

$$Z_1 = \frac{X_1 - \overline{X}}{S} = \frac{500 - 480}{30} = 0.67, \quad Z_2 = \frac{X_2 - \overline{X}}{S} = \frac{520 - 480}{30} = 1.33$$

$$P(500 \leq X \leq 520) = P(0.67 \leq Z \leq 1.33) = 0.4082 - 0.2486 = 0.1596$$

또 다른 예를 들자면, 어느 한 구청에 일을 보기 위해 찾아오는 주민들의 확률분포는 알 수 없으나 하루 평균 200명이고 표준편차 25명인 것은 확인되었다고 하자. 주민들이 이 구청을 찾아오는 빈도가 정규분포를 따른다고 한다면 하루에 250명 이상의 주민들이 찾아올 확률은 다음과 같이 표준정규분포를 사용하여 구할 수 있다.

$$\Rightarrow P(X \geq 250) = P(\frac{X-\overline{X}}{S} \geq \frac{250-200}{25}) = P(Z \geq 2) = 0.5 - 0.4772 = 0.0228$$

다음은 R 프로그램을 이용하여 표준정규분포를 그래프로 나타낸 결과이다.

```
# 표준정규분포 그리기
curve(dnorm, from = -5, to = 5, col="blue", lwd=3,
 main = "표준정규분포")
text(-5, 0.3, expression(f(x) == frac(1, sigma ~~ sqrt(2*pi)) ~~ e^{-frac((x-mu)^2,
2*sigma^2)}), adj=0)
```

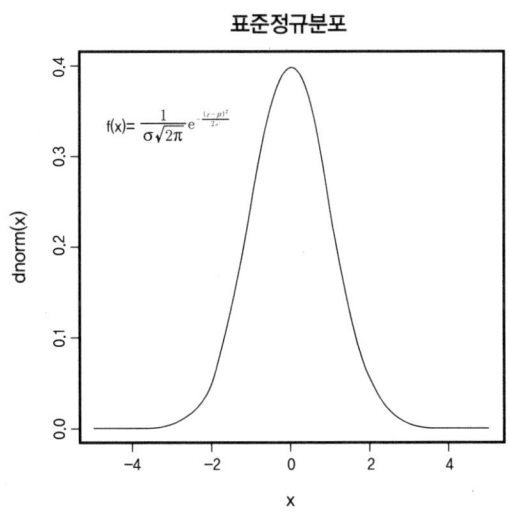

〈그림 2-10〉 R을 이용한 표준정규분포도

제 03 장

표본추출과 표본분포

제03장

표본추출과 표본분포

　우리는 의사결정에 필요한 대상 집단에 대한 정보가 필요하다. 행정기관의 경우 A라는 정책에 대하여 주민의 찬성률은 얼마나 되는가? 아니면 정책대안 A대안, B대안, C대안 중 어떤 대안을 선호하는가에 대한 정보는 정책결정에 있어 중요한 요소가 될 것이다. 기업 역시 마찬가지이다. 투자를 위한 시장을 분석한다든지, 소비자의 소비행동에 대한 정보가 있다면 잘못된 의사결정과 관련된 피해를 최소화 할 수 있을 것이다. 하지만 이러한 정보를 알기 위해 관심대상이 되는 대상 모두를 조사하는 것이 비효율적이거나 가능하지 않는 경우가 발생하게 된다. 이런 경우 일반적으로 관심이 되는 연구대상의 일부분인 표본을 통해 관심집단 전체의 특성을 파악하고자 할 것이다.

　표본조사의 장점은 첫째, 비용을 절약할 수 있다는 것이다. 일반적으로 조사를 위해 경제적 비용이 발생하게 되는데, 모집단의 규모가 클 경우 의사결정 과정에서 추가되는 정보로 인해 발생하는 편익보다 비용이 더 커질 가능성이 높아지게 된다. 둘째, 시간을 절약할 수 있다. 표본조사의 경우 전체가 아닌 부분을 조사하는 것으로 조사시간을 단축할 수 있다. 사회조사의 대부분이 시의성을 요구하는 경우가 많다. 선거를 앞둔 정당의 경우 전체 유권자의 의견을 묻기보다 표본을 통해 짧은 시간에 여론을 파악하는 것이 필요하다. 셋째, 전수조사가 불가능한 경우에 표본조사가 사용된다. 만일 과거 흡연경험이 있는 사람을 대상으로 설문을 진행한다고 했을 때, 모집단의 규모가 어느 정도인지 알 수가 없어 전수조사가 불가능하다. 넷째, 제작이 완료된 식품을 대상으로 성분검사와 같이 파괴적인 조사의 경우 전수를 조사하기 보다는 표본조사가 필요하다. 다섯째, 표본조사의 경우 한정된 대상에 대하여 집중적으로 조사가 가능해, 심지어 전수조사에 비해 정확도를 높일 수 있다.

모집단의 특성을 잘 반영하는 표본을 추출하여 표본조사로 인해 발생하는 오차를 줄여야 한다. 모수(parameter)를 정확하게 추정하기 위해서는 표본이 어떻게 추출되는지, 추출된 표본이 어떤 분포를 따르는지에 대한 지식이 필요하다.[39] 그러나 표본에서 얻은 추정값은 반드시 오차를 갖게 된다. 따라서 모집단을 잘 대표하는 표본을 추출하여 표본조사로 인해 발생하는 오차를 줄여야 한다. 그리고 표본분포는 표본들이 이루는 확률분포이다. 모수를 정확하게 추정하기 위해서는 표본이 어떻게 추출되었는지, 그 표본으로부터 얻은 통계량의 분포에 대한 정보와 지식이 필요하다. 따라서 표본의 추출과 표본분포의 특성과 이론은 추리통계학을 이해하는데 필수적인 요소라고 할 수 있다.

---

[39] 전수 조사를 하여 통계숫자를 확인하는 것이 가장 좋지만 비용과 시간이 많이 소요되기 때문에 모든 조사를 전수 조사할 수는 없다. 대신, 표본을 추출하여 표본의 통계량을 분석하여 모집단의 상태(주로 평균과 분산)를 추정하는 것이 일반적이다. 그래서 모집단 분포와 표본 분포의 관계를 밝혀, 모수(母數)와 표본의 통계량의 관계를 확인해야 한다.

제1절 표본추출

1. 표본과 모집단

모집단은 통계학에서 연구의 대상집단 전체를 의미한다.[40] 즉 연구자의 궁극적 목표는 모집단의 특성을 알아보고자 함이지, 표본의 특성을 알아보고자 함이 아니다. 따라서 모집단을 대표할 수 있는 좋은 표본을 얻기 위해서는 모집단에 대한 정확하고 명백한 설정이 필요하다. 연구목적에 따라 시점 또는 시간, 지역, 대상 등이 명백하게 설정되어야 조사 대상의 범위 설정 및 조사 결과를 적용할 집단이 분명해진다. 그러나 앞서 간략하게 언급하였듯이 모집단에 대한 전수조사가 불가능하거나 비효율적인 현실에서 표본의 통계량이 모집단의 특성값과 일치 또는 근사하는지, 표본에서 얻은 정보를 모집단에서도 일반화 할 수 있는지는 매우 중요한 작업이다.

그래서 연구자들은 모집단의 일부만을 선정하여 조사하는데, 이렇게 선정된 모집단의 일부를 표본(sample)이라고 한다.[41] 표본을 선정하는 과정 및 절차 등을 표본추출(sampling)이라고 하며, 모집단의 구성 단위수를 모집단 크기(population size), 표본을 구성하는 구성단위의 수를 표본 크기(sample size)라고 한다.

적절한 방법을 이용하여 표본을 추출한다면 표본에서 얻은 추정값으로부터 모집단의 특성값을 비교적 정확하게 추정할 수 있다. 전수조사를 통해서만 알 수 있는 특성값을 모수(parameter)라고 하는데 원칙적으로는 그 정확한 값을 알 수

---

[40] 일반적으로 N으로 표시한다.
[41] 일반적으로 n으로 표시한다.

없다. 그러나 표본으로부터 얻은 표본의 특성값을 통계량(statistic)이라 부르고 이를 이용한 각종 통계값들을 모집단의 특성, 즉 모수를 추정하는데 사용한다. 그리고 통계량은 표본의 크기와 종류에 따라 다른 값을 갖는다. 이러한 표본의 통계량으로부터 모수를 추정하는 일련의 과정을 추정 또는 추리라고 한다.[42]

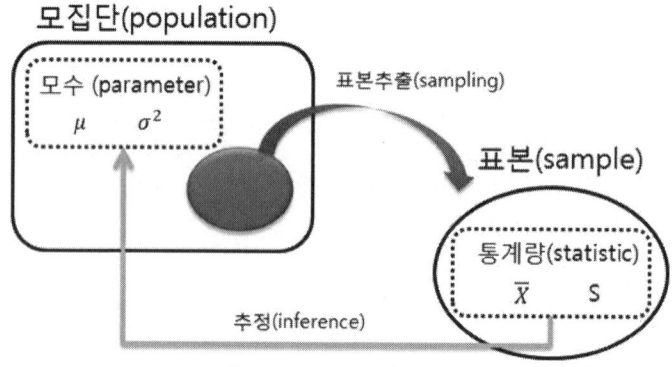

〈그림 3-1〉 표본과 모집단

2. 표본과 추출방법

모집단(population) 전체를 조사하는 것이 모집단의 특성을 정확하게 파악할 수 있지만 현실적으로 불가능하거나 비효율적인 경우가 많다. 이러한 경우에는 표본을 추출하고[43] 그 표본(sample)의 특성을 이용하여 모집단의 특성을 판

---

[42] 추리통계학은 다음 장에서 자세하게 살펴보기로 한다.

[43] (i) 비용의 절약 : 전문기관의 경우 1개 표본 당 평균 2만원 내외 조사비용, (ii) 시간의 절약 : 인구센서스 5년 단위, (iii) 정확성의 확보 : 소수의 훈련된 조사요원들에 의한 정확한 조사, (iv) 파괴적인 조사에 적용 가능 : 통조림 위생 검사, (v) 전수조사가 불가능한 경우 : 의약품 실험, 그리고 (vi) 다량의 정보 확보 : 한정된 대상에 집중 조사 가능

단하는 것이 오히려 효과적일 때가 많다. 이를 위해서는 모집단의 특성을 잘 반영하는 표본을 추출하여 표본조사로 인해 발생하는 오차를 줄여야 한다. 모수(parameter)를 정확하게 추정하기 위해서는 표본이 어떻게 추출되는지, 추출된 표본이 어떤 분포를 따르는지에 대한 지식이 필요하다.[44]

적절한 방법을 이용하여 표본을 추출한다면 표본에서 얻은 추정값으로부터 모집단의 특성값을 비교적 정확하게 추정할 수 있다. 전수조사를 통해서만 알 수 있는 특성값을 모수라고 하는데 원칙적으로는 그 정확한 값을 알 수 없다. 그러나 표본으로부터 얻은 표본의 특성값을 통계량(statistic)이라 부르고 이를 이용한 각종 통계값들을 모집단의 특성, 즉 모수를 추정하는데 사용한다. 그리고 통계량은 표본의 크기와 종류에 따라 다른 값을 갖는다. 이러한 표본의 통계량으로부터 모수의 추정하는 일련의 과정을 추정 또는 추리라고 한다.[45]

용어정의

- 모집단(population) : 관심을 가지고 있는 연구의 대상 전체
- 표본(sample) : 모집단을 구성하고 있는 요소의 일부로서 조사를 위해 추출된 것
- 표본추출(sampling) : 전체(모집단)로부터 일부(표본)를 추출하는 것
- 모수(parameter) : $\mu = \dfrac{\sum X_i}{N}$, $\sigma^2 = \dfrac{\sum (X_i - \overline{X})^2}{N}$
- 통계량(statistic) : $\overline{X} = \dfrac{\sum X}{n}$, $S^2 = \dfrac{\sum (X_i - \overline{X})^2}{n-1}$

---

[44] 전수 조사를 하여 통계숫자를 확인하는 것이 가장 좋지만 비용과 시간이 많이 소요되기 때문에 모든 조사를 전수 조사할 수는 없다. 대신, 표본을 추출하여 표본의 통계량을 분석하여 모집단의 상태(주로 평균과 분산)를 추정하는 것이 일반적이다. 그래서 모집단 분포와 표본 분포의 관계를 밝혀, 모수(母數)와 표본의 통계량의 관계를 확인해야 한다.

[45] 추리통계학은 다음 장에서 자세하게 살펴보기로 한다.

표본을 추출하는 방법에는 여러 가지 방법이 있다. 먼저 확률표본추출방법(probability sampling)으로는 단순 무작위 표본추출(simple random sampling), 계통표본추출(systematic sampling), 층화표본추출(stratified sampling), 집락표본추출(cluster sampling) 등이 있으며, 비확률표본추출방법(nonprobability sampling)으로는 판단추출(judgement sampling), 편의추출(convenience sampling), 할당추출(quota sampling) 등의 방법이 있다.

1) 확률표본추출방법(probability sampling)

단순무작위추출은[46] 확률표본추출법 가운데서 가장 기본적인 유형으로 동일한 조건에서 제비뽑기하거나 난수표를 이용하여 표본을 추출하는 방법으로 특정 모집단에서 발생가능한 모든 표본들의 발생 확률이 동일하다. 즉 단순 무작위 표본추출(simple random sampling)은 모집단을 구성하는 모든 표본단위들이 표본으로 뽑힐 기회 또는 확률이 1/n 이다.

계통표본추출은[47] 모집단을 구성하고 있는 구성단위들이 일정하게 배열되어 있다는 가정 하에 표본추출간격(sampling interval)을 정한 후 일정간격으로 표본을 추출하는 방법이다. 즉 계통표본추출(systematic sampling)은 구성요소들을 특정한 순서에 따라 정렬 후 각 k 번째 요소를 추출하는 방법으로 만약 k=3이라면 3번

---

[46] 이 방법은 아주 공정하여 대표성이 높은 방법으로 보일 수 있지만, 다른 방법들에 비해 오히려 대표성이 낮고 표본오차도 크므로, 사회과학분야의 조사연구나 각종 여론조사에도 단독으로 쓰이는 경우는 드물고 다른 방법들과 병행하여 이용되는 사례가 많다(김호정, 2005: 154).

[47] 사회과학 연구에서는 난수표나 제비뽑기 방식을 사용한 단순 무작위 표본추출 방법을 사용하는 경우가 용이하지 않으며, 비경제적이어서 비용이 많이 발생할 수 있다. 이와 같은 문제를 해결하기 위하여 계통표본추출 방법을 사용할 수 있다(박주문, 2010: 95).

째, 6번째, 9번째, … 등의 간격으로 표본을 추출하는 방법을 말한다.

충화표본추출은 조사하고자 하는 사항에 영향을 미칠 수 있는 특성들을 여러 개의 하위 집단 또는 계층(stratum)으로 나누고 이들 각 계층별로 일정 크기의 표본을 무작위로 추출하는 방법이다. 여기서 여러 개의 집단으로 분류하는 것을 '층화한다(stratify)'라고 하며, 각 집단들을 계층이라 한다. 층화할 때는 계층 안에서는 최대한 동질적으로 만들어야 되며, 다른 계층과의 사이에는 이질적이 되어야 한다(박주문, 2010: 97). 즉 층화표본추출(stratified sampling)은 동질적/상호배타적 하위집단으로 나누고 각 집단별로 무작위 표본추출 하는 방법이다.

집락표본추출은 모집단에서 무작위로 몇 개의 집락(cluster)을 추출하고 추출된 각 집락에서 무작위로 개별요소들을 추출하는 방법을 말한다. 이 방법은 집락 내의 구성단위들은 이질적이지만 집락간에는 거의 차이가 없는 경우에 적용하는 것이 바람직하다. 예를 들어, 시·군구 등의 행정구역, 대학교·고등학교·중학교·초등학교 등의 학교군, 대학병원·병원·의원 등의 병원군 같은 것들이 집락의 예가 될 수 있다(박주문, 2010: 99). 보통 집락추출은 여러 단계를 거쳐서 집락들을 다단계추출법을 사용하고 있으며, 층화추출과 무작위추출과 같은 다른 방법과 병행하여 이용되는 사례가 많다.

예를 들어 부산시민 1,500명을 추출하기 위하여, 먼저 부산시 산하 5개구를 선정하고(1단계), 선정된 각 구에서 5개동을 추출하고(2단계), 마지막으로 선정된 각 동에서 5개의 통을 추출한 다음(3단계) 추출된 125개의 각 통에서 12명의 주민을 연령·성·학력별로 고른 분포가 되게 추출한다면 이러한 방법은 다단계(3단계)집락 층화추출법이 된다(김호정, 2005: 155).

2) 비확률표본추출방법 (nonprobability sampling)

판단추출(judgement sampling) 또는 목적표본추출법(purposive sampling)은 관련 분야에 관한 전문지식이나 풍부한 경험을 가진 사람의 주관적 판단에 의하여 모집단의 특성을 잘 반영해 줄 수 있다고 생각되는 표본을 추출하는 방법이다.

편의추출(convenience sampling)은 접근이 가장 용이하고 쉽게 응답을 얻어낼 수 있는 대상들을 위주로 표본을 추출하는 방법으로서, 일명 임의추출법이라고 한다.

할당추출(quota sampling)은 모집단을 몇 개의 범주로 구분하고 각 범주에[48] 대해 모집단과 같은 비율로 표본수를 할당한 다음, 각 범주별로 조사자의 자의적인 판단에 따라 할당된 표본수를 추출하는 방법을 말한다.

■ 3. 표본오차 ■

현실적으로 표본추출을 아무리 잘해도 표본조사에서는 반드시 표본과 모집단의 특성치 간에 차이가 발생하게 되는데 이러한 차이를 표본오차(sampling error)라고 한다.[49] 일반적으로 평균에 대한 표본오차(e_1), 비율에 대한 표본오차(e_2)가 많이 쓰인다. 평균 및 비율의 표본오차를 계산하는 식은 다음과 같다.

---

[48] 여기서 범주는 층화추출의 층 또는 계층과 같은 개념이지만, 층화추출은 각 층에서 무작위로 표본을 추출하는데 반해, 할당추출은 조사자의 주관적인 판단에 의해 표본추출을 한다는 점에서 차이가 난다(김호정, 2005: 157).

[49] 한편 표본추출은 아무런 하자 없이 잘 되었다 하더라도 표본추출과 관계없는 오차가 발생할 수 있다. 이러한 오차를 비표본오차(nonsampling error)라 하고 대표적으로는 잘못된 질문지의 작성, 잘못된 측정방법의 선택 등을 측정오차(measurement error)라 한다.

$$e_1 = Z \cdot \sigma_{\bar{X}} = Z \cdot \frac{S}{\sqrt{n}} \qquad \text{(식 3-1)}$$

여기서 Z는 신뢰구간[50]의 값으로 90%의 신뢰구간(confidence interval, i.e., 유의수준 α=10%)에서는 $Z=1.65$, 95%의 신뢰구간(confidence interval, i.e., 유의수준 α=5%)에서는 $Z=1.96$, 99%의 신뢰구간(유의수준 α=1%)에서는 $Z=2.58$을 쓴다. $\sigma_{\bar{X}}$는 표준오차(standard error)이다.[51] 모집단의 표준편차를 알 수 있을 때는 σ를 쓰지만 대부분의 경우 모집단의 표준편차(σ)를 알 수 없으므로 표본의 표준편차(S)를 이용한다.

$$e_2 = Z \cdot \sqrt{\frac{p(1-p)}{n}} \qquad \text{(식 3-2)}$$

(여기서 n은 표본의 크기, p는 모집단의 성공비율)

예를 들어 신문에 A 여론조사 기관에서 복지확대를 위한 세금을 높이는 것에 대한 표본조사결과 "응답자의 50.7%가 반대하고, 41.5%가 찬성한 것으로 나타났다. 이번조사는 20세 이상 성인남녀 1,000명을 대상으로 23일부터 이틀 동안 유선전화와 휴대전화 조사를 병행 실시했으며, 응답률은 12.1%에 신뢰 수준은 95% ±3.1%포인트이다." 라는 기사를 흔히 보게 된다.

위의 기사가 의미하는 바는 무엇일까? 우선 복지확대와 관련된 세금을 높

---

[50] 많은 통계서적들에서 신뢰구간(confidence interval)과 신뢰(유의)수준(level of significance 또는 α)을 혼용해서 쓰고 있다. 그러나 본서에서는 다음과 같이 구분지어 사용하기로 한다. 즉 1 − α = 신뢰구간(confidence interval)이다. 예를 들어, 5% 신뢰(유의)수준에서는 95% 신뢰구간이라는 말과 동일하다. 유의수준 α=0.05 또는 α=5% → 95% 신뢰구간(confidence interval)을 의미함.

[51] 표준오차는 뒤에서 설명된 표본평균의 표준편차이다.

이는데 대하여 찬성 50.7%, 반대 41.5% 라는 것은 표본의 특성치인 통계량이다. '±3.1%'라는 것은 표본오차를 나타내는 말이다. 따라서 해당 결과를 바탕으로 모수를 추리해보면, "복지확대관련 세금을 높이는데 찬성하는 비율은 모집단의 경우 47.6%에서 53.8%에 있을 가능성이 95%이다."라는 의미이다. 한편 반대 의견의 경우 "38.4%에서 44.6%사이에 있을 가능성이 95%이다." 라는 의미로 해석하면 된다.

다른 예를 살펴보자. 성인 남·녀 1,000명을 대상으로 5% 유의수준에서(즉, 95% 신뢰구간, α=5%) 65세 이상의 모든 노령인구에게 20만원의 기초노령연금을 지급하는 정책에 대해 찬·반 여부를 물었는데 그때의 표본오차를 계산하면 ±3.1%이다.

$$e_2 = Z \cdot \sqrt{\frac{p(1-p)}{n}} = (1.96) \cdot \sqrt{\frac{0.5(1-0.5)}{1000}} = 0.031$$

(여기서 찬·반이 확실치 않으므로, p=0.5을 선택함.[52])

만일 위의 예에서 500명($n=500$)을 대상으로 해당 내용을 물었다고 가정한다면 95%의 신뢰수준에서 표본오차는 다음과 같이 ±4.4%가 된다.

$$e_2 = Z \cdot \sqrt{\frac{p(1-p)}{n}} = (1.96) \cdot \sqrt{\frac{0.5(1-0.5)}{500}} = 0.044$$

---

[52] 우리는 모집단의 찬성과 비율을 알수가 없다. 따라서 $p((1-p)$의 최대가 되는 값으로 표준오차를 구하게 된다. 즉, 표준오차를 최대한일 때를 가정하여 표준오차를 구하게 된다. 따라서 $p((1-p)$ 최대값은 $p=0.5$일 때 0.25가 된다. 따라서 표본오차를 최대한 허용할 때 $p=0.5$이다.

한편, 1,000명($n=1000$)을 대상으로한 조사에서 99%의 신뢰구간내에서 표본오차는 ±4.1%이다.

$$e_2 = Z \cdot \sqrt{\frac{p(1-p)}{n}} = (2.575) \cdot \sqrt{\frac{0.5(1-0.5)}{1000}} = 0.041$$

(단, α=0.01일째 $Z=2.575$)

표본오차를 줄이기 위해서는 어떻게 해야 하는가? 첫째, 표본의 수를 늘리는 방법이 있다.[53] 둘째, 신뢰구간이(90% 95% 99%) 넓어지면 넓어질수록(즉, 유의수준(level of significance)이 작아지면 작아질수록, α=10% α=5% α=1%) 표본오차는 증가된다. 셋째, 모집단의 성격에 따라 모집단이 동질적(homogeneous)이면 표본오차는 감소하고, 이질적(heterogeneous)이면 증가한다.

■ 4. 모집단의 크기와 표본의 크기 ■

표본수를 늘리면 늘릴수록 자료의 대표성이 높아져 표본오차를 줄일 수 있다. 하지만, 표본을 증가시키기 위해서는 비용이 추가적으로 발생하게 된다. 따라서 현실적으로 경제성 및 효율성을 고려한다면 적정수준의 표본의 수를 고려하는 것이 바람직하다. 적정한 표본수는 다음과 같이 계산될 수 있다.

$$n \geq \frac{N}{\left(\frac{e}{Z}\right)^2 \cdot \frac{N-1}{p(1-p)} + 1} \qquad \text{(식 3-3)}$$

---

[53] 표본수(n)의 증가에 따라 표본오차는 감소하지만 비례적으로 감소하지는 않는다. 위의 본문 예에서 알 수 있듯이, n=500 일 때 표본오차는 0.044, n=1000일 때 표본오차는 0.031, n=2000일 때 표본오차는 0.022이다.

여기서 n은 최소 적정 표본수, N은 유한 모집단수, p는 모집단의 성공비율, e=정밀도(허용할 수 있는 최대오차) 또는 표본오차, Z는 신뢰구간의 값(즉, Z =1.96 일 때 $α$=0.05)이다.

예를 들어, 구성원 4,000명인 A국립대학에서 법인화에 대한 찬·반 유무를 알아보고자 한다. 최소 몇 명의 표본이 필요한지 $α$=0.05(95% 신뢰구간, Z =1.96) 유의수준에서 최대허용오차 즉 e=0.1을 이용하여 계산해 보기로 하자.

$$n \geq \frac{4000}{\left(\frac{0.1}{1.96}\right)^2 \cdot \frac{4000-1}{0.5(1-0.5)} + 1} = 93.9196$$

(여기서 찬·반이 확실치 않으므로, p=0.5을 선택함.)

따라서 최소 94명의 표본이 필요하다.[54]

제2절 표본분포

1. 표본 통계량과 모수의 관계

관찰 대상의 부분이나 하나의 표본을 뽑아서 그 대상을 판단하는 것, 즉 표본추출(sampling)은 연구자가 관심을 가지는 전체 대상 또는 집합의 일반적 성격 및 특성을 판단하기 위해서 우리가 일상적으로 하는 일들 중에 하나이다. 보통의 통

---

54) 만약 모집단의 크기(N)이 2,000명이라면 최소 표본수는 (식 3-3)에 의해 92명이 된다. 따라서 모집단의 수가 2배로 감소(증가) 된다 하여도 표본수는 2배로 감소(증가) 되지 않는다.

계조사에서는 표본의 특성치인 통계량(statistic)을 기초로 모집단의 특성치인 모수(parameter)를 추론하게 된다. 다시 말해 이들 표본(sample)으로부터 구한 통계량(statistic)인, 표본평균($\overline{X}$), 표본분산(S^2)으로부터 모집단의 모평균(μ), 모분산(σ^2)을 각각 추정한다.

그렇다면 표본의 통계량(statistic)을 기초로 모수(parameter)를 추론하기 위해서는 모수와 통계량과의 관계를 알아야 하는데, 이러한 관계는 표본분포를 활용해 나타내게 된다. 먼저, 표본분포(sampling distribution)라는 것은 통계량의 확률분포로서 일정한 크기로 모집단으로부터 추출가능한 모든 표본들의 특성치(통계량)의 확률분포를 의미한다.

표본분포(sampling distribution)
표본분포란 통계량의 확률분포로서 일정한 크기로 모집단으로부터 추출가능한 모든 표본들의 특성치(통계량)의 확률분포를 의미한다.

예를 들어 모집단의 크기(N)가 20명이라고 가정하고, 이 속에서 10명을 표본을 추출한다면, 모든 가능한 경우의 수는 $_{20}C_{10} = 184,756$이다. 이들 각각의 표본들의 통계량(평균, 표준편차 등)을 확률변수로 정의한 확률분포를 표본분포라고 한다. 이와 같이 표본으로부터 계산된 통계량을 확률변수로 정의할 때, 이들 확률변수의 확률분포가 일반적으로 알려진 분포를 따르거나, 근사할 경우 우리는 쉽게 확률변수가 발생할 확률에 근거하여 모수의 특성치를 추정할 수 있게 된다.

표본분포의 확률변수가 표본의 통계량 중 평균으로 정의하면, 이를 표본평균의 분포(sampling distribution of means)라고 한다. 한편, 통계량이 표본비율이면 표본비율의 분포(distribution of sample proportions), 분산일 경우 표본분산의 분포(sampling distribution of variances)라고 한다. 한편, 둘 이상의 집단에서 집단간 평균차에 대한 분포와 집단 간 표본비율의 차이에 대한 분포도 있다.

■ 2. 표본평균의 분포 ■

일정한 크기로 모집단으로부터 추출가능한 모든 표본들의 평균값을 확률변수로 하는 표본분포를 표본평균의 분포라고 한다. 〈그림 3-2〉와 같이 크기가 N 모집단으로부터 크기가 n 인 표본을 추출하였다고 가정한다면, 모집단으로부터 표본이 추출될 경우의 수는 $_NC_n$ 의 경우의 수가 될 것이다.

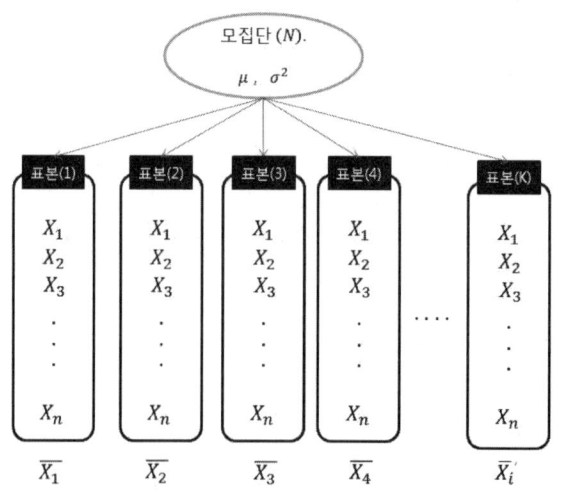

〈그림 3-2〉 표본평균의 분포

모집단으로부터 추출된 $_NC_n$ 개의 각 표본을 표본(1), 표본(2)…. 표본(k)라고 하고, 각 표본의 평균을 $\overline{X_i}$ 라고 한다면, 표본평균의 분포는 이들 각각 표본의 평균인 $\overline{X_i}$의 확률분포로 $\overline{X_i}$가 취할 수 있는 모든 값과 이들의 확률을 표시한 것이다.

제3장에서 살펴보았듯이 확률분포의 특성치인 기대값과 분산을 파악하면, 이들 확률분포의 특성을 보다 쉽게 이해할 수 있게 된다. 표본의 평균인 $\overline{X_i}$의 기대값(평균)은 $\mu_{\overline{X}}$으로 모평균 값이 μ와 같고, $\overline{X_i}$의 분산($\sigma_{\overline{X}}^2$)은 σ^2/n와 같다. 일반적으로 표본평균의 표준편차 $\sigma_{\overline{X}}$를 표준오차(standard error)[55]라고 한다.

$$\mu_{\overline{X}} = \mu, \quad \sigma_{\overline{X}}^2 = \frac{\sigma^2}{n}, \quad \sigma_{\overline{X}} = \frac{\sigma}{\sqrt{n}}$$

우리가 표본조사를 통해 알게된 통계량의 값은 모집단으로부터 우연히 뽑힌 1개의 샘플에 의해 알게된 통계량(평균값)으로 표본평균의 분포(sampling distribution of means)에서 1개의 확률변수 X의 값이다. 따라서 표본평균의 분포가 어떠한 형태의 확률분포를 따르는지 알 수 있다면, 우리가 모집단에서 우연히 뽑은 표본의 통계량인 확률변수 X값이 발생할 확률을 이러한 확률분포를 이용해 쉽게 계산할 수 있게 된다.

그렇다면 표본평균의 분포 모양은 어떻게 결정되는가? 먼저 모집단이 정규분포의 경우에는 표본의 크기와 관계없이 표본평균($\overline{X_i}$)의 분포는 항상 정규분포를 이루게 된다. 즉, 만약 모집단이 모평균(μ)와 모분산(σ^2)을 갖는 정규분포를

---

[55] 평균이 μ인 모집단으로부터 표본을 선택하여 표본의 평균 $\overline{X_i}$를 계산하면 오차가 발생한다. 즉, $\mu - \overline{X_1} = e_1$, $\mu - \overline{X_2} = e_2$, $\cdots$ $\mu - \overline{X_i} = e_i$가 될 것이다. 분산의 개념이 편차$(\mu - \overline{X_i})^2$의 평균으로 이다. 즉, 표본평균의 분산의 경우 오차제곱의 평균값이므로, 표본평균의 표준편차는 모평균과 표본의 평균에 대한 오차를 나타내는 특성치가 된다. 따라서 표본평균의 표준편차를 표준오차라고 한다.

이룬다면 모집단에서 추출한 크기가 n인 모든 표본의 평균 $\overline{X_i}$가 이루는 표본평균의 분포 역시 평균 $\mu_{\overline{X}} = \mu$이고 분산이 $\sigma_{\overline{X}}^2 = \dfrac{\sigma^2}{n}$인 정규분포를 따르게 된다.

> 모집단의 분포가 정규분포일 때 표본평균의 분포는 $\overline{X_i} \sim N(\mu, \sigma^2/n)$ 된다. 이때 $\overline{X_i}$를 표준화하면, $Z = \dfrac{\overline{X_i} - \mu}{\sigma/\sqrt{n}}$으로 $N(0,1)$를 따르게 된다.

모집단이 정규분포가 아닌 경우에는 표본평균($\overline{X}$)의 분포가 반드시 정규분포를 이룬다고는 할 수 없다. 그러나 평균의 표본분포는 표본의 크기인 n이 커질수록 모집단 평균($\mu = \sum X_i / N$)에 집중되어[56] 표본분포는 평균 $\mu_{\overline{X}} = \mu$이고 분산이 $\sigma_{\overline{X}}^2 = \dfrac{\sigma^2}{n}$인 정규분포에 접근한다. 따라서 표준화된 변수 $Z = \dfrac{\overline{X} - \mu}{\sigma/\sqrt{n}}$는 표준정규분포 $N(0,1)$에 근사하게 된다. 모집단의 모양과 상관없이 표본의 크기가 커짐에 따라 표본평균의 분포는 점차 정규분포에 근사하게 되는데 이러한 사실을 설명한 이론이 중심극한정리(central limit theorem)[57]이다. 일반적으로 표본의 크기가 약 30이상인 경우 중심극한정리에 의해 표본평균의 분포는 정규분포를 이룬다고 알려져 있다.[58]

---

56) 이를 큰수의 법칙(law of large numbers)이라고 한다.

57) 평균 μ이고 분산이 σ^2인 모집단으로부터 표본자료 $X_1, X_2, \ldots X_n$이 추출되었을 때, 표본평균 $\overline{X_n}$는 모집단의 분포에 상관없이 n이 충분히 클 때, 근사적으로 $N(\mu, \sigma^2/n)$의 분포를 따른다. 즉 $X_1, X_2, \ldots X_n$는 상호독립적이며, μ_x와 σ_x^2은 유한한 크기를 가질 경우, $\dfrac{\overline{X_i} - \mu}{\sigma/\sqrt{n}} = \dfrac{\sum X_i - n\mu}{\sqrt{n}\sigma}$의 확률분포는 n이 무한히 커질 때, $N(0,1)$에 수렴한다.

58) 표본의 크기 n이 30개 이하의 소표본의 경우 Z-분포가 아닌 T-분포을 이용한다.

중심극한정리

모집단의 분포 모양과 상관없이 표본의 크기가 충분히 크다면 표본평균의 분포는 $\overline{X}_i \sim N(\mu, \sigma^2/n)$이 된다. 따라서 $\overline{X}_i$를 표준화하면, $Z = \dfrac{\overline{X}_i - \mu}{\sigma/\sqrt{n}}$으로 $N(0,1)$를 따르게 된다.

예를 들어, 정규분포를 이루는 직장인 모집단에서 월 평균 외식비를 조사해 보니 모평균($\mu_{\overline{X}} = \mu$)이 40만원이고 분산($\sigma_{\overline{X}}^2 = \sigma^2/n$)이 25만원이라고 한다. 이러한 모집단으로부터 25명을 선택하여(n=25) 월 평균 외식비가 39만원에서 41만원 사이의 확률을 구해보기로 하자.

$$Z_1 = \dfrac{\overline{X} - \mu}{\sigma/\sqrt{n}} = \dfrac{41-40}{5/\sqrt{25}} = 1, \quad Z_2 = \dfrac{\overline{X} - \mu}{\sigma/\sqrt{n}} = \dfrac{39-40}{5/\sqrt{25}} = -1$$

즉, $P(-1 \leq Z \leq 1) = 0.3413 + 0.3413 = 0.6826$이 된다.

■ 3. 표본비율의 분포 ■

표본추출(sampling)은 대상 전체나 집합의 일반적 성격이나 특성을 판단하기 위해서 대부분 이루어지는데 종종 그 특성이 비율로써 나타나는 경우가 있다. 예를 들어, 정당의 선호도 또는 대통령 후보의 지지도 등은 백분율 또는 비율로 표시한다. 즉, 어떤 모집단에서 같은 크기의 표본이 추출된다면 표본에 대한 성공의 횟수 또는 비율이라는 면에서 다른 결과가 나올 수 있다. 예를 들어 A라는 사람은 동전을 10번 던졌는데 앞면이 5번 나왔고, B라는 사람은 6번 나왔다고 하면, A의 경우 앞면이 나올(성공)의 비율은 $p = 0.5$, B의 경우는 $p = 0.6$으로 나타낼 수 있다.

　표본평균의 분포와 같이 모집단으로부터 추출가능한 표본의 비율($\overline{p_i}$)을 확률변수로하는 확률분포를 표본비율의 분포(sampling distribution of sample proportion)이라고 한다. 이러한 표본비율의 분포의 기대값($\mu_{\overline{p}}$)은 모집단의 p와 같고, 분산($\sigma_{\overline{p}}^2$)은 $p(1-p)/n$와 같다

$$\mu_{\overline{p}} = p, \quad \sigma_{\overline{p}}^2 = \frac{p(1-p)}{n}, \quad \sigma_{\overline{p}} = \sqrt{\frac{p(1-p)}{n}}$$

　모집단이 정규분포일 경우 표본비율의 분포 역시 $N(p, p(1-p)/n)$인 정규분포를 따르게 된다. 모집단의 분포가 정규분포가 아닌 경우에도 표본의 개수가 충분히 크다면 중심극한정리에 의해 정규분포를 따르게 되고, Z값으로 표준화 할 경우 표본평균의 분포와 마찬가지로 $N(0,1)$인 표준정규분포를 이루게 된다.

모집단이 정규분포이거나 표본의 크기 n이 충분히 크다면 표본비율의 분포는 $N(p, p(1-p)/n)$인 정규분포를 따르게 된다. 따라서
$$Z = \frac{\overline{p} - \mu_{\overline{p}}}{\sigma_{\overline{p}}} = \frac{\overline{p_i} - p}{\sqrt{\frac{p \cdot (1-p)}{n}}}$$
이고, $N(0,1)$분포를 따른다.

　예를 들어, 250,000명의 선거인수가 있는 어떤 지방 선거에서 기권표 비율이 15%로 조사되었다고 하자. 이러한 모집단에서 200명을 임의로 추출하였을 때 기권표 비율이 20% 이상인 확률을 구해보기로 하자.

$$Z = \frac{\overline{p} - \mu_{\overline{p}}}{\sigma_{\overline{p}}} = \frac{0.2 - 0.15}{\sqrt{\frac{(0.15) \cdot (1 - 0.15)}{200}}} = 1.98$$

따라서 ($P \geq 0.2$) = 0.5 - 0.4761=0.0239.[59] 즉, 기권표 비율이 20%가 넘을 확률은 2.39%이다.

■ 4. 두 표본 평균 및 두 표본 비율차의 분포 ■

지금까지는 한 가지 표본들의 평균이나 비율에 관한 표본문제를 살펴보았다. 그러나 두 가지 표본들의 평균 및 비율의 차이의 분포는 어떤 특징을 가지고 있는가? 이들 확률변수의 특징을 파악한다면, 표본조사를 통해 두 변수 간의 관계에 대해서도 모집단의 특성을 추리해 나갈 수 있을 것이다. 실제로 앞으로 가설검정을 비롯한 다양한 통계적 분석에서 한 가지 표본들의 평균이나 비율에 관한 문제 보다는 두 가지 표본들의 평균 및 비율의 차이에 대한 분포의 활용빈도가 높다.

1) 두 표본평균 차이의 분포

두 표본평균 차이의 분포(sampling distribution of the difference between two means)란 한 모집단에서 일정크기의 가능한 모든 표본을 추출하고, 다른 모집단에서도 일정크기의 가능한 모든 표본들을 추출한 다음, 두 집단 간의 가능한 표본평균의 모든 차이를 이루는 분포를 의미한다.

---

59) 부록의 표준정규분포표 참조

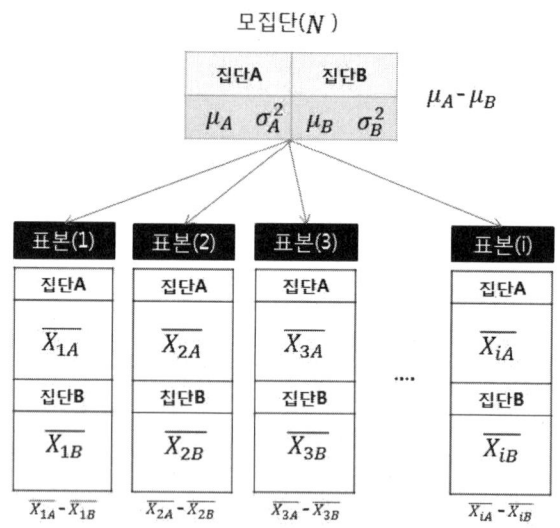

〈그림 3-3〉 두 표본평균 차이의 분포

예를 들어 한 모집단 $N_A = 10,000$, 또 다른 모집단 $N_B = 20,000$ 으로부터 표본을 추출하여 $n_A = 100$, $n_B = 200$ 인 표본에서 그 각각의 평균을 $\overline{X_A}$, $\overline{X_B}$ 라고 할 때 $(\overline{X_A} - \overline{X_B})$ 가 이루는 분포를 '두 표본 평균 차이의 분포'라고 한다. '두 표본 평균 차이의 분포' 기대값(평균)과 표준편차는 다음과 같이 정리 할 수 있다.[60]

$$\mu_{\overline{X_A}-\overline{X_B}} = \mu_A - \mu_B, \quad \sigma_{\overline{X_A}-\overline{X_B}} = \sqrt{\frac{\sigma_A^2}{n_A} + \frac{\sigma_B^2}{n_B}}$$

이러한 표본평균의 차이의 분포 역시 모집단이 정규분포를 이루거나, 표본의 크기가 충분히 크다면 중심극한정리에 의해 정규분포에 근사하게 된다. 따라서

---

60) 이와 관련된 예제는 중복을 피하기 위해 다음 장에서 다루게 될 통계적 추정에서 자세히 다루기로 한다.

Z값으로 표준화 할 경우 $N(0,1)$인 표준정규분포를 이루게 된다.

> 모집단이 정규분포 이거나 표본의 크기 n이 충분히 크다면[61] 표본평균의 차이의 분포 $N(\mu_{\overline{X_A}-\overline{X_B}}, \sigma^2_{\overline{X_A}-\overline{X_B}})$인 정규분포를 따르게 된다. 따라서
>
> $$Z = \frac{(\overline{X_A}-\overline{X_B})-\mu_{\overline{X_A}-\overline{X_B}}}{\sigma_{\overline{X_A}-\overline{X_B}}} = \frac{(\overline{X_A}-\overline{X_B})-(\mu_A-\mu_B)}{\sqrt{\frac{\sigma^2_A}{n_A}+\frac{\sigma^2_B}{n_B}}} \sim N(0,1)$$

2) 두 표본 비율의 차이의 분포

두 표본평균 차이의 분포와 마찬가지로 '두 표본비율의 차이의 분포(sampling distribution of the difference between two proportions)'를 고려할 수 있다. 예를 들어 선거를 앞둔 경우 A후보와 B후보 간의 지지율 차이에 대한 분포가 가장 대표적인 형태의 두 표본비율의 차이 분포이다. 이러한 A와 B표본비율의 차이 분포 역시 기대값(평균)과 표준편차를는 다음과 같이 정리 할 수 있다.

> $$\mu_{\overline{P_A}-\overline{P_B}} = P_A - P_B, \; \sigma_{\overline{P_A}-\overline{P_B}} = \sqrt{\frac{P_A \cdot (1-P_A)}{n_A} + \frac{P_B \cdot (1-P_B)}{n_B}}$$

표본의 크기가 충분히 크다면 중심극한정리에 의해 '두 표본비율의 차의 분포'는 정규분포에 근사하게 된다. 따라서 Z값으로 표준화 할 경우 $N(0,1)$인 표

---

61) 일반적으로 $n_A \geq 30$, $n_B \geq 30$인 경우에는 두 표본평균 차이의 분포 및 두 표본비율 차이의 분포는 정규분포를 이룬다고 볼 수 있다.

준정규분포를 이루게 된다.

> 표본의 크기 n이 충분히 크다면 두 표본비율의 차이의 분포는 $N(\mu_{\overline{P_A}-\overline{P_B}}, \sigma^2_{\overline{P_A}-\overline{P_B}})$인 정규분포를 따르게 된다. 따라서
> $$Z = \frac{(\overline{P_A}-\overline{P_B})-\mu_{\overline{P_A}-\overline{P_B}}}{\sigma_{\overline{P_A}-\overline{P_B}}} = \frac{(\overline{P_A}-\overline{P_B})-(P_A-P_B)}{\sqrt{\frac{P_A \times (1-P_A)}{n_A} + \frac{P_B \times (1-P_B)}{n_B}}} \sim N(0,1)$$

■ 5. 카이제곱(χ^2) 분포 ■

χ^2 분포는 표본분산(S^2) 분포로서 모분산(σ^2)의 추론에 이용되고 변수간의 독립성 검정, 가정에 대한 적합성 검정 도구로도 사용된다. 표본분산을 $S^2 = \frac{\sum(X_i - \overline{X})^2}{n-1}$ 으로 정의할 때, 확률변수 χ^2는 다음과 같이 정의된다.

$$\chi^2 = \frac{(n-1)s^2}{\sigma^2} = \frac{\sum(X_i - \overline{X})^2}{\sigma^2} \qquad \text{(식 3-4)}$$

여기서 자유도(d.f.=degree of freedom)는 n-1

χ^2 분포는 연속확률분포로서 자유도에 따라 그 모양이 달라진다.

■ 자유도를 달리하는 χ^2 분포 모양 예시

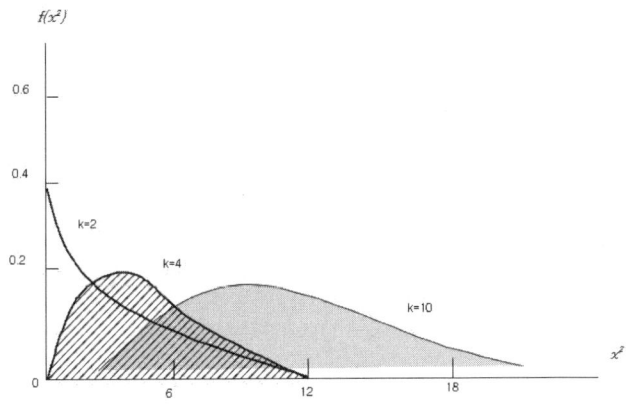

〈그림 3-4〉 카이스퀘어 분포

6. F 분포

F 분포는[62] 두 개의 자유도를 갖는 분포로 양의 비대칭함수이다. 그러나 분자의 자유도(df_1)와 분모의 자유도(df_2)가 커질수록 중심극한정리에 의해 정규분포에 근사하게 된다.[63] F 분포는 χ^2 분포를 따르는 두 개의 독립적인 확률변수 χ_1^2과 χ_2^2를 각각에 대응하는 분자의 자유도(df_1)와 분모의 자유도(df_2)로 나누어 비율로 나타낸 새로운 확률변수의 분포도이다.

$$F_{df_1, df_2} = \frac{\chi_1^2/df_1}{\chi_2^2/df_2} \qquad \text{(식 3-5)}$$

---

62) 영국의 통계학자인 피셔(Ronald A. Fisher, 1890-1962)에 의해 개발되었다(박주문, 2010: 112).

63) 분모의 자유도(df_1) ≤ 4 이면 분포의 산포도가 너무 커서 모분산(σ^2)이 존재하지 않으며, 분모의 자유도(df_2) ≤ 2 이면 모평균(μ)이 존재하지 않게 된다.

7. T 분포

앞에서 간략하게 언급하였듯이, 모집단이 정규분포인 경우에는 표본평균 ($\overline{X}$)은 평균 $\mu_{\overline{X}} = \mu$, 분산 $\sigma_{\overline{X}}^2 = \sigma^2/n$ 인 정규분포를 따르고, 표준화된 변수 $Z = \dfrac{\overline{X} - \mu}{\sigma/\sqrt{n}}$ 는 표준정규분포 N(0,1)을 따른다. 그리고 모집단이 정규분포를 이루지 않는 경우에도 모집단의 분포형태에 관계없이 n이 커짐에 따라 평균 $\mu_{\overline{X}} = \mu$, 분산 $\sigma_{\overline{X}}^2 = \sigma^2/n$ 인 정규분포에 접근하며 표준화된 변수 $Z = \dfrac{\overline{X} - \mu}{\sigma/\sqrt{n}}$ 는 표준정규분포 N(0,1)에 근사하게 되는데, 이것을 중심극한정리(central limit theorem)라고 한다고 하였다. 그러나 실제로 우리는 모집단의 모분산(σ^2)을 구할 수 없다. 따라서 모집단 표준편차(σ)를 표본의 표준편차(S)로 대체하여 새로운 확률변수를 얻을 수 있으며 이를 T 분포[64]라고 한다.

$$T = \frac{X_n - \mu}{S/\sqrt{n}} \qquad \text{(식 3-6)}$$

여기서 자유도는 n-1

- ■ t 분포의 특징
- t 변수의 밀도함수는 정규분포와 유사한 종모양(bell-shaped)을 하며 기대값 0을 중심으로 좌우대칭의 형태를 띠고 있다.
- 자유도가 커질수록 표준정규분포에 근사해 진다.

---

[64] 모집단이 정규분포라고 해도 모분산을 모를 경우 표준화가 불가능하다. 이 경우 모 표준편차 σ 를 표본표준편차 S 로 대체한 통계량 $\dfrac{Xn - \mu}{S/\sqrt{n}}$ 를 μ 에 대한 추론의 기초로 활용한다. 이때 통계량 $\dfrac{Xn - \mu}{S/\sqrt{n}}$ 의 확률분포는 t 분포라고 알려진 확률밀도함수이다. 즉, t 분포는 모분산을 모를 때 정규모집단의 평균을 추론하기 위해 이용하는 확률분포로 이해될 수 있다.

⟨표 3-1⟩ 대표본과 소표본에 따른 모평균/모비율 추론 분포도

모평균/모비율 추론을 위해 사용되는 분포	대표본(n≥30)	정규분포(Z분포) 사용		
	소표본(n≤30)	정규모집단	σ^2을 알 경우	Z분포 사용
			σ^2을 모를 경우	t_{n-1}분포 사용
		비정규모집단	비모수통계	

제3절 R 연습

R을 이용하여 표준정규분포와 T분포를 비교하여 그려본 결과이다.

표준정규분포와 t분포의 비교

```
# Display the Student's t distributions with various
# degrees of freedom and compare to the normal distribution
x <- seq(-4, 4, length=100)
hx <- dnorm(x)
degf <- c(1, 3, 8, 30)
colors <- c("red", "blue", "darkgreen", "gold", "black")
labels <- c("df=1", "df=3", "df=8", "df=30", "normal")
plot(x, hx, type="l", lty=2, xlab="x value",
  ylab="Density", main="Comparison of t Distributions")
for (i in 1:4){
  lines(x, dt(x,degf[i]), lwd=2, col=colors[i])
}
legend("topright", inset=.05, title="Distributions",
  labels, lwd=2, lty=c(1, 1, 1, 1, 2), col=colors)
```

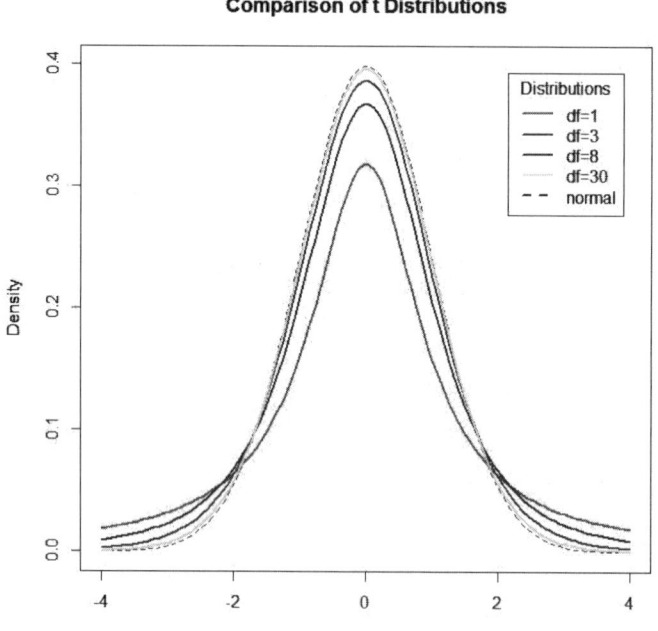

〈그림 3-5〉 정규분포와 t-분포의 비교

〈그림 3-5〉에서 볼 수 있듯이, 자유도 30이하에서 정규분포는 t-분포와 비교해서 중심부분이 조금 더 높고(확률밀도가 높음) 양쪽 꼬리로 갈수록 더 납작(확률밀도가 낮음)하다. 반면 자유도가 30이상부터는 거의 같은 분포도를 갖고 있다고 볼 수 있다.

제 **04** 장

통계적 추정

제04장
통계적 추정

대부분의 의사결정은 불완전한 정보에 기초하여 이루어지기 때문에 부정확한 결정을 내릴 위험을 항상 내포하고 있다. 통계적 추정(추론) 방법은 잘못된 의사결정을 줄일 수 있는 확률을 높여 줄 뿐만 아니라 합리적인 의사결정을 위한 지침을 제공해 주기도 한다.

통계적 추정은 모집단으로부터 추출된 표본에서 얻은 통계량을 가지고 모집단의 특성에 대하여 추론(inference)이 이루어지는 과정과 절차를 말한다. 통계적 추정은 가설검정과 함께 추리통계학의 대표적인 기법에 속한다. 모집단에서 표본을 추출하여 얻은 표본의 통계량으로 모집단의 특성을 추리한다는 점에서는 통계적 추정과 가설검증이 같다고 볼 수 있지만, 가설검증은 모집단의 특성에 대한 가설을 미리 세워 놓고 표본의 통계량을 이용하여 가설의 옳고 그름을 판단하는 기법임에 반해, 통계적 추정은 가설검정이라는 단계를 거치지 않고 표본의 통계량으로써 모집단의 특성이 어느 정도일 것이라고 추정한다는 점에서 차이가 있다(김호정, 2005:183).

통계적 추정은 점추정과 구간추정으로 구분될 수 있다. 점추정은 모집단의 값을 어떤 특정값만 갖는다고 추정하는 것이고, 구간추정은 모집단의 특성치가 있을 구간으로 추정하는 방법을 말한다. 예를 들어 한국의 가구당 평균소득이

"404만원"이라고 추정했다면 점추정이다. 반면, 한국의 가구당 평균소득은 "380만원에서 440만원 사이에 있을 확률이 95%이다."라고 추정했다면 이는 구간추정인 것이다. 일반적으로 점추정은 구간추정에 비해 정확성과 신뢰성이 떨어지므로 점추정보다는 구간추정을 선호한다.

제1절 점추정(point estimation)

1. 점추정의 의의

점추정은 선정된 추정량을 추출된 표본자료에 대입하여 얻은 단일 추정치에 의하여, 모수를 추정하는 방법이라 할 수 있고, 이렇게 추정에 사용된 통계량을 점추정량(point estimator)이라고 한다. 통계량 중에서 모수를 추정하는 통계량을 추정량(estimator)[65]이라고 한다. 하나의 표본에 근거하여 구한 추정량의 값을 추정값 또는 추정치(estimate)[66]라고 한다.

---

[65] 추정량(estimator): 모집단의 모수에 대한 추정치를 구하기 위해 사용하는 방법(수단), 즉 공식(formular)
[66] 추정치(estimate): 표본으로부터 얻은 실제 결과 수치(value)

예제1

예를 들어, A시 아파트의 평당 평균가격을 확인하기 위해 20개 아파트 단지별로 평당 평균가격을 조사하여 다음의 표본자료를 얻었다. 이 도시 아파트의 평당 평균가격은 얼마로 추정이 되는가? (단위 : 만원)

700	300	750	680	720
500	459	680	890	893
584	637	895	764	485
348	972	648	582	637

- 풀이) $\overline{X}_{20} = \dfrac{\sum_{i=1}^{20} X_i}{20} = 656.2$ 백만원

  ⇒ 표본평균이 656.2백만원이므로 모평균도 656.2백만원으로 추정

〈R을 이용한 예제1 풀이〉

```
############# data 입력 #####################
options(width = 70, prompt = "R〉 ", digits=4, continue = "+ ")
x=c(700, 300, 750, 680, 720, 500, 459, 680, 890, 893,
    584, 637, 895, 764, 485, 348, 972, 648, 582, 637)
M = mean(x); M
# [1] 656.2
```

■ 2. 바람직한 점추정량의 조건 : 불편성, 효율성, 일치성 ■

추정량은 여러 가지 형태로 정의될 수 있는데, 예를 들면 모평균 μ의 추정량으로 고려될 수 있는 통계량은 표본평균(mean), 표본중앙값(median), 표본최빈

값(mode) 등 무수히 많다. 따라서 특정 모수에 대한 여러 가지 추정량 중에서 가장 바람직한 추정량을 선정해야 하는데, 가장 바람직한 추정량이란 표본오차를 최소화시키는 추정량을 의미한다. 이와 같이 표본오차를 최소화시키기 위해서는 추정량이 불편성(unbiasedness), 효율성(efficiency), 일치성(consistency)을 갖추어야 한다.

1) 불편성(unbiasedness)

추정량의 기대값(예를 들어, 표본평균)이 추정될 모수의 값과 동일할 때, 그 추정량을 불편추정량(unbiased estimator)이라고 한다. 예를 들어, $\hat{\theta}$의 편기량 $[E(\hat{\theta})-\theta]$의 값이 0인 추정량이 불편추정량이다. 즉, $\hat{\theta}$이 모수 θ의 추정량일 때, 만일 $E(\hat{\theta})=\theta$이면 $\hat{\theta}$는 θ의 불편추정량이라고 한다.

모수(θ)의 실제값이 만일 $\hat{\theta}$이 기대값인 $E(\hat{\theta})$과 차이가 있을 때 즉, $E(\hat{\theta}) \neq \theta$ 일 때 편의를 가졌다고 하고, $E(\hat{\theta})=\theta$ 일 때 추정량 $\hat{\theta}$는 불편성을 가졌다고 말한다.

> 추정량의 기대값(평균)이 추정할 모수(θ)의 실제값과 같을 때, 이 추정량($\hat{\theta}$)은 불편성을 지녔다고 한다.
> $E(\hat{\theta})=\theta$ 또는 $E(\hat{\theta})-\theta=0$

〈그림 4-1〉에서와 같이 모수(θ)의 실제 값과 분포의 기대값이 일치하는 A의 경우 불편성을 지녔다고 할 수 있고, B의 경우 기대값이 모수(θ)의 실제 값과 편의(bias)를 가졌다고 한다.

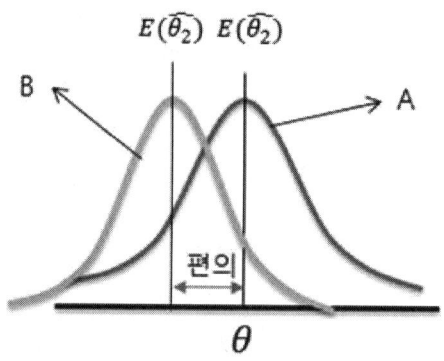

〈그림 4-1〉 추정량의 불편성과 편의

불편성을 가진 통계량은 앞에서 살펴보았듯이 표본평균의 기대값($E(\overline{X})$) 이 모평균(μ)과 일치하기 때문에[67] 표본의 평균은 불편성을 지녔다. 뿐만 아니라 표본의 평균과 같이 선택 가능한 모든 표본의 중앙값(median)의 기대값(평균)은 $E(M_e) = \mu$으로 표본의 중앙값 역시 불편성을 지는 통계량이라고 할 수 있다.

분산의 경우 표본의 분산이 $\sum(X-\overline{X})^2/n$인 경우와 $\sum(X-\overline{X})^2/(n-1)$인 경우를 각각 S_n, S_{n-1}이라고 하고, 모집단의 분산을 σ라고 할 때, $E(S_n) \neq \sigma$ 인 편의를 가지지만, $E(S_{n-1}) = \sigma$로 불편성을 가진다. 따라서 표본의 분산을 $\sum(X-\overline{X})^2/(n-1)$으로 정의하는 이유는 불편성을 지닌 추정량이기 때문이다.

2) 효율성(Efficiency)

효율성은 추정량의 표본분포가 모수의 값 주위에 얼마나 집중되어 있는 정도를 의미하는 것으로, 표본분포의 분산 또는 표준오차가 작을수록 효율적 추정량

---

[67] $\mu_{\overline{X}} = \mu$이고, $\sigma_{\overline{X}} = \sigma/\sqrt{n}$ 이다.

(efficient estimator)이 된다. 추정량의 효율성은 상대적 개념으로 두 추정량을 비교할 때 어떤 추정량이 다른 추정량보다 더 효율적인 추정량이라고 표현할 수 있다. 예를 들어, 두 개 이상의 추정량들이 모집단의 한 특성에 대한 불편추정량들인 경우, 표본분포가 모수의 주위에 더욱 가깝게 집중되어 있는 것이 바람직하다.

$E(\hat{\theta}_1) = E(\hat{\theta}_2) = \theta$ 일 때 ; $\dfrac{Var(\hat{\theta}_1)}{Var(\hat{\theta}_2)} < 1 \Leftrightarrow \hat{\theta}_1$ 은 $\hat{\theta}_2$ 보다 상대적으로 더 효율적이다.

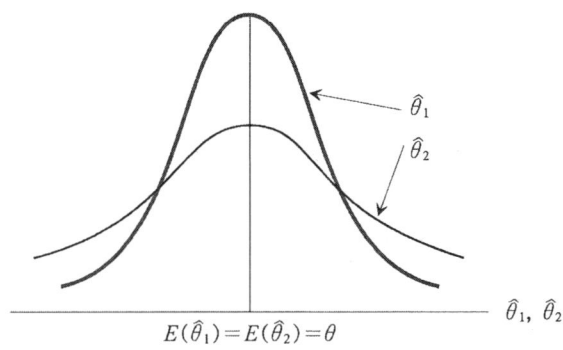

〈그림 4-2〉 두 개의 다른 표본분포의 효율성 비교

그리고, 모수 θ 의 모든 불편추정량들 가운데 가장 작은 분산을 가지는 추정량이 존재하는 경우, 이를 특히 θ 에 대한 최소분산불편추정량(MVUE: minimum-variance unbiased estimator)이라고 한다.

3) 일치성(consistency)

일치성이란 표본의 크기 n을 증가시키면 그 표본에서 얻은 추정량 $\hat{\theta}$가 모수 θ에 수렴하는 것을 의미한다. 보다 수리적으로 편차(오차)의 제곱인 $(\hat{\theta}-\theta)^2$의 기댓값(평균)이 0으로 접근(수렴)하는 특성을 지닌 추정량을 일치추정량(consistent estimator)이라고 한다.

예를 들어 선택가능한 모든 표본을 추출하여 평균값과 모평균 간의 편차의 제곱 $(\mu_{\bar{x}}-\mu)^2$의 값을 e_i라고 할 때, 표본 크기 10개인 경우에 비해 표본의 크기가 20개, 50개, 60개로 늘어남에 따라 e_i값이 점차 '0'에 가까워 진다면 표본의 평균은 일치성을 지닌 통계량이라고 한다.

$\lim\limits_{n\to\infty} P[|\hat{\theta}_n - \theta| < \epsilon] = 1$이면 $\hat{\theta}_n$은 일치추정량이다.

혹은 $\lim\limits_{n\to\infty} MSE(\hat{\theta}_n) = 0$ [68]이면 $\hat{\theta}_n$은 일치추정량이다.

이와 같이 점추정량들이 불편성(unbiased), 효율성(efficient), 일치성(consistent) 등과 같은 바람직한 성질을 모두 가지고 있어도, 이 추정량들이 제공하는 추정치의 정밀도(precision)에 대한 정보 즉, 표본오차의 크기에 대한 정보를 제공해주지는 못한다. 따라서 이러한 정밀도에 대한 정보를 얻기 위한 것이 구간추정이다.

---

68) MSE(mean squared error)란 모수의 추정량 $\hat{\theta}$와 모수 θ와의 차(오차)를 제곱하여 평균한 값을 의미한다 $\left(MSE = \frac{\sum(\hat{\theta}-\theta_i)^2}{n} \right)$. 즉 편차의 평균인 분산의 개념이다. 즉, $\lim\limits_{n\to\infty} MSE(\hat{\theta}_n) = 0$이라는 의미는 표본의 크기가 증가할 때 모수의 추정량 $\hat{\theta}$와 모수 θ와의 차(오차)가 '0'으로 수렴하는 것을 의미한다.

■ 3. 바람직한 추정량을 산출하는 방법 ■

앞서 소개한 불편성, 효율성, 일치성 등은 어떤 추정량이 보다 우수한 추정량이 되는지의 평가 기준을 제시하지만, 모든 상황에서 이들 추정량에 의해 바람직한 추정량을 결정할 수 있는 것은 아니다. 따라서 일반적으로 모수를 추정하기 위해 바람직한 추정량의 조건을 만족시킬 수 있는 추정 방법을 활용하게 되는데, 최우법(method of maximum likelihood)과 최소자승법(method of lest squares) 등이 가장 대표적인 방법이다.

최우법[69]은 주어진 표본이 추출될 수 있는 확률이 가장 높은 표본공간을 찾아내고 이를 이용해 모수 값을 추정하는 방법이다. 즉, 표본으로 추출된 관측 값들이 추출될 수 있는 가능성이 가장 높은 표본공간을 선택하고, 이렇게 선택된 표본공간에 의해 추정되는 θ 값이 모수의 추정량이 되는 것이다. 이러한 최우법은 표본의 관측 값을 얻을 가능성을 나타내는 함수를 극대화 하는 방법으로 모수를 추정하는데, 이때 이러한 함수를 우도함수(likelihood function)[70]라고 한다. 우도함수에 기초하여 표본을 발생시킬 가능성이 가장 높은 모평균과 분산은 표본의 평균($\overline{X}$)과 분산(S^2)과 같아지는데, 따라서 모집단의 평균(μ)과 분산(σ^2)에 대하여 표본의 $\overline{X}$와 S^2는 최우추정량인 것이다. 한편, 표본비율($\overline{p}$) 역시 우도함수를 기초하여 모집단의 비율(p)를 추정하면 $\overline{p}$와 p가 같아지는데, 즉, $\overline{p}$가 p의 최우추정량이다.

---

[69] 최우법은 피셔(Fisher)에 의해 개발되었고, 비교적 추정량의 도출과정이 간단하고, 비교적 효율적인 추정량을 제공한다는 측면에서 많이 활용되고 있는 추정방법 중에 하나이다.

[70] 일반적으로 계산의 편의성을 위해 우도함수에 log를 취하게 되는데, 이것을 로그우도함수(log likelihood function)라고 한다. 로그우도함수에 의해 구해진 값을 log likelihood라고 하는데, 이는 최소자승법의 결정계수(R^2)처럼 모형의 적합도를 의미한다.

최소자승법의 경우 변수사이의 함수관계를 살펴보기 위해 많이 사용되는 모수의 추정방법으로 선형회귀모형의 모수를 추정하기 위해 일반적으로 사용된다. 만일 선형회귀모형에 의해 추정된 값이 $\hat{Y_i}$ 라고 하고, 실제 관측치를 Y_i 라고 하고 이들 간의 차이를 오차 또는 잔차($e_i = Y_i - \hat{Y_i}$)라고 정의 한다면, 이들 오차 또는 잔차의 제곱의 합을 최소로 하는 회귀방정식을 구할 수 있을 것이다. 이것을 만족하는 선형회귀모형의 기울기(β)와 절편(α)을 구할 수 있다. 이렇듯 오차의 제곱의 합을 최소로 하는 추정량을 구하는 방법을 최소자승법(method of lest squares)이라고 한다. 최소자승법에 의해 추정된 기울기(β)와 절편(α)은 $E(\hat{\beta}) = \beta$[71]가 되고, $E(\hat{\alpha}) = \alpha$가 되어 $\hat{\beta}$와 $\hat{\alpha}$는 β와 α의 불편추정량이 된다. 뿐만 아니라 $\hat{\beta}$와 $\hat{\alpha}$는 일치성 추정량이다. 따라서 최소자승법에 의한 추정량을 최소분산불편추정량(MVUE)이다. 하지만, 이러한 최소자승법에 의해 $\hat{\beta}$와 $\hat{\alpha}$가 최소분산불편추정량(MVUE)이 되기 위해서는 몇가지 가정이 충족되어야 한다.[72]

제2절 구간추정(interval estimation)

구간추정은 구체화된 신뢰구간에 모수가 있으리라고 생각되는 두 개의 수치로 이루어진다. 점추정은 모수가 하나의 특정값을 가지므로 사실상 추정이 얼마나 정확한가를 판단하기가 매우 어렵다. 이러한 점추정의 부정확성을 보완하

---

71) 모집단의 선형회귀모형의 기울기(β)
72) 가정 등에 대한 구체적인 설명은 회귀분석에서 자세히 다루고 있다.

는 방법으로써 구간추정은 항상 추정량의 분포에 대한 전제가 주어져야 하고, 구해진 구간 안에 모수가 있을 가능성의 크기가 주어져야 한다. 즉, 특정 구간 안에 모수가 있을 가능성의 크기는 구간의 크기에 비례하는데, 구간이 클수록 그 구간 안에 모수가 있을 가능성이 크다. 이 가능성의 크기를 신뢰구간(confidence interval)이라 하며 일반적으로 90%, 95%, 99%을 많이 이용한다. 이는 10%, 5%, 1% 유의수준(α : level of significance)과 같은 표현이라고 할 수 있다. 즉, $1-\alpha$ = 신뢰구간(confidence interval) 이다. 통상적으로 사용하는 95% 신뢰구간은 장기적으로 실험을 되풀이할 경우 100번의 신뢰구간을 설정하면 95회는 이 신뢰구간이 실제의 모집단 평균을 포함한다는 의미로도 해석할 수 있다. 즉, 5회 정도는 이 신뢰구간을 포함하지 않을 또는 벗어 날 수도 있다는 말과도 같은 표현이라고 할 수 있다.

■ 1. 모평균의 구간추정 ■

그렇다면 이제 본격적으로 모평균의 구간추정을 살펴보자. 앞서 4장에서 우리는 모집단의 분포가 정규분포이거나 표본의 크기 n이 충분히 큰 경우 중심극한정리에 의해 표본평균의 분포는 정규분포를 이룬다고 하였다. 그렇다면 이러한 경우 표준정규분포로 변환하여 해당 확률변수의 확률을 계산할 수 있다. 우선 Z값이 신뢰구간 내에 있을 확률$(1-\alpha)$은 〈그림 4-3〉과 같이 $P(-Z_{\alpha/2} \leq Z \leq Z_{\alpha/2})$일 것이다.

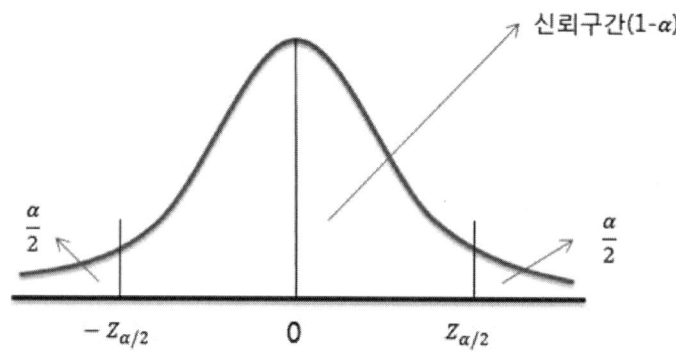

〈그림 4-3〉 Z-분포의 $(1-\alpha)$의 신뢰구간

$P(-Z_{\alpha/2} \leq Z \leq Z_{\alpha/2})$를 표본평균의 분포에서 $Z = \dfrac{\overline{X_i} - \mu}{\sigma/\sqrt{n}}$를 이용하여 전개하면 $(1-\alpha)$의 확률은 (식 4-1)와 같다.[73]

$$P\left(\overline{X} - Z_{\alpha/2}\dfrac{\sigma}{\sqrt{n}} \leq u \leq \overline{X} + Z_{\alpha/2}\dfrac{\sigma}{\sqrt{n}}\right) = (1-\alpha) \qquad \text{(식 4-1)}$$

따라서 모수가 존재할 신뢰구간은 $\left(\overline{X} - Z_{\frac{\alpha}{2}}\dfrac{\sigma}{\sqrt{n}},\ \overline{X} + Z_{\frac{\alpha}{2}}\dfrac{\sigma}{\sqrt{n}}\right)$이 된다. (식 4-1)에서 신뢰구간을 95%으로 설정할 경우 (식 4-2)와 같이 신뢰구간 95%에서 모수가 존재할 구간을 계산할 수 있다[74].

$$P\left(\overline{X} - 1.96\dfrac{\sigma}{\sqrt{n}} \leq u \leq \overline{X} + 1.96\dfrac{\sigma}{\sqrt{n}}\right) = 0.95 \qquad \text{(식 4-2)}$$

---

[73] $P(-Z_{\alpha/2} \leq Z \leq Z_{\alpha/2}) = P\left(-Z_{\alpha/2} \leq \dfrac{\overline{X} - \mu_{\overline{X}}}{\sigma_{\overline{X}}} \leq Z_{\alpha/2}\right) = P\left(-Z_{\alpha/2} \leq \dfrac{\overline{X} - \mu}{\sigma/\sqrt{n}} \leq Z_{\alpha/2}\right)$
$= P(-Z_{\alpha/2} \cdot \sigma/\sqrt{n} \leq \overline{X} - \mu \leq Z_{\alpha/2} \cdot \sigma/\sqrt{n})$
$= P(\overline{X} - Z_{\alpha/2} \cdot \sigma/\sqrt{n} \leq \mu \leq \overline{X} + Z_{\alpha/2} \cdot \sigma/\sqrt{n})$

[74] $Z_{0.025} = 1.96$ 이다.

예제2

예를 들어, 전국 대학생들 월평균 아르바이트 임금을 추정하고자 할 때, 모집단은 정규분포이며 표준편차는 18만원으로 알려져 있다고 하자. 만일 36명의 대학생 아르바이트 임금에 대한 확률표본으로부터 $\overline{X}$ = 50만원을 얻었다. 이때 '전국 대학생들 월평균 아르바이트 임금(μ)'에 대한 95% 신뢰구간을 구해보자.

(식 4-2)에 의해 95%의 신뢰구간에서 μ가 존재할 범위는 $P\left(\overline{X} - 1.96\frac{\sigma}{\sqrt{n}} \leq u \leq \overline{X} + 1.96\frac{\sigma}{\sqrt{n}}\right)$일 것이다. 이때 $\sigma = 18$, $n = 36$, $\overline{X} = 50$이므로 이를 식에 대입하면, $P\left(50 - 1.96\frac{18}{\sqrt{36}} \leq u \leq 50 + 1.96\frac{18}{\sqrt{36}}\right)$이 된다. 따라서 전국 대학생들 월평균 아르바이트 임금 평균은 441,200원~558,800원 사이에 있다.

다시 말해, 이 모집단으로부터 100번을 같은 방식으로 표본추출(sampling)한다면 95번 정도는 441,200원~558,800원 사이에 있고, 5번 정도는 이 범위 밖일 수 있다는 말이다. 95% 대학생들 월평균 아르바이트 임금이 이 범위 안에 있다고 말하면 이는 5% 대학생들 월평균 아르바이트 임금은 441,200원 보다 작거나 558,800원 보다 더 많이 받을 수 도 있다는 말과도 같은 표현이 된다. 따라서 이를 통계학적 용어로 모평균 μ에 대한 95% 신뢰구간이라고 말한다.

● 신뢰구간 개념 설명

$P(-Z_{\frac{a}{2}} \leq Z \leq +Z_{\frac{a}{2}}) = 1 - a$

$$P\left(-Z_{\frac{a}{2}} \leq \frac{\overline{X}_n - \mu}{\frac{\sigma}{\sqrt{n}}} \leq +Z_{\frac{a}{2}}\right) = 1 - a$$

$$P\left(\overline{X}_n - Z_{\frac{a}{2}} \frac{\sigma}{\sqrt{n}} \leq \mu \leq \overline{X}_n + Z_{\frac{a}{2}} \frac{\sigma}{\sqrt{n}}\right) = 1 - a$$

$$\text{※ } P\left(\overline{X} - 1.96 \frac{\sigma}{\sqrt{n}} \leq \mu \leq \overline{X} - 1.96 \frac{\sigma}{\sqrt{n}}\right) = 0.95$$

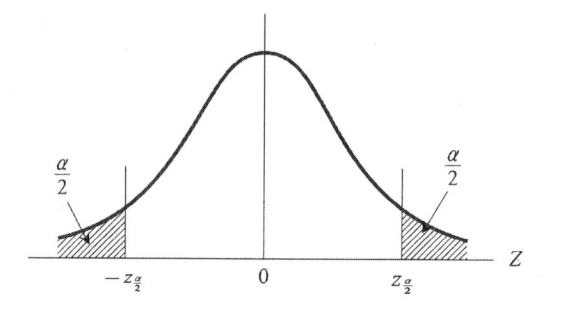

표준정규분포

〈그림 4-4〉 표준정규분포의 신뢰구간 영역

예제3

예를 들어, 중소 건설회사 들의 월평균 수익을 추정하고자 한다. 모집단은 정규분포이며 표준편차는 800만원으로 알려져 있다. 25개 건설회사에 대한 확률표본으로부터 $\overline{X}_{25} = 3,500$ 만원을 얻었다. 모평균 μ에 대한 95% 신뢰구간(confidence interval)을 구해보면 다음과 같다. 표준정규분포 표로부터 $Z_{0.025} = 1.96$ 이다.

따라서, μ에 대한 95% 신뢰구간은 3,186만원에서 3,814만원이다. 즉, $\left(3,500 - 1.96 \frac{800}{\sqrt{25}}, \ 3,500 + 1.96 \frac{800}{\sqrt{25}}\right) = (3,186, \ 3,814)$

■ 2. T분포를 이용한 모평균의 추정 ■

앞서 살펴본 모평균의 추정을 위해서는 몇 가지 조건이 충족되어야 한다. 먼저 모집단의 분포가 정규분포를 이루거나, 아니면 표본의 크기 n이 충분히 커야 한다. 이 두 조건이 충족되어야만 우선 표본평균의 분포가 정규분포를 이루어 표준정규분포를 이루는 Z-분포(표준정규분포)를 이용해 모평균의 구간을 구할 수 있었다. 한편, (식 4-1)에서 알 수 있듯이 모평균의 구간을 추정하기 위해서는 모집단의 표준편차 σ를 알아야 하는데, 모평균을 모르는 상황에서 σ를 안다는 것은 현실적으로 불가능하다. 따라서 위의 모평균의 추정은 이론적인 측면에서의 추정방법으로 현실성이 떨어진다.

그렇다면 현실적으로 σ을 모르는 상황에서 어떻게 모수를 추정할 수 있는가? 현실적으로 표본조사를 통해 밝혀진 정보는 표본의 크기(n), 평균($\overline{X}$), 표준편차(S)이다. 앞서 바람직한 추정량에서 표본의 표준편차(S)가 모집단 표준편차 σ의 바람직한 추정량임을 밝힌 바 있다. 따라서 σ 대신 표본조사를 통해 알게 된 표본의 표준편차 S를 이용하여 모평균의 범위를 추정할 수 있다.[75] 한편 $\dfrac{\overline{X_i}-\mu}{S/\sqrt{n}}$의 확률분포는 Z-분포가 아닌 자유도가 $n-1$인 T-분포[76]를 따른다고 알려져 있다. 따라서 σ을 모르는 상황에서는 표본의 표준편차 S를 이용한 T-분포를 통해 모평균의 구간을 추정하게 된다.

---

75) $\dfrac{\overline{X_i}-\mu}{\sigma/\sqrt{n}}$의 경우 σ를 모르기 때문에 σ를 표본의 표준편차 S로 대체하여 $\dfrac{\overline{X_i}-\mu}{S/\sqrt{n}}$를 이용해 모평균의 범위를 구하게 된다.

76) T-분포는 Student라는 필명을 가진 프랑스 수학자 고셋(W. S. Gosset, 1876-1931)에 의해 발표되었으며, 그의 필명을 따라서 Student's t-distribution으로 부르기도 한다(박주문, 2010: 115).

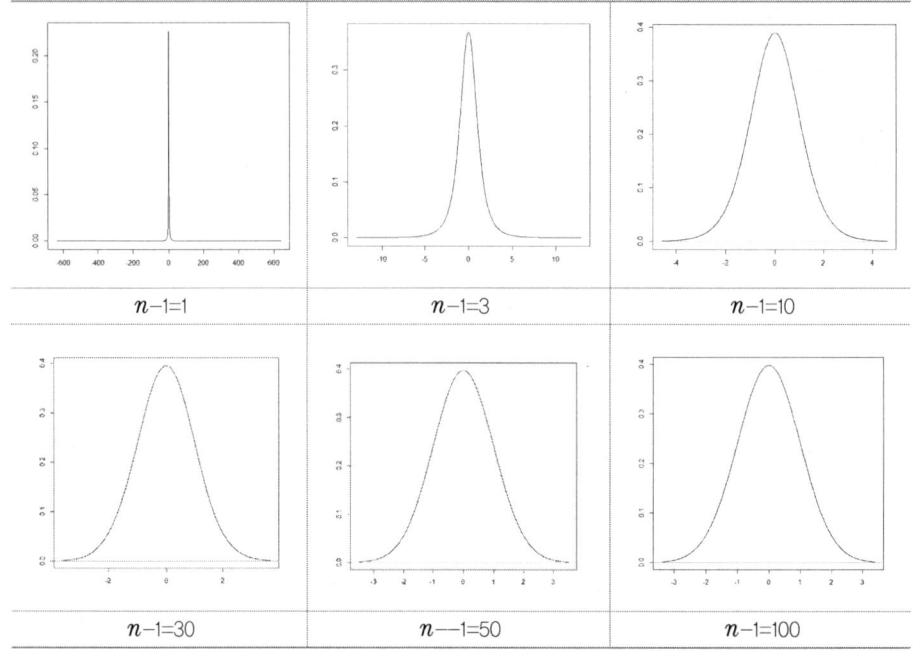

〈그림 4-5〉 T-분포의 모양

T-분포의 모양은 〈그림 4-5〉와 같이 자유도($n-1$)에 의해 달라지는 확률분포이다. 그림에서와 같이 $n \geq 30$의 경우 정규분포와 T-분포는 동일한 형태를 나타낸다. $n < 30$의 경우 정규분포는 T-분포와 비교해서 중심부분이 조금 더 높고, 양쪽 꼬리로 갈수록 더 납작(확률밀도가 낮음)하다는 특징을 가지고 있다. T-분포의 경우 $n < 30$ 인 소표본에서도 활용이 가능하다는 측면에서 Z-분포보다 일반적으로 T-분포를 사용한다.

T-분포는 정규분포와 매우 흡사한 형태로써 다음과 같은 특징을 가지고 있다. 먼저, 정규분포와 유사한 종모양(bell-shaped)을 하며 좌우대칭이다. 둘째, 기대값, 즉 평균은 0이다. 셋째, 자유도가 커질수록 표준정규분포(Z)에 근사해 진

다. 넷째, 일반적으로 분산은 1보다 크지만, 표본의 크기가 커질수록 표준정규분포와 마찬가지로 1에 가까워진다. 마지막으로, T값의 범위는 Z의 범위와 마찬가지로 $-\infty$에서 $+\infty$이다.

T-분포를 이용한 신뢰구간 $(1-\alpha)$에 대한 〈그림 4-6〉의 구간 추정은 다음의 (식 4-3)와 같다.

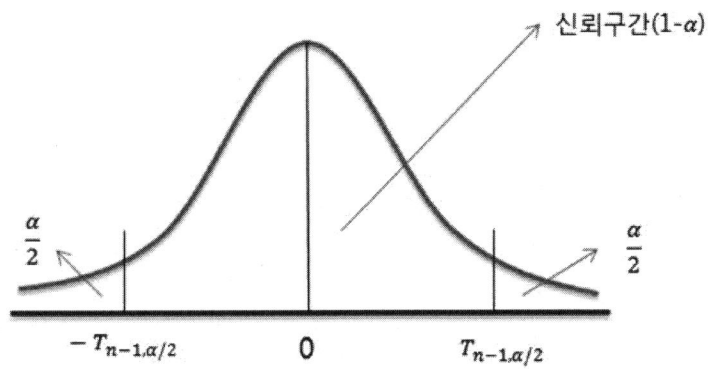

〈그림 4-6〉 T-분포의 $(1-\alpha)$의 신뢰구간

$$P(-t_{n-1,\frac{\alpha}{2}} \leq t_{n-1} \leq t_{n-1,\frac{\alpha}{2}}) = 1-\alpha$$

$$P(-t_{n-1,\frac{\alpha}{2}} \leq \frac{\overline{X}_n - \mu}{\frac{S}{\sqrt{n}}} \leq t_{n-1,\frac{\alpha}{2}}) = 1-\alpha$$

$$P(\overline{X} - t_{n-1,\frac{\alpha}{2}}\frac{S}{\sqrt{n}} \leq \mu \leq \overline{X} + t_{n-1,\frac{\alpha}{2}}\frac{S}{\sqrt{n}}) = 1-\alpha \qquad \text{(식 4-3)}$$

따라서 모평균 μ가 $(1-\alpha)$의 신뢰구간은 $(\overline{X}_n - t_{n-1,\frac{\alpha}{2}}\frac{S}{\sqrt{n}})$부터 $(\overline{X}_n + t_{n-1,\frac{\alpha}{2}}\frac{S}{\sqrt{n}})$까지 이다.

예제4

예를 들어 전국 대학생의 월평균 아르바이트 임금을 추정하기 위해여 36명을 대상으로 표본조사 결과 평균이 50만원, 표준편차가 18만원이었다. 이때 T-분포를 이용하여 95% 신뢰구간에서 모평균의 구간 값을 추정해 보자.

먼저 자유도(df) 36-1=35의 T-값을 부록에 있는 표를 이용하여 알아야 한다(양쪽 검정, two tailed test). 즉 T-분포표로부터 $t_{35,0.025} = 2.042$(df=30)와 2.021(df=40)임을 알 수 있다. 그러면 T-값을[77] 자유도 30과 40의 중간인 2.03으로 하고 95% 신뢰구간을 구하면 다음과 같다.

$$\left(50 - 2.03 \cdot \frac{18}{\sqrt{36}} \leq \mu \leq 50 + 2.03 \cdot \frac{18}{\sqrt{36}}\right) \text{ 즉 } 439{,}100원 \sim 560{,}900원이 된다.[78]$$

■ 3. 모비율의 구간추정 ■

모집단비율 또는 모비율 p를 추정하기 위하여 표본비율($\hat{p}$)을 이용하여 모집단의 비율의 구간을 추정할 수 있다. 앞선 제4장에서 $\mu_{\hat{p}} = P$ 이고, $\sigma_{\hat{p}} = P(1-p)/n$ 임을 설명한 바 있다. 이들이 표본크기가 작을 때는(일반적으로

---

[77] T-분포표에 자유도(df) 35는 없음.

[78] 이는 Z-분포와 t-분포를 비교했을 때 중심부분은 Z가 약간 더 높지만, 양쪽 끝으로 갈수록 T-분포가 더 두껍다. 다시 말해 양쪽 끝으로 갈수록 확률밀도가 T-분포가 높아지며 이는 더 범위가 넓어진다고 볼 수 있다. 따라서 Z로 추정한 441,200원 ~ 558,800원 보다 T-분포로 추정한 439,100원 ~ 560,900원 범위가 넓어졌다. 그러나 이러한 차이는 앞장에서 설명한 것처럼 표본크기(n)이 커질수록 서로 근사하게 된다.

n<30 대체로 이항분포를 따르지만, 표본크기가 커짐에 따라[79] 정규분포에 가깝게 접근한다. 따라서 표본비율($\hat{p}$)을 표준화한 $Z = \dfrac{\hat{p}-p}{\sqrt{p(1-p)/n}}$ 은 표준정규분포에 근사한다는 것을 살펴보았다. 따라서 이를 기초하여 $(1-\alpha)$의 신뢰구간에 대한 모집단의 모비율 p의 구간을 추정하면 (식 4-4)와 같다.

$$P(-Z_{\frac{\alpha}{2}} \leq Z \leq +Z_{\frac{\alpha}{2}}) = 1-\alpha$$

$$P(-Z_{\frac{\alpha}{2}} \leq \frac{\hat{p}-p}{\sqrt{p(1-p)/n}} \leq +Z_{\frac{\alpha}{2}}) = 1-\alpha$$

$$P(\hat{p} - Z_{\frac{\alpha}{2}}\sqrt{\frac{p(1-p)}{n}} \leq p \leq \hat{p} + Z_{\frac{\alpha}{2}}\sqrt{\frac{p(1-p)}{n}}) = 1-\alpha \qquad \text{(식 4-4)}$$

따라서 95%의 신뢰구간을 설정하면 (식 4-5)와 같다.

$$P(\hat{p} - 1.96\sqrt{\frac{p(1-p)}{n}} \leq p \leq \hat{p} + 1.96\sqrt{\frac{p(1-p)}{n}}) \qquad \text{(식 4-5)}$$

예제5

예를 들어, 어떤 대학교 구내식당[80]에 대한 학생들의 불만정도를 측정을 위해 100명의 학생들을 무작위로 추출하였다. 표본조사결과 이들 가운데 50명이 구내식당 품질 및 서비스에 대해 불만족을 표시하였다고 한다. 이 학교 전체 학생들의 불만족 비율에 대한 95% 신뢰구간을 구해보기로 하자.

$$\hat{p} = \frac{50}{100} = 0.5$$

---

[79] 표본크기가 크다는 말은 일반적으로 사회과학에 있어서, $n \geq 30$ 이면서, $n \cdot p \geq 5$ 이고 $n \cdot (1-p) \geq 5$ 인 경우를 말한다(김호정, 2005: 200).

[80] 표본집단이 정규분포를 이룬다고 가정

95% 신뢰구간 : $(0.5 - 1.96 \cdot \sqrt{\frac{(0.5)(1-0.5)}{100}} \sim 0.5 + 1.96 \cdot \sqrt{\frac{(0.5)(1-0.5)}{100}}$
$= (0.5 \pm 0.098)$ 즉 $0.402 \sim 0.598$

따라서 5% 유의수준에서 이 대학 구내식당에 대한 학생들의 불만율은 40.2% ~ 59.8% 사이에 있다고 할 수 있다.

예제6

예를 들어, 중소 건설회사 들의 월평균 수익을 추정하고자 한다. 모집단은 정규분포이며 표준편차는 알려져 있지 않다. 25개 건설회사에 대한 표본으로부터 확률표본 $\overline{X}_{25} = 3,500$만원과 표준편차 800만원을 얻었다. 모평균 μ에 대한 95% 신뢰구간을 구하라. 앞의 예제2는 Z 분포를 이용하였다. 이제 t 분포를 이용하여 95% 신뢰구간은 3,170만원에서 3,830만원이[81] 된다. 즉 t 분포표로부터 $t_{24, 0.025} = 2.064$ 이므로, μ에 대한 95% 신뢰구간은 $(3,500 - 2.064 \frac{800}{\sqrt{25}}, 3,500 + 2.064 \frac{800}{\sqrt{25}}) = (3,170, 3,830)$ 이다.

예제7

예를 들어, A 건설회사에서 아파트 품질에 대한 입주민들의 불만정도를 측정을 위해 225명의 주민을 무작위로 추출하였다. 표본조사결과 이들 가운데 50명이 아파트 품질에 대해 불만족을 표시하였다고 한다. 전체 입주민들의 불만족 비율에 대한 95% 신뢰구간을 구하라(표본집단이 정규분포를 이룬다고 가정).

---

81) 앞의 예제2에서 Z분포를 이용한 95% 신뢰구간은 3,186만원에서 3,814만원이었다. t 분포를 이용한 95% 신뢰구간은 3,170만원에서 3,830만원으로 t 분포가 Z 분포에 비해 폭이 조금 넓음을 알 수 있다. 그러나 샘플수가 크면 클수록 두 분포의 값은 거의 같아진다.

$$\Rightarrow \overline{P} = \frac{50}{225} = 0.222$$

95% 신뢰구간 :

$$(0.222 - 1.96\sqrt{\frac{(0.222)(1-0.222)}{225}}, \ 0.222 + 1.96\sqrt{\frac{(0.222)(1-0.222)}{225}}$$

$$= (0.222 - 1.96 \cdot 0.027706, \ 0.22 + 1.96 \cdot 0.027706)$$

$$= (0.222 \pm 0.054304)$$

■ 4. 모집단의 분산에 대한 구간추정 ■

모집단 평균에 대한 구간 추정은 Z 또는 t 분포를 이용하였다. 그러나 모집단 분산에 대한 신뢰구간 추정은 카이스퀘어(x^2) 분포를 이용한다.

- χ^2_{n-1}의 분포

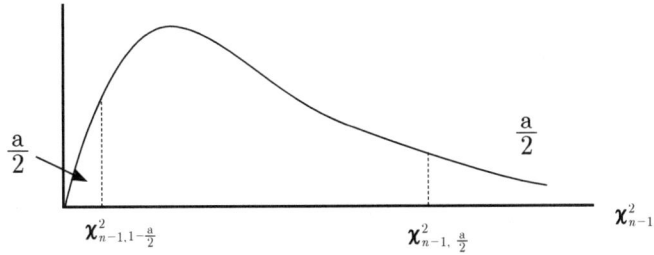

모집단 분산에 대한 불편추정량은 다음과 같이 구해진다.

$$\frac{(n-1)S^2}{\sigma^2} \sim \chi^2(n-1) \qquad \text{(식 4-6)}$$

자유도가 n-1인 카이제곱분포를 따르는 함수

여기서

$$P(\chi^2_{n-1,1-\frac{a}{2}} \leq \chi^2_{n-1} \leq \chi^2_{n-1,\frac{a}{2}}) = 1-a$$

$$P(\chi^2_{n-1,1-\frac{a}{2}} \leq \frac{(n-1)S^2}{\sigma^2} \leq \chi^2_{n-1,\frac{a}{2}}) = 1-a$$

$$P(\frac{1}{\chi^2_{n-1,\frac{a}{2}}} \leq \frac{\sigma^2}{(n-1)S^2} \leq \frac{1}{\chi^2_{n-1,1-\frac{a}{2}}}) = 1-a$$

$$P(\frac{(n-1)S^2}{\chi^2_{n-1,\frac{a}{2}}} \leq \sigma^2 \leq \frac{(n-1)S^2}{\chi^2_{n-1,1-\frac{a}{2}}}) = 1-a$$

따라서 σ^2에 대한 $100(1-a)$ 신뢰구간 $= [\frac{(n-1)S^2}{\chi^2_{n-1,\frac{a}{2}}}, \frac{(n-1)S^2}{\chi^2_{n-1,1-\frac{a}{2}}}]$

예제8

경찰에서는 승용차의 속도를 측정하기 위한 새로운 장비를 도입하고자 한다. 신뢰성 측정을 위해 30대의 승용차를 정확히 시속 100km로 관측점을 통과시키고 각 승용차의 속도를 새로운 장비로 측정하였다. 모집단은 정규분포라고 가정한다. 표본분산은 $S^2 = 64$라고 할 때 σ^2에 대한 95% 신뢰구간을 설정하라.

⇒ 원하는 신뢰수준 $(1-\alpha) = 0.95$ 따라서 χ^2분포의 각 꼬리는 같은 면적 0.025 포함.

카이제제곱분포 표에서 자유도 29(즉, 30-1=29)를 참조하면

$\chi^2_{29,0.975} = 16.0471$과 $\chi^2_{29,0.025} = 45.7222$를 얻는다.

따라서, 95% 신뢰구간은 $[\frac{(29)(64)}{45.7222}, \frac{(29)(64)}{16.0471}]$ 즉 $(40.59, 115.66)$이다.

제 **05** 장

가설검정

제05장

가설검정

　표본의 분포와 모수와의 관계에 대한 확률분포의 개념을 통해 통계량을 기초로 하여 모수를 추정해나가는 통계적 추정에 대하여 살펴보았다. 표본조사를 통해 수집한 자료를 통계적 지식을 이용해 모집단의 모수의 값을 추정함으로서 정책결정에 도움을 준다. 예를 들어 가구당 소득이 얼마이며, 보편적 복지정책에 대한 찬성 또는 반대비율이 어느 정도 인지에 대한 정보는 정책결정과정에 중요한 정보를 제공할 것이다.

　모수의 값 또는 구간을 추정하는 것뿐만 아니라 일반적으로 행정현상을 이해하고 정책을 결정하는 과정에서 "복지예산의 증가는 경제성장에 영향을 미치는가?", "관료의 직무만족은 직무성과를 향상 시키는가?와 같은 의문을 제기할 것이다. 이와 같은 의문에 대하여 가설을 설정하고 통계적 검정과정을 통해 옳고 그름을 판단함으로서 새로운 형태의 정보를 얻을 수 있을 것이다.

　일반적으로 통계적 방법에 의한 가설검정은 모집단의 특성에 대한 가설을 먼저 설정하고 모집단으로부터 추출한 표본의 관찰 값들을 이용하여 얻은 통계량(평균, 표준편차 등)을 근거로 하여 모집단의 특성과 근사하는지 그 가설의 여부를 판단하는 일련의 과정 및 절차를 거치게 된다.[82] 따라서 사회과학에서 광범위하

---

82) 가설검정은 표본의 통계량을 이용한다는 점에서 앞의 (신뢰)구간추정과 유사하다. 다시 말해, 신뢰구

게 사용하고 있는 통계적 추론의 한 형태인 통계적 분석을 이용한 가설검증에 대하여 살펴보고자 한다.

제1절 추리통계와 가설검정

■ 1. 추리통계와 가설검정 절차 ■

기술통계는 자료를 수집·정리함으로서 모집단 및 표본의 특징을 파악하는 통계적 방법이다. 하지만 실제 사회적 현상 및 학문적 연구에서는 표본조사를 통하여 모집단의 특성을 밝혀내는 것이 대부분이다. 이렇듯 표본자료를 기초로 모집단의 특성을 찾아내는 논리적 기초를 제공하는 것이 추리통계학(inferential statistics)이다.

추리통계학에서는 표본의 특성을 기초로 모집단의 특성 및 성격을 추리해 나가는 과정이 필요한데, 통계적 추정과 가설검정 방법이 사용된다. 먼저 통계적 추정이란 표본의 통계량을 기초하여 모집단의 특성(모수)을 추정하는 것을 의미한다.[83] 반면, 모집단에 대한 특성을 가설로 세워놓고 이런 가설의 옳고 그름을 판단하는 방법은 가설검정이라고 한다. 특히 이러한 가설을 통계적 방법을 이용

간 추정이 표본 통계량을 기초로 모집단의 모수가 포함될 구간을 추정하는데 반해, 가설검정은 먼저 모수에 대한 가설을 설정하고 표본 통계량을 이용해 이 가설의 옳고 그름을 판단하는 것이다. 따라서 통계적 분석방법의 순서가 차이가 있을 뿐이지 신뢰구간에 의한 의사결정과 가설검정에 의한 의사결정은 동일하다.

83) 통계적 추정에 대해서는 앞선 제4장에서 설명하였다.

해 검정하는 것은 통계적 가설검정이라고 한다.

예를 들어 "한국의 근로자 월 평균급여수준이 450만원이다." 즉, "$\mu = 450$만원"라고 가설을 설정하고 표본으로부터 얻은 사실을 근거로 가설의 옳고, 그름을 판단하게 된다. 뿐만 아니라 "남자와 여자집단의 월평균 소득이 차이가 있다"와 같이 두 집단에 대하여 평균차이에 대한 가설을 검정할 수 있고, "A변수와 B변수 간에 상관성이 있다"와 같이 가설을 설정해 놓고 이를 표본을 통해 얻은 자료에 기초하여 검정할 수 있다.

모집단에 대한 특성을 가설로 세워 표본자료를 통해 가설의 옳고 그름을 판정하기 위해 일련의 과정을 거치게 되는데, 일반적으로 〈그림 5-1〉과 같은 검정 절차를 따르게 된다. 첫째, 연구자는 가설검정에 필요한 귀무가설과 대립가설을 설정하게 된다. 둘째, 가설이 설정되면 가설을 검정할 통계분석 방법을 설정한다. 셋째, 연구자는 귀무가설을 채택하거나, 기각할 유의수준과 임계치를 결정한다. 넷째, 표본 조사 자료를 바탕으로 앞서 설정한 표본분포에 의해 검정통계량과 p-값(p-vlaue)을 계산하게 된다. 다섯째, 검정통계량과 임계치를 비교하거나, p-값과 유의수준의 비교를 통해 귀무가설의 기각여부를 판단한다. 여섯째, 가설검정결과를 바탕으로 다양한 해석을 하게 된다.

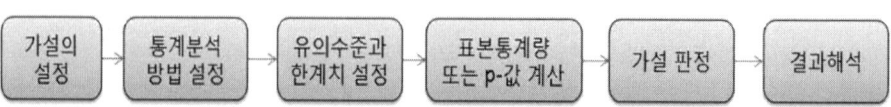

〈그림 5-1〉 가설 검정 절차

■ 2. 가설의 설정 ■

통계적 가설검정을 위한 첫 단계는 필요한 정보에 대한 가설을 설정해야 한다. 그렇다면 가설은 어떻게 설정해야 하는가? 사전적 의미의 가설(hypothesis)이란 실증적인 증명에 앞서 세워지는 잠정적인 진술 또는 언명을 의미한다. 이러한 가설을 실증적으로 검정하기 위하여 귀무가설(H_0 : null hypothesis)[84]과 대립가설(H_1 또는 H_A : alternative hypothesis)을 세우게 된다. 귀무가설은 통계적 검정의 직접적인 대상이 되는 가설을 의미하고, 대립가설은 귀무가설이 기각되었을 때 채택 또는 받아들여지는[85] 가설이다. 따라서 대립가설은 귀무가설과 서로 상반된 의미를 가지게 된다. 즉, 귀무가설이 앞의 예에서와 같이 "한국의 근로자 월 평균급여수준이 450만원이다."라면 대립가설은 상반되는 개념인 "한국의 근로자 월 평균급여수준이 450만원이 아니다."가 된다.

가설의 검정은 일반적으로 귀무가설이 틀렸다는 증거를 제시함으로써 귀무가설을 기각하고, 대신 대립가설을 채택하는 과정을 거치게 된다. 따라서 연구자가 주장하고자 하는 연구가설(research hypothesis)을 대립가설로 설정하는 것이 보편적이다.[86] 이런 의미에서 대립가설을 연구가설이라고 한다. 예를 들어 "성별에 따라 소득의 격차가 있을 것이다."는 것을 연구자가 주장하고 싶다면, 귀무가설

---

[84] 또는 영가설(零假說)이라고도 한다.

[85] 귀무가설을 채택(accept) 또는 받아들여진다는 표현은 엄격하게 말해 틀린 표현이다. 따라서 정확한 표현은 귀무가설을 기각하는데 실패하였다(fail to reject the null hypothesis)라는 표현이 올바른 표현이라고 할 수 있다. 그러나 본서에서는 이렇게 구분하지 않고 "채택" "받아들여진다" "기각하는데 실패" 모두 다 같은 의미로 간주하기로 한다.

[86] 전통적으로 귀무가설을 기존의 연구 결과 또는 사실이라고 주장되는 내용을 설정한 이후 귀무가설과 상반되는 대립가설을 설정하고, 귀무가설이 틀렸다는 경험적 증거를 제시함으로써 자연스럽게 자기의 주장이 옳다는 것을 증명하는 방식이다.

과 대립가설은 다음과 같이 설정한다.

> 귀무가설(H_0) : 모집단은 성별에 따라 소득격차가 없을 것이다.
> 대립가설(H_1) : 모집단은 성별에 따라 소득격차가 있을 것이다.

이러한 귀무가설과 대립가설을 통계적 방법으로 옳고 그름을 판단하기 위해서는 양적으로 표현이 가능해야 하는데, 위의 가설을 수량적으로 표현하면[87] 다음과 같다.

> $H_0 : \mu_남 = \mu_여 \quad H_0 : \mu_남 - \mu_여 = 0$
> $H_1 : \mu_남 \neq \mu_여 \quad H_1 : \mu_남 - \mu_여 \neq 0$

여기에서 주의해야 할 것이 있다. 귀무가설은 통계적으로 직접 검정되는 가설이다. 따라서 검정 가능해야 하고, 검정이 용이해야 한다. 위에서와 같이 귀무가설(H_0)을 "~과 같다", "~와 차이가 없다" 즉, "$H_0 : A = B$ 또는 $A - B = 0$"의 형태로 가설을 설정하는 것이 바람직하다.[88]

---

[87] 가설검증의 궁극적 목적은 모집단의 특성 파악에 있다. 예를 들어, '성별에 따라 소득의 차이가 있다'라는 가설을 검정할 경우 실제로 우리가 이용하는 자료는 표본에서 얻은 남·녀 간의 소득 $\overline{X}_남$, $\overline{X}_여$이다. 그렇다고 귀무가설을 $H_0 : \overline{X}_남 = \overline{X}_여$ 으로 표현하는 것은 틀린 표현이다. 비록 우리가 표본 자료를 이용하지만 연구의 목적은 표본의 특성이 아닌 모집단의 남·녀 간의 특성의 차이를 보고자 노력하는 것이므로 정확한 표현은 $H_0 : \mu_남 = \mu_여$, $H_1 : \mu_남 \neq \mu_여$이 맞다.

[88] 가설검정 방법은 귀무가설이 틀렸다는 것을 보여줌으로써 연구자가 주장하는 연구가설(대립가설)이 반대로 옳다는 주장을 하는 것이다. 따라서 귀무가설을 틀렸다는 증거를 표본의 자료를 통해 제시해야 하는데, 이때 보다 검정의 용이한 "~과 같다" 즉, "$H_0 : A = B$ 또는 $A - B = 0$"라고 설정할 경우 보다 쉽게 옳고 그름을 판단할 수 있게 된다.

통계적 가설 검정을 위한 가설은 다시 단순가설(simple hypothesis)과 복합가설(composite hypothesis)로 구분된다. 단순가설은 "~과 같다"는 형태의 가설로 예를 들어 "남자와 여자의 소득은 같다 ($H_0 : \mu_남 = \mu_여$ 또는 $\mu_남 - \mu_여 = 0$)"와 같은 가설을 말한다. 즉, 모수의 값이 하나의 값을 취할 것이라고 가정하는 가설을 의미한다. 반면 복합가설은 "~보다 크다" 또는 "~보다 작다"는 형태의 가설이다. 예를 들어 "남자가 여자의 소득보다 높다 ($H_0 : \mu_남 \geq \mu_여$ 또는 $\mu_남 - \mu_여 \geq 0$)"인 형태의 가설이다. 즉, 복합가설은 일정한 영역의 값 형태로 가설을 설정하는 것을 의미한다.

$H_0 : \mu_남 = \mu_여 \qquad H_1 : \mu_남 \neq \mu_여 \qquad$ (단순가설)

$H_0 : \mu_남 \geq \mu_여 \qquad H_1 : \mu_남 < \mu_여 \qquad$ (복합가설)

$H_0 : \mu_남 \leq \mu_여 \qquad H_1 : \mu_남 > \mu_여 \qquad$ (복합가설)

복합가설 역시 $\mu_남 \geq \mu_여$ 또는 $\mu_남 \leq \mu_여$ 형태의 가설이 보다 검정하기 편리하다. 따라서 복합가설의 귀무가설(H_0)은 "~보다 크거나 같다" 또는 "~보다 작거나 같다"와 같은 형태로 가설을 설정하는 것이 바람직하다.

■ 3. 가설검정 방법의 선정 ■

가설이 설정되고 나면 이러한 가설을 검정할 통계적 방법을 선택하게 되는데, 이러한 가설검정 방법은 가설의 형태와 자료의 특성 등에 의해 달라지게 된다. 자료의 성격과 모집단에 대한 가정이 어떠한가에 따라 모수통계학 또는 비모수통계학적 방법이 활용되고, 가설의 성격에 따라 〈표 5-1〉과 같이 가설이 두 집단의 평균의 차이를 검정하고자 한다면 $T-$검정, 세 집단 이상의 평균차이라면 $F-$검정 등이 선택된다. 한편 각각의 통계적 분석 방법에 따라 다양한 가정과 확률분포가 활용 된다[89].

〈표 5-1〉 주요 통계적 가설 검정 방법[90]

가설검정 방법	분석내용	가설(연구가설)	자료의 형태	
			독립변수	종속변수
$T-$검정	두 집단 평균 차이 검정	남·녀 간 소득은 같지 않을 것이다.	질적자료 (남·녀)	양적자료 (소득)
$F-$검정	세 집단 이상의 차이 검정	학력수준(초·중·고·대졸)에 따라 소득은 모두 동일하지 않을 것이다.	질적자료 (학력수준)	양적자료 (소득)
상관분석	두 변수간의 상관성검정	비가 내릴 확률과 대중교통 이용률 간에는 상관성이 있을 것이다.	양적자료 (비올 확률, 대중교통 이용률)	
회귀분석	변수간의 영향관계 분석	음주단속 건수는 교통사고 사망률에 정(+)의 영향을 줄 것이다.	양적자료 (음주단속 건수)	양적자료 (교통사고 사망률)
X^2-검정	질적변수간 관련성 분석	남녀에 따라 정책의 찬·반에 차이가 있을 것이다.	질적자료 (남·녀)	질적자료 (찬·반)

4. 가설의 판정

통계적 가설검정은 앞서 설정한 가설 중 귀무가설이 참인지, 거짓인지를 표본자료를 통하여 검정하기 위하여, 표본자료를 통해 귀무가설이 맞음에도 불구하고

---

[89] 이러한 가설검정 방법은 검정통계량이 어떤 확률분포를 따르고 있는지에 따라 $Z-$분포, $T-$분포, $F-$분포, χ^2-분포 등 다양한 형태의 분포를 이용하게 된다.

[90] 해당 내용은 일반적인 가설 검정 방법과 자료의 특성에 대한 것이며, 이외에도 다양한 형태로 통계적 검정 방법이 활용되고 있으며, 상관분석 및 회귀분석의 경우 질적자료(명목 및 서열척도)를 통한 분석방법이 개발되어 활용되고 있다.

틀렸다라고 결정을 내릴 확률을 계산하게 되는데, 이것이 p-값(p-value)이다. 따라서 p-값은 표본자료를 기초로 모집단의 특성을 나타낸 가설을 검증할 때, 잘못된 결정을 할 가능성(확률)이 되는 것이다. p-값이 적을 경우 귀무가설이 틀렸다는 강한 증거가 된다.[91] 만일 Z-분포를 통한 양측검정에서 표본조사 결과 검정통계량이 $Z = \pm 1.50$이었다면, 〈그림 5-2〉와 같이 p-값은 $0.134(0.067+0.067)$가 된다.

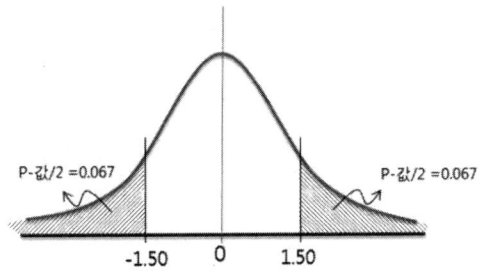

〈그림 5-2〉 Z분포를 이용한 양측검정에서 p-value

그렇다면 우리가 귀무가설을 어느 정도 수준에서 틀렸다고 인정해야 할 것인가에 대한 기준이 필요하다. 가장 이상적인 것은 오차가 0%인 경우, 즉 p=0이 되는 경우이다. 하지만, 우리의 목적이 비용 절감을 위한 표본조사를 통해 모수를 추정하는 것에 있고, 오차발생 가능성이 0%로 한다는 것을 사실상 불가능하다. 따라서 일반적으로 10%, 5%, 1%의 오차가능성을 기준으로 평가하게 되는

---

91) 엄격히 말해 귀무가설이 사실이라는 가정하에서 귀무가설이 사실(채택)이라는 사건(증거)이 더 많이 일어날 확률을 p-값이라고 한다. 따라서 표본자료에 귀무가설(H_0)이 틀렸다(기각)는 증거가 많을 경우 p-값이 작게 되고, 반대로 증거가 적을 경우 p-값이 커지게 된다. 예를 들어, "남·녀간 소득수준이 동일하다($H_0 : \mu_{남} - \mu_{여} = 0$)"고 귀무가설을 설정했다고 가정해 보자, 이때 표본을 통해 조사한 결과 소득 격차가 5만원일 때 보다 20만원일 때 더욱 귀무가설이 잘못되었다는 증거가 될 것이다. 즉, 귀무가설이 잘못되었다는 증거가 많을수록 p-값은 작아지게 된다.

데, 이것이 유의수준(level of significant 또는 α)이라고 한다.[92]

예를 들어, "남자와 여자 간의 소득수준이 동일할 것이다"는 귀무가설을 유의수준 0.05하에서 기각여부를 검정하기 위하여 표본조사를 통해 p-값이 0.0437으로 계산되었다. 이때 해당 가설을 검정해보면, 유의수준(α) 값이 p-값 보다 적은 것을 알 수 있다. 이것은 귀무가설을 기각시켰을 때 발생되는 오차(0.0437)가 연구자가 설정해 둔 오차가능성기준(0.05)보다 적어 귀무가설을 기각한다고 판단할 수 있다. 따라서 "남자와 여자 간의 소득수준이 동일하지 않을 것이다"는 대립가설이 채택되게 된다.

> p-value(p-값) $\geq \alpha$ 이면 귀무가설을 채택한다.
> p-value(p-값) $< \alpha$ 이면 귀무가설을 기각한다.

귀무가설의 채택 및 기각 여부를 결정하는 과정의 또 다른 방법은 임계치(critical value)를 이용하는 방법이 있다. 즉, 유의수준에 해당되는 임계치를 계산하여 기각영역을 설정하고 표본에서 계산된 통계량이 이 기각영역에 포함되는가를 살펴보는 것이다. 여기서 귀무가설을 기각(reject)할 수 있는 검정통계량 값의 범위를 기각영역(rejection region)이라고 한다. 따라서 추출된 표본으로부터 계산된 검정통계량의 값이 기각영역 범위에 들면 귀무가설을 기각하고, 기각영역 범위 안에 들어가지 않으면 귀무가설을 채택한다.

---

[92] 가설검증에서 허용될 수 있는 오류의 정도, 또는 가설검정에서 오류를 범할 확률을 말한다. 이는 구간추정에서 사용하는 신뢰구간과 같은 의미라고 할 수 있다. 즉, 1 - 유의수준(level of significant 또는 α) = 신뢰구간(confidence interval).

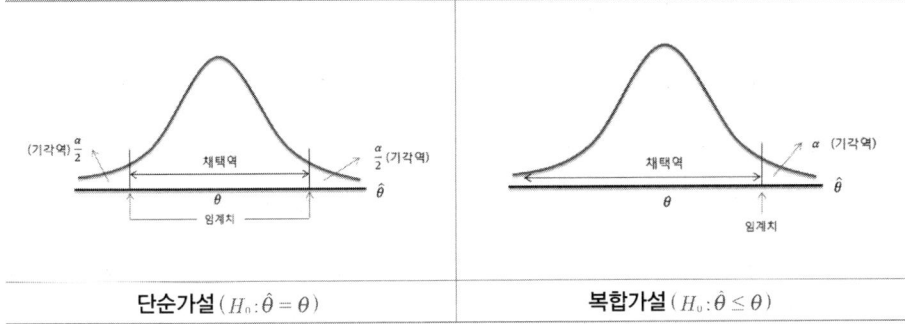

〈그림 5-3〉 가설검정의 임계치와 기각역

일반적으로 가설 검정에서 p-값과 유의수준으로 비교하는 방법을 통해 가설 검정이 이루어지게 된다. 이는 대부분의 통계패키지에서 검정통계량과 함께 p-값을 동시에 계산하여 제시해 주고 있을 뿐만 아니라, 일반적으로 가설 검정을 위한 확률분포가 T-분포, F-분포, X^2-분포 등이 많이 사용되는데, 이들 분포는 표본의 크기(n) 즉, 자유도($n-1$)에 따라 분포의 모양이 달라진다. 이러한 특징으로 표본의 크기(n)에 따라 동일한 유의수준에서도 임계치가 달라진다. 따라서 자유도에 따라 임계치를 확인해야 한다는 번거로움이 있기 때문에 p-값과 유의수준 비교를 통해 귀무가설의 기각 여부를 판정하게 된다.

〈표 5-2〉 T-분포의 자유도에 따른 임계치(양측검정)

자유도($n-1$)	임계치	유의수준(α)
3	±3.18244	0.05
5	±2.57058	0.05
30	±2.04227	0.05
100	±1.98397	0.05

■ 5. 양측검정과 단측검정 ■

가설의 형태가 단순가설 또는 복합가설인가에 따라 〈그림 5-4〉와 같이 가설검정방법의 두 가지로 나뉘게 된다. 예를 들어 $H_0 : \mu = 450$ 이라는 단순가설의 경우 기각영역은 분포의 양쪽꼬리에 대칭적으로 설정된다. 이러한 형태의 가설검정을 양측검정(two-side test 또는 two-tail test)이라고 한다. 반면 $H_0 : \mu \leq 450$ 와 같은 복합가설의 경우 기각영역이 오른쪽에 위치하게 되는데, 이를 우측검정이라고 한다. 반대로 $H_0 : \mu \geq 450$ 경우에는 좌측검정이라고 한다. 이와 같이 복합가설의 경우 분포의 오른쪽 또는 왼쪽에만 기각영역이 놓이게 되는데 이를 단측검정(one-side test 또는 one-tail test)이라고 한다.

단순가설에 대한 가설검정 방법을 살펴보자. 예를 들어 부산시가 주민의 생활수준을 알아보기 위해 100명의 주민을 표본으로 추출하여 월수입을 조사하였더니 평균 421만원이 나왔다. 부산주민의 월수입은 정규분포를 이루고 표준편차가 180만원으로 알려져 있다. 그렇다면 부산시 주민의 월 평균 수입이 460만원이라고 할 수 있는가? 를 유의수준 5%에서 가설을 검정해 보자.

첫째, 통계적 검정을 위한 가설을 설정하면 $H_0 : \mu = 460, H_1 : \mu \neq 460$ 일 것이다. 둘째, 위의 가설을 검정하기 위한 통계분석 방법은 모집단의 분포가 정규분포를 이루거나, 표본의 크기가 충분히 큰 경우를 가정할 경우 Z-분포, 즉 표준정규분포를 이용할 수 있다. 위의 예에서도 모집단의 분포가 정규분포를 이룰 뿐만 아니라 표본이 충분히 커 표준정규분포를 통해 해당 가설을 검정할 수 있다. 셋째, 유의수준 $\alpha = 0.05$로 양측검정의 경우 〈그림 5-4〉와 같이 임계치는 $\pm Z_{\alpha/2} = \pm 1.96$ 이다.[93]

[93) 모평균에 대한 가설검정으로 검정통계량은 $\overline{X}$ 가 되고, 제5장에서 설명한 구간추정과 같은 형태로 $(1-\alpha) = P(\mu - Z_{\alpha/2} \cdot \sigma/\sqrt{n} \leq \overline{X} \leq \mu + Z_{\alpha/2} \cdot \sigma/\sqrt{n})$ 라고 정의된다.

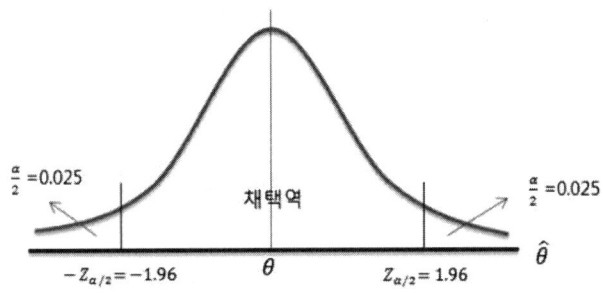

〈그림 5-4〉 유의수준 5%에서의 양측검정 임계치

넷째, 표본분포에서 검정통계량[94]은 $Z = \dfrac{\overline{X}_i - \mu}{\sigma/\sqrt{n}} = \dfrac{421-460}{180/\sqrt{100}} = -1.667$ 이다. 이때 p-값은 0.094919이다. 다섯째, 검정통계량이 가설의 채택역에 존재하고, 'p-값 > α'으로 귀무가설이 채택된다. 즉, 표본조사 결과 부산시 주민의 월평균 소득이 $H_0 : \mu = 460$ 일 것이라는 귀무가설이 채택된다.

그렇다면 복합가설의 경우 어떤가? 앞의 예에서 부산시민의 평균 소득이 460만원 일 것이라는 귀무가설을 설정하여 단측검정(왼쪽검정)을 실시해 보자(〈그림 5-5〉).

첫째, 가설검정을 위한 $H_0 : \mu \geq 460, H_1 : \mu < 460$ 가 된다. 둘째, 역시 위의 예와 같이 표준정규분포를 이용하여 Z-검정을 통해 가설을 검정할 수 있다. 셋째, 유의수준 $\alpha = 0.05$로 단측검정 $Z_a = -1.654$ (좌측검증)이다. 넷째, 표본분포에서 검정통계량 $Z = \dfrac{\overline{X}_i - \mu}{\sigma/\sqrt{n}} = \dfrac{421-460}{180/\sqrt{100}} = -1.667$ 이고, 이때 p값은 -0.047이다. 다섯째, 검정통계량이 기각영역에 있으므로 $H_0 : \mu \geq 460$ 라는 귀무가설은 기

---

[94] 모집단의 분포가 정규분포이거나, 표본의 크기가 충분히 커다면 표본평균의 분포는 $\overline{X}_i \sim N(\mu, \sigma^2/n)$ 이 된다. 따라서 $\overline{X}_i$를 표준화하면, $Z = \dfrac{\overline{X}_i - \mu}{\sigma/\sqrt{n}}$ 으로 $N(0,1)$를 따르게 된다.

각되고 $H_1 : \mu < 460$ 라는 대립가설이 채택된다. 즉, 부산시의 주민당 월평균 소득은 460만원 보다 낮다고 할 수 있다.

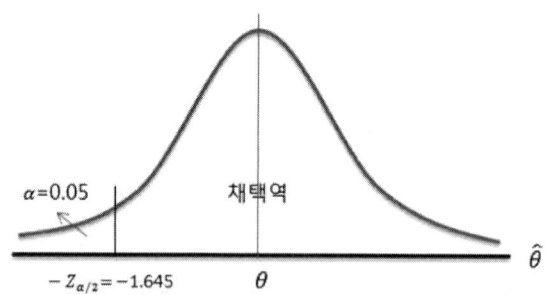

〈그림 5-5〉 유의수준 5%에서의 좌측검정 임계치

여기에 주목할 필요가 있다. 단측검정과 양측검정 모두 검정통계량은 $\mu = 460$ 만원, 즉 $Z = -1.667$ 을 검정통계량을 기준으로 임계치(Z=-1.645)와 비교했지만, 단측검정에서는 귀무가설이 기각되었지만, 양측검정에서는 채택되는 상반된 결과를 가져왔다. 즉, 동일한 검정통계량으로도 〈표 5-3〉과 같이 단측검정에서 보다 쉽게 귀무가설을 기각시킴으로써 연구자의 주장인 대립가설을 채택할 수 있고, 보다 정밀한 가설검정이 이루어진다는 장점이 있다.

〈표 5-3〉 양측검정과 단측검정에서 임계치

α	양측검정 $\pm Z_{\alpha/2}$	단측검정 $\pm Z_{\alpha}$
1%	±2.575	±2.325
5%	±1.96	±1.645
10%	±1.645	±1.285

그러나 대부분의 경우 모집단의 특성값을 모르는 상태에서 양측검정을 이용할 수밖에 없다. 실제로 사회과학분야의 대부분의 연구에서도 양측검정을 많이 사용하고 있고, 모수 값에 대한 확신이 없는 경우 양측검정을 통해 가설을 검정하는 것이 보다 바람직하다.

제2절 가설검정의 오류

■ 1. 제1종 오류와 제2종 오류 ■

가설검정의 경우 우리는 4가지 상황에 직면하게 된다. 즉 (i) 올바른 귀무가설을 채택하는 경우, (ii) 올바른 귀무가설을 기각하는 경우, (iii) 옳지 않은 귀무가설을 채택하는 경우, 마지막으로 (iv) 옳지 않은 귀무가설을 기각하는 경우가 있다. 이와 같은 상황에서 (i)과 (iv)의 결정은 옳은 결정이다. 그러나 (ii)와 (iii)의 경우에는 우리의 의사결정이 잘못된 경우이다. 특히, (ii)와 같이 올바른 귀무가설을 기각하는 경우를 제1종 오류 또는 α 오류라고 하며, (iii)과 같이 옳지 않은 귀무가설을 채택하는 경우를 제2종 오류 또는 β 오류라고 한다. 이를 정리하면 다음의 〈표 5-4〉와 같다.

〈표 5-4〉 가설검정의 오류

의사결정 실제상태	귀무가설이 옳음	귀무가설이 틀림
귀무가설의 채택	(i) 올바른 의사결정	(iii) 제2종 오류 또는 β 오류
귀무가설의 기각	(ii) 제1종 오류 또는 α 오류	(iv) 올바른 의사결정

제1종 오류를 범하는 확률은 p-값 같다. 따라서 제1종 오류가 발생할 확률은 우리가 이미 통계적 판단을 내리기 전에 사전에 정해 놓는데(예를 들어, 1% 5% 10% 등) 이것을 유의수준(level of significance, 즉 α) 이라고 한다고 앞서 설명한 바 있다. 그러나 제2종 오류 소위 β 오류 발생 확률은 실제 모수의 값을 알기 전까지는 계산할 수가 없다. 이 두 가지 오류를 감소시키면 바람직하겠으나 제1종 오류의 확률을 줄이면 제2종 오류 확률이 늘어나게 된다. 따라서 사회과학 분야에서는 가설검정을 분석할 때 1%, 5%, 10% 같은 유의수준을 설정하여 분석하게 된다. 또한 귀무가설이 올바르지 않을 때 이를 기각하는 확률을 검정력이라 하고 이는 $1-\beta$ (power of test)와 같이 나타낼 수 있다. 다음의 〈그림 5-6〉은 제1종 오류, 제2종 오류 및 검정력을 분포도를 이용하여 나타낸 것이다.

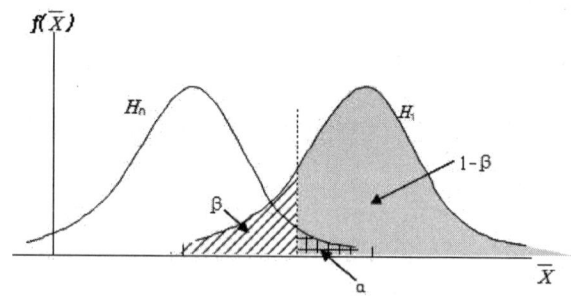

〈그림 5-6〉 가설검정의 오류 및 검정력의 관계

제3절 Z 및 T-검정

■ 1. Z 및 T-검정에 필요한 전제조건 ■

　가설검정의 기법들은 어떠한 상황에서나 모두 적용되는 것은 아니다. 주어진 여건에 따라 활용되는 검정기법도 상이하다. Z-검정 또는 T-검정의 경우 검정대상집단은 한 가지 혹은 두 가지 집단간의 차이로 한정되어야 한다. 검정대상의 변수도 일정한 요건을 갖추어야 된다. 즉, 일정한 확률을 가지고 발생하면서 수치가 부여될 수 있는 확률변수이어야 한다. 연속적 확률변수가 선호되며, 불연속 변수의 경우에도 자료의 개수가 충분히 많을 경우에는 Z-검정 또는 T-검정을 적용할 수 있다. 일반적으로 모분산의 경우 알려지지 않는 경우가 대부분이므로 T-검정 방법의 조건을 조금 더 자세하게 설명하면 다음과 같다.

　T-검정 방법을 이용하기 위하여 몇 가지 조건이 충족되어야 한다.

　첫째, T-가설 검정을 위해서는 대개의 경우 2개의 집단으로 구분되어야 한다는 것이다. 예를 들어 남자·여자 또는 찬성·반대 등과 같이 2개의 집단만으로 구분되는 명목자료여야 한다. 만일, 3개 이상의 집단 또는 다양한 값을 가질 경우 특정한 기준(평균 또는 중위수 등)을 통해 자료를 2개 집단으로 분류하여 분석에 이용하면 된다.

　둘째, 관심을 가지는 변수(월소득, 만족도)는 엄밀하게 말해 등간척도 이상의 양적자료일 경우에 분석이 가능하다는 것이다. 예를 들어 남·녀 간의 월소득 차이가 있는지 검증하기 위하여, 이때 변수인 월소득의 경우 등간척도로 측정되어야 한다. 그렇지 않은 경우에는 다른 통계검증 방법을 선택해야 한다.

　셋째, 두 집단 간의 표본분포는 등분산성을 이뤄야 한다는 것이다. 이는 검증통계량을 계산하는 기본적인 가정이다. 등분산성이 충족되지 못할 경우 T-검증방법으로 계산된 검증통계량의 신뢰성이 문제가 된다. 따라서 가설검증결과 해석에 앞서 표본분포의 동질성을 검증할 필요성이 있다.

최근 등분산성이 가정되지 않는 경우에도 T-검증을 사용할 수 있는 분석방법이 개발되면서, 많은 통계프로그램에서 표본분포의 등분산성이 가정될 경우와 그렇지 않은 경우 모두 검증통계량을 제시해 주고 있다.

2. Z 및 T-검정의 활용

Z-검정은 표본이 정규분포를 따른 모집단으로부터 추출되고 모분산(σ^2)이 알려진 경우 주로 이용된다. 모집단의 분포가 비록 정규분포가 아닌 경우에도 $n \geq 30$ 이면 중심극한정리에 의해 정규분포한다고 가정하여 Z-검정을 할 수 있다. 그러나 실제적으로 모분산(σ^2)이 알려진 경우는 거의 없다. 따라서 대부분의 경우 T-검정이 많이 활용되고 있다.

T-검증은 특히 두 집단 간의 모집단이 평균의 차이가 있는지를 검증하는 분석 방법으로 많이 이용된다. 특히 표본의 개수가 30개 이하인 경우에도 활용가능하다는 측면에서 활용도가 높은 것으로 평가 받고 있다.

예를 들어 남자와 여자집단간의 월평균 소득의 차이가 있는가?, 공무원과 회사원 간의 업무에 대한 만족도가 차이가 있는지?, A반과 B반의 평균 영어성적이 차이가 있는가?, 고소득층과 저소득층 주민 간의 정부정책에 대한 만족도는 차이가 있는지?, 다이어트 프로그램 참여 전과 후에 체중의 변화가 있는지? 약물을 투여하기 전과 투여한 이후 혈당의 수치가 차이가 있는지? 등의 가설을 검증하는데 이용된다.

이러한 두 집단 간의 차이검증에 활용되는 T-검증은 자료의 특성에 따라 분석 방법의 차이가 있다. 먼저 남자와 여자 등과 같이 두 집단이 상호 독립적인 경우에는 독립표본 T-검증을 활용한다. 이때 가설은 다음과 같이 설정된다. 반면, 프로그램 참여 전·후와 같은 동일한 대상에 대하여 특정 프로그램(실험)의 적용 이전과 이후 간의 관측값 변화의 차이를 검증하는 경우에는 대응표본 T-검증을 사용한다.

3. 단일표본 T-검정

우리는 가끔 표본조사의 결과에 나타난 집단별 도수나 비율의 차이만 가지고 일반적인 현상으로 확대해석하는 경우가 많다. 그러나 표본조사의 결과를 가지고 모집단 전체에 대한 해석을 내리고자 할 때는 반드시 가설검증의 단계가 필요하다(김호정, 2013: 196). 모분산(σ^2)이 알려진 경우 표본평균($\overline{X}$)의 분산(variance) 및 표준편차[95](standard deviation)는 각각 다음과 같다.

$$V = \frac{\sigma_{\overline{X}}^2}{n}, s \ or \ sd = \frac{\sigma}{\sqrt{n}}$$

표본평균($\overline{X}$)에서 모평균(μ)을 빼고 이를 표준편차로 나누어 표준화시키면 평균이 0이고 표준편차가 1인 표준정규분포를 따른다.

즉, $Z = \frac{\overline{X} - \mu}{\sigma/\sqrt{n}} = \frac{\sqrt{n}(\overline{X} - \mu)}{\sigma} \sim N(0,1)$ (식 5-1)

그러나 모분산이 알려진 경우는 실제로 거의 없으므로 표본분산(S^2)으로 모분산(σ^2)을 대체하면 t는 자유도(degree of freedom)가 (n-1)인 t-분포를 따른다.

즉, $t = \frac{\overline{X} - \mu}{s/\sqrt{n}} = \frac{\sqrt{n}(\overline{X} - u)}{s} \sim t_{n-1}$ (식 5-2)

---

95) 평균의 표준오차(standard error)라고도 부른다.

예제1

작년 행정통계론 시험의 평균점수는 75점이었다. 올해는 무작위로 10명을 추출하여 조사하니 시험점수는 60, 65, 70, 75, 80, 85, 90, 95, 96, 98으로 나타났다(참고: 평균 81.4, 표준편차 13.6). 올해의 평균점수 81.4는 작년의 평균 75점과 비교하여 통계적으로 차이가 있는지 가설검정 해보기로 하자. 즉 귀무가설(H_0)은 작년의 점수와 올해의 점수는 차이가 없다.

$$T = \{(81.4 - 75)\} / \{13.6 / \sqrt{10}\} = 1.49$$

자유도 10-1=9에서 T의 임계값(critical value)은 2.262 (예를 들어, $\alpha = 0.05$)이다. 계산된 T값 1.49는 임계값 2.262에 비교해 작다. 즉, 귀무가설의 채택영역에 속한다. 따라서 올해의 평균점수 81.4와 작년의 평균점수 75점과의 차이 6.4점은 통계적으로 그 차이가 유의하지 않다고 할 수 있다.

```
# <R을 이용한 예제1 풀이>
####################################################
x=c(60, 65, 70, 75, 80, 85, 90, 95, 96, 98)
mean(x)   #[1] 81.4
sd(x)     #[1] 13.58267
## 그렇다면 올해의 평균점수 81.4점은 지난해 점수(75점)에 비해 통계적으로 차이가 있는지?
mean(x)-75   #[1] 6.4
# t 공식을 이용하여
sqrt(length(x))*(mean(x)-75)/sd(x)   #[1] 1.490029
# t값은 1.49 자유도가(10-1) 9인 t-분포를 따른다.
# 따라서 귀무가설을 기각할수 없다.
# 즉 이점수의 차이(6.4점)는 통계적으로 유의하지 않다.
```

```
# 일반적으로(rule of thumb) t의 절대값이 2보다 클 때 귀무가설을 기각
# 이를 p-value를 이용하여 정확하게 살펴보면
2*(1-pt(1.490029,df=9))   #[1] 0.1704032
## 0.1704032 > 0.05 따라서 귀무가설을 기각할 수 없음

############ 정규성 검정   ###########
shapiro.test(x)
## Shapiro-Wilk normality test
## data: x
## W = 0.9349, p-value = 0.4982 > 0.05
## p-value = 0.4982는 예를 들어 0.05보다 크므로 데이터가 정규분포를
## 따른다는 귀무가설을 기각하지 못한다.
## 따라서 t-test를 실시한다.

t.test(x, mu=75)
t.test(x, mu=75, conf.level=0.95)
## One Sample t-test
## data: x
## t = 1.49, df = 9, p-value = 0.1704
## alternative hypothesis: true mean is not equal to 75
## 95 percent confidence interval:
## 71.68354 91.11646
## sample estimates:
## mean of x
##    81.4
## p-value = 0.1704 > 0.05 따라서 귀무가설을 기각할 수 없음
## 올해의 행정통계론 시험 평균점수(81.4점)는 작년점수(75점)와 비교해서
## 통계적으로 유의미한 차이가 있다고 할 수 없다.

t.test(x, mu=75, alter="greater") # 단측검정 또는 우측검정
##       One Sample t-test
## data: x
## t = 1.49, df = 9, p-value = 0.0852
## alternative hypothesis: true mean is greater than 75
## 95 percent confidence interval:
## 73.52638    Inf
## sample estimates:
```

```
## mean of x
## 81.4

t.test(x, mu=75, alter="less") ## 단측검정 또는 좌측검정
##      One Sample t-test
## data: x
## t = 1.49, df = 9, p-value = 0.9148
## alternative hypothesis: true mean is less than 75
## 95 percent confidence interval:
##   -Inf 89.27362
## sample estimates:
## mean of x
## 81.4
## 단측검정의 경우에도 우측검정 및 좌측검정 모두 귀무가설을 기각하지 못함
```

4. 독립표본 T-검정

독립표본 T-검증은 남자와 여자, 정책에 대한 찬·반 등 독립적 대상에 대한 모집단의 평균차이가 있는지, 아닌지를 확인하는 통계분석 방법이다. 해당 가설은 다음과 같다. 귀무가설의 경우 "~와 같다" 또는 "~차이가 없을 것이다" 형태이고, 대립가설의 경우 이와 반대인 "~와 같지 않다" 또는 "~와 차이가 있다"로 하면 된다.

남·녀 간 소득에 대한 차이를 검증하기 위한 가설은 다음과 같다.

귀무가설(H_0) : 모집단은 성별에 따라 소득격차는 없을 것이다.

대립가설(H_1) : 모집단은 성별에 따라 소득격차가 있을 것이다.

두 모집단의(분산이 다른 경우: $\sigma_1^2 \neq \sigma_2^2$) 차이에 대한 독립표본 T-검증에서 검증통계량은 다음과 같다.

$$T = \frac{(\overline{X_1} - \overline{X_2}) - \mu_{\overline{X_1} - \overline{X_2}}}{\sqrt{\frac{S_1^2}{n_1} + \frac{S_2^2}{n_2}}} \qquad (식\ 5\text{-}3)$$

두 모집단의(분산이 같은 경우: $\sigma_1^2 = \sigma_2^2$) 차이에 대한 독립표본 T-검증에서 검증통계량은[96] 다음과 같다.

$$T = \frac{(\overline{X_1} - \overline{X_2}) - \mu_{\overline{X_1} - \overline{X_2}}}{\sqrt{\frac{(n_1-1)S_1^2 + (n_2-1)S_2^2}{n_1 + n_2 - 2}}} = \frac{(\overline{X_1} - \overline{X_2}) - (\mu_1 - \mu_2)}{S_p \sqrt{\frac{1}{n_1} + \frac{1}{n_2}}} \qquad (식\ 5\text{-}4)$$

여기서 $S_p^2 = \frac{(n_1-1)S_1^2 + (n_2-1)S_2^2}{n_1 + n_2 - 2}$

검증결과의 해석은[97] 'p-값이<유의수준'일 경우 '예를 들어, 유의수준 10%, 5%, 1%하에서 귀무가설을 기각할 수 있다' 또는 'p-값이>유의수준' 일 경우 '유의수준 10%, 5%, 1%하에서 귀무가설을 기각할 수 없다.'로 해석하면 된다.

예제2

1,078가구를 대상으로(("C:/R_행통/Pearson.csv")) 아버지의 키(F_height)와 아들의 키(S_height)를 조사하였다. 아버지의 평균 키는 172cm 표준편차는 6.97cm, 아들의 평균 키는 174.5cm 표준편차는 7.15cm을 나타내고 있다. 이러한 차이는 통계적으로 유의한지 가설검정(예를 들어, $\alpha = 0.05$) 해보기로 하자.

---

96) 분산이 같은 경우 : $\sigma_1^2 = \sigma_2^2$, T식의 분자값을 S^p 로 표시하고 이를 pooled standard deviation라고 말한다. S_p^2 = pooled variance.

97) 일반적으로(rule of thumb) t의 절대값이 2보다 클 때 귀무가설을 기각한다고 한다.

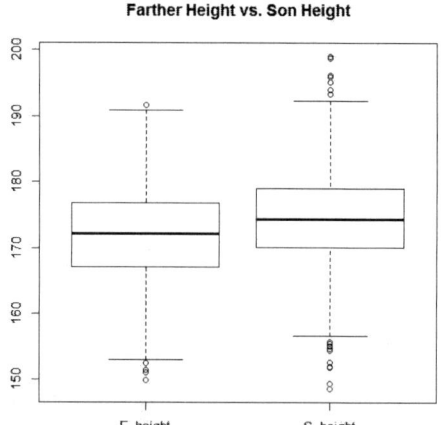

〈R을 이용한 예제2 풀이〉

```
########## 독립표본 T-검증 ############
setwd("C:/R_행통")
Pearson=read.csv("C:/R_행통/Pearson.csv")
######################################
# 파일 ===> 디렉토리변경 C:/R_행통/Pearson.csv
# Pearson=read.csv("Pearson.csv")
# description:
#                      cross-sectional data on individuals of England in 1896
#                      1078 observations
#                      by Pearson to investigate Galton's theory
# variables
#                F_height:      father's height
#                S_height:      son's height
#        cm로 전환되었음 1 inch ===> 2.54 cm
# source: Pearson, K. (1896)
View(Pearson)
str(Pearson)
names(Pearson)
class(Pearson)
attach(Pearson)
boxplot(Pearson, main='Farther Height vs. Son Height')
```

```
Sys.sleep(5)
boxplot(F_height, main='Farther Height', col="blue")
Sys.sleep(3)
boxplot(S_height, main='Son Height', col="red")
Sys.sleep(3)

mean(F_height)
mean(S_height)
sd(F_height)
sd(S_height)

# 등분산 검정(Variance Equality Test)
# ?var.test
var(F_height)    #[1] 48.60831
var(S_height)    #[1] 51.11309

var.test(F_height, S_height)
# data: F_height and S_height
# F = 0.951, num df = 1077, denom df = 1077, p-value = 0.4098
# 귀무가설을 기각할수 없음. 즉 동일분산으로 볼 수 있다.

t.test(F_height, S_height, var.equal=TRUE, data=Pearson)
# Two Sample t-test
# data: F_height and S_height
# t = -8.3259, df = 2154, p-value < 2.2e-16
# sample estimates:
# mean of x mean of y
#  171.9252  174.4575
# 귀무가설을 기각할 수 있다. 즉 아버지와 아들의 키의 차이가 통계적으로 유의미하다.
```

5. 대응표본 T-검정

대응표본 T-검정은 다이어트 전·후 간의 체중의 차이 또는 경제정책 집행 전·후의 평균 소득수준이 차이가 있는지 등과 같이 단일 모집단 내에서 상이한 두 가지 상황에 따른 평균의 차이를 검정하는 통계분석 방법이다. 대응표본 T-검정의 가설의 경우 독립표본 T-검정과 같이 귀무가설은 '~전·후의 평균이 차이가 없다' 또는 '같다'로 설정하고, 대립가설은 '~전·후 간 평균이 다르다' 또는 '같지 않다'로 설정하면 된다. 다이어트 효과에 대한 대응표본 T-검정의 가설은 다음과 같다.

> 귀무가설 : 다이어트 프로그램 참여 전과 후의 체중은 같을 것이다.
> 대립가설 : 다이어트 프로그램 참여 전과 후의 체중은 같지 않을 것이다.

> $H_0 : \mu_\text{전} = \mu_\text{후}$ $H_0 : \mu_\text{전} - \mu_\text{후} = 0$
> $H_1 : \mu_\text{전} \neq \mu_\text{후}$ $H_1 : \mu_\text{전} - \mu_\text{후} \neq 0$

대응표본들 간에 차이($X_{1i} - X_{2i}$)인 d_i가 정규분포일 때 귀무가설 $H_0 : \mu_\text{전} - \mu_\text{후} = 0$에 대한 검정통계량은 (식 5-5)와 같다.

$$T = \frac{\bar{d} - \mu_d}{S_d / \sqrt{n}} \qquad \text{(식 5-5)}$$

단, $\bar{d} = \frac{1}{n}\sum_{i=1}^{n} d_i$, $s_d^2 = \frac{1}{n-1}\sum_{i=1}^{n}(d_i - \bar{d})^2$

($\bar{d}$는 d_i의 평균, S_d^2는 d_i의 분산)

각각의 표본으로(예를 들어, $X_1 - X_2 = d_1$)부터 구한 $d_1, d_2, \cdots, d_n$의 표본평균과 표본분산은 다음과 같이 나타낼 수 있다.

$$\bar{d} = \frac{1}{n}\sum_{i=1}^{n} d_i \qquad s_d^2 = \frac{1}{n-1}\sum_{i=1}^{n}(d_i - \bar{d})^2$$

검증결과의 해석은 'p-값이〈유의수준'일 경우 '예를 들어, 유의수준 10%,

5%, 1%하에서 귀무가설을 기각할 수 있다' 또는 'p-값이〉유의수준' 일 경우 '유의수준 10%, 5%, 1%하에서 귀무가설을 기각할 수 없다.'와 같이 독립표본 T-검증과 동일한 결론을 내리면 된다.

> **예제3**
>
> 다음은 선별된 31개의 도시 재정자립도(1998년, 2001년) 대응 표본[98] 자료이다. 두 개년도의 재정자립도의 차이가 있는지 검정하기로 하자.
>
> ```
> ### 다음의 자료를 이용하여 대응표본 T-검정을 실시해보기로 하자
> ###
> ################################################
>         도시명          재정도98         재정도01
>         서울시          98.0            95.3
>         부산시          85.3            64.3
>         대구시          81.3            78.6
>         인천시          83.4            82.2
>         광주시          68.0            65.8
>         대전시          76.2            76.1
>         울산시          88.2            123.6
>         수원시          87.7            89.0
>         광명시          62.0            68.8
>         시흥시          67.6            79.0
>         과천시          94.5            95.2
>         의정부시        73.6            65.8
>         남양주시        50.8            62.4
>         구리시          73.7            61.3
>         춘천시          41.9            39.0
>         강릉시          47.1            39.9
>         충주시          35.4            54.8
>         공주시          26.7            44.8
> ```

---

98) 김호정(2005: 240)

논산시	33.0	26.6
군산시	40.9	34.9
목포시	42.0	39.3
여수시	44.8	37.6
포항시	65.4	60.8
경주시	38.4	39.3
안동시	25.0	22.9
창원시	87.9	69.2
마산시	83.3	66.7
김해시	53.1	46.3
밀양시	21.2	22.6
양산시	67.1	75.5
제주시	54.4	52.7

###

〈R을 이용한 예제3 풀이〉

```
######### 대응표본 T-검증 ############
setwd("C:/R_행통")         # / 방향에 주의
d = read.csv("C:/R_행통/paired_t.csv")
View(d)
str(d)                     # 'data.frame':  31 obs. of  3 variables:
class(d)
summary(d)

with(d,shapiro.test(재정도98-재정도01))
## Shapiro-Wilk normality test
## data:  재정도98 - 재정도01
## W = 0.9176, p-value = 0.02036
## 정규분포를 따른다고 볼 수 없다
with(d, var.test(재정도98, 재정도01))
#  F test to compare two variances
# data:  재정도98 and 재정도01
# F = 0.9149, num df = 30, denom df = 30, p-value = 0.8093
# 귀무가설을 기각할수 없음. 즉 동일분산으로 볼 수 있다.
```

```
with(d, t.test(재정도98-재정도01, var.equal=TRUE))
## One Sample t-test
## data:  재정도98 - 재정도01
## t = 0.277, df = 30, p-value = 0.7837
## alternative hypothesis: true mean is not equal to 0
## 95 percent confidence interval:
##  -3.617761  4.753245
## $H_0$ : 재정자립도(1998)=재정자립도(2001)
## 귀무가설을 기각할 수 없다.
## 즉 재정자립도(1998년)과 재정자립도(2001년)의 차이는 통계적으로 유의미하지 않다.
```

제 **06** 장

분산분석
(ANOVA :
analysis of variance)

제06장

분산분석
(ANOVA : analysis of variance)

앞의 T-검정에서는 단일집단(단일표본 T-검정) 및 두 집단 간(독립표본 T-검정, 대응표본 T-검정)의 평균차이 검정에 주로 많이 이용되었지만, 이번 장에서 다루게 될 F-검정(또는 분산분석)은 세 집단 이상들의 평균차이 검정에 주로 활용된다. 예를 들어 소득수준(저소득층·중산층·고소득층) 별로 금융대출액의 차이가 있는지, 광역자치단체별로 주민의 평균 연령의 차이가 있는지 등에 대한 가설검정을 위해 사용된다.

세 집단 이상들에서도 T-검정을 사용할 수는 있다.[99] 그러나 집단의 수가 늘어남에 따라 T-검정의 횟수가 증가되어 검정이 복잡해진다. 아울러, T-검정의 경우 두 집단씩 개별적인 평균의 차이를 알 수 있더라도 독립변수들이 종속변수에 미치는 전반적인 영향을 파악할 수는 없다. 그러므로 집단 간의 차이를 종합적으로 살펴보기 위해서는 전체 집단 간의 차이와 전체 집단내의 차이를 동시에 비교 분석할 필요가 있다. 이러한 상황에 필요한 통계적 분석방법 중에 하나가 분산분석(ANOVA : analysis of variance)이다.

---

[99] 예를 들어, A,B,C 세 그룹간의 평균 차이에 대해 T-검정을 실시한다면, $A \neq B$, $B \neq C$, $C \neq A$과 같은 가설 검정이 필요할 것이다. 더군다나 $A \neq B \neq C$의 가설 검정은 불가능함은 물론 이거니와 집단수가 늘어날수록 T-검정에 의한 가설검정 횟수도 기하급수적으로 늘어나게 될 것이다.

분산분석은 1919년 피셔(Fisher)에 의해 고안되어 오늘날까지 널리 사용되고 있다. 분산분석을 한마디로 말하자면 독립변수들의 차이가 종속변수의 평균에 통계적으로 유의미하게 영향을 미치는지에 대한 분석방법으로 독립변수가 하나인 경우 일원분산분석, 두 개 이상의 경우 다원분산분석이라고 한다. 본 장에서는 일원분산분석의 경우로 제한해서 설명하고자 한다.

제1절 분산분석의 개요

1. 분산분석의 활용과 가설의 설정

T-검정의 경우 두 집단 간의 평균차이를 검정할 수 있지만, 세 집단 이상에 대한 분석에 대하여는 어려움이 발생하게 된다. 분산분석은 이러한 T-검정의 단점을 보완하는 분석 방법으로 세 집단 이상의 집단의 평균차이에 대한 검정이 가능한 통계적 방법이다. 예를 들어 교육수준(고졸, 대졸, 대학원이상)에 따라 소득수준에 차이가 있는지, 아니면 소득(상, 중, 하)에 따라 출생률이 다른지 등을 분석할 수 있다. 분산분석은 F-분포를 이용해 가설을 검정하는데, 분산분석을 다른 말로 F-검정이라고 하는 이유가 여기에 있다.

분산분석에 앞서 우선 가설을 설정해야 하는데 앞서 분산분석은 세 집단 이상에 대한 평균의 차이를 분석하는 기법이라고 하였다. 따라서 귀무가설은 "모든 집단의 평균은 동일하다."가 된다. 대립가설은 이와는 상반된 "모든 집단의 평균이 모두 동일하지는 않다."이다. 즉, 대립가설은 "적어도 1개 이상의 집단 간에 평균값이 차이가 난다."는 의미이다.

귀무가설 : 모든 집단의 평균은 동일하다.

대립가설 : 모든 집단의 평균이 모두 동일하지는 않다
(적어도 1개 이상의 집단 간에 평균값이 차이가 난다)

$H_0 : \mu_1 = \mu_2 = \mu_3$

$H_1 : \mu_1, \mu_2, \mu_3$ 모두가 동일하지는 않다.

■ 2. 분산분석의 가정 ■

분산분석은 T-검정과는 달리 세 집단 이상의 집단 간의 평균차에 대한 분석이 가능해 활용도가 높지만 다음 몇 가지 측면이 충족되어야 한다.

첫째, T-검정과 같이 집단변수는 질적 자료로 구성되어 있어야 한다는 것이다. 한편 종속변수는 등간척도 이상의 양적자료이어야 한다. 즉, 교육수준에 따른 월 소득의 차이를 검정하기 위해서는 교육수준 자료는 중졸, 고졸, 대졸 등과 같이 질적 자료이며, 월 소득의 경우 '만원', '원' 등과 같이 양적인 자료야 한다는 것이다. 반면, 월 소득수준을 측정한 변수라도 "100만원 이하"를 "1"로, "100초과 ~ 200만원 이하"를 "2", "200초과 ~ 300만원 이하"를 "3" ····
으로 코딩한 자료는 질적자료(서열척도)임으로 분산분석의 종속변수로 사용할 경우 가정에 위배 된다.[100] 둘째, 각 집단에 추출된 모집단의 분포는 정규분포여야

---

100) 매우만족, 만족, 보통, 불만, 매우불만과 같은 리커트(Likert-type) 척도의 경우 엄밀하게 순서(서열척도)로 분산분석이 불가능하다. 하지만 일부 사회과학연구에서 이를 양적자료로 간주하여 분산분석을 하는 경우가 있다.

한다. 셋째, 각 집단의 모집단은 독립적이어야 하며 분산은 동일(homogeneity)해야 한다는 가정이 충족되어야 한다. 따라서 연구 가설의 검정에 앞서 이러한 가정들이 충족되는 지를 먼저 확인해야 한다.[101]

■ 3. 분산분석의 원리 ■

세 집단 이상의 집단의 평균차이를 검정하는 분산분석은 용어에서도 알 수 있듯이 각 집단의 분산을 이용한 분석 방법이다. 분산이란 평균에서부터 자료가 흩어진 정도(the degree of dispersion)를 의미하는 지표로 수리적으로 평균으로 떨어진 편차를 제곱한 값의 평균이다.[102] 분산분석은 이러한 분산을 이용하는데, 집단 내부의 흩어진 정도에 비해 집단 간에 흩어진 정도가 크다면 각 집단 사이에의 평균값이 차이가 있다는 것이다.

F-통계량은 "집단 간 평균 변량"/"집단 내 평균 변량"을 의미한다. 따라서 F-통계량의 값이 크다는 것은 집단 간 차이가 현저하게 크다고 이해할 수 있다. 즉, "집단 간 변량 > 집단 내 변량"이라면 집단 간 평균의 차이가 유의미함을 뜻하고, "집단 간 변량 < 집단 내 변량"이라면 집단 간 평균의 차이는 유의미하지 않음을 의미한다고 이해할 수 있다.

조금 더 구체적으로 살펴보면 집단내의 변량(variation within groups)은 각 집단의 평균을 중심으로 각 요소의 측정치가 얼마나 펴져 있는가를 의미한다. 이

---

[101] 사회과학의 분석에서는 위의 가정을 충족시키는 것이 현실적으로 어려운 상황이 많다. 따라서, 일반적으로 각 집단의 표본이 30개 이상이고, 각 집단의 표본의 개수가 유사하다면 이러한 가정을 어느 정도 충족한다고 인정하고 있다.

[102] $(X-\overline{X})^2$의 평균 즉, $E[(X-\overline{X})^2] = \sum \frac{(X-\overline{X})^2}{n}$ 이다.

러한 편차의 정도를 나타내기 위해 분산에서처럼 편차를 제곱하여 합하게 되는데 이것을 변량(variation)이라고 한다. 각 집단의 변량을 합한 값을 집단내의 변량이라고 하고, 다른 말로 집단내의 편차를 제곱해 더했다는 의미로 SSW(sum of squares within groups)라고 하고 (식 6-1)과 같이 정의 된다.

$$SSW = \sum_i \sum_j (X_{ij} - \overline{X}_i)^2 \qquad \text{(식 6-1)}$$

집단 간 변량(variation between groups)은 전체의 평균으로부터 각 집단의 평균값이 얼마나 퍼져 있는가를 의미한다. 역시 전체 평균에서 각 집단의 평균을 편차를 제곱하여 합하게 되는데, 이를 SSB(sum of squares between groups)라고 하고 (식 6-2)와 같다.

$$SSB = \sum_i \sum_j (\overline{X}_i - \overline{X})^2 \qquad \text{(식 6-2)}$$

그리고 자료전체의 변량을 총변량(total variation) 또는 TSS(total sum of squares)라고 하고 (식 6-3)과 같이 정의 된다.

$$TSS \text{ (총변량)} = SSW \text{ (집단 내 변량)} + SSE \text{ (집단 간 변량)} \qquad \text{(식 6-3)}$$

이후 각각의 자유도를 나누어서 집단내 평균 변량(MSW)과 집단 간 평균 변량(MSE)을 계산하는데 (식 6-4) 와 같다.

$$MSE = SSB/(\kappa-1)$$
$$MSW = SSW/(N-\kappa) \qquad (식\ 6-4)$$

(단 N : 전체 표본의 개수, κ : 집단 수)

가설검정을 위한 분산분석의 통계량은 (식 6-5)와 같이 정의되고, 이러한 검정통계량은 자유도가 $df_1 = \kappa-1$, $df_2 = N-\kappa$인 F-분포를 따르게 된다.

$$F_{(\kappa-1,\ N-\kappa)} = \frac{SSB/(\kappa-1)}{SSW/(N-\kappa)} = \frac{MSB}{MSW} \qquad (식\ 6-5)$$

(단 N : 전체 표본의 개수, κ : 집단 수)

제2절 일원 분산분석에 대한 가설검정 (one way ANOVA)

일원분산분석은 앞의 5장에서 살펴본 독립된 두 표본의 t-검정의 확장으로 세 그룹 이상의 평균이 모두 같은지를 검정하는 방법이다. 모든 그룹의 평균이 같다는 귀무가설이 기각되면 거기서 분석을 마치는 경우도 있지만, 그 차이가 구체적으로 어떤 그룹들에서 차이가 있는지 궁금한 경우가 많다. 이러한 경우에는 사후분석(추가분석)인 다중비교방법을 이용한다.[103]

---

103) 다중비교방법에는 자료의 특성과 검정력에 따라 다양한 방법이 소개되고 있지만 Dunnett, Tukey, Scheffe방법 등이 일반적으로 사용되고 있다. 여기에서는 Dunnett 및 Tukey 방식을 살펴보기로 한다.

예제1

서로 다른 정보네트워크를 사용함에 따라 부동산 중개 수입에 미치는 영향을 파악하기 위해 세 가지 포털사이트에서 각각 5개 업소를 추출하여 수입액을 조사하였더니 〈표 6-1〉과 같았다.

〈표 6-1〉 3개의 다른 정보네트워크를 사용함에 따른 수입액

부동산 포털사이트	j = 포털사이트 i 에서 추출된 표본					$\overline{X}_i$
i = 1	77	83	79	80	76	79 ($\overline{X}_1$)
2	85	84	88	91	82	86 ($\overline{X}_2$)
3	84	80	81	81	79	81 ($\overline{X}_3$)

평균 $\overline{X}_i$ 의 평균 ⇒ $\overline{X}$ = 82(만원)

- 변량의 유형 : 총변량, 집단내 변량, 집단간 변량
- 총변량(total variation) : 편차 제곱의 합 ⇒ SS_t
  - 하나 하나의 표본 관찰치 X_{ij} 가 전체 평균 $\overline{X}$ 와 떨어진 편차의 제곱을 합한 것
  - $SS_t = \sum_i \sum_j (X_{ij} - \overline{X})^2$
    $= (77-82)^2 + (83-82)^2 + \ldots + (81-82)^2 + (79-82)^2 = 224$
- 집단내 변량[104](within group variation) : 집단내 편차 제곱의 합(SS_w)
  ⇒ 설명되지 않는 변량(unexplained variation)
  - $SS_w = \sum_i \sum_j (X_{ij} - \overline{X}_i)^2$

---

104) 예를 들어, 동일 교과서를 사용해도 학생들 간에 고유하게 발생하는 성적 차이

- 집단간 변량[105](between group variation) : 집단간 편차 제곱의 합(SS_b)

  ⇒ 설명된 변량(explained variation)

  - $SS_b = \sum_i \sum_j (\overline{X}_i - \overline{X})^2 = n_j \sum_i (\overline{X}_i - \overline{X})^2$

※ 총변량(total variation) = 집단내 변량(within group variation) + 집단간 변량 (between group variation)

증명) $SS_t = \sum_i \sum_j (X_{ij} - \overline{X})^2 = \sum_i \sum_j [(X_{ij} - \overline{X}_i) + (\overline{X}_i - \overline{X})]^2$

$= \sum_i \sum_j (X_{ij} - \overline{X}_i)^2 + \sum_i \sum_j (\overline{X}_i - \overline{X})^2 + 2 \sum_i \sum_j (X_{ij} - \overline{X}_i)(\overline{X}_i - \overline{X})$

$= \sum_i \sum_j (X_{ij} - \overline{X}_i)^2 + \sum_i \sum_j (\overline{X}_i - \overline{X})^2$

= 집단내 변량(SS_w) + 집단간 변량(SS_b)

〈표 6-2〉 집단내 변량과 집단간 변량

1) 집단내 편차 제곱의 합 $SS_w = \sum_i \sum_j (X_{ij} - \overline{X}_i)^2$

	포털사이트 1	포털사이트 2	포털사이트 3
$X_{ij} - \overline{X}_1$	$(X_{ij} - \overline{X}_1)^2$	$(X_{2j} - \overline{X}_2)^2$	$(X_{3j} - \overline{X}_3)^2$
77 − 79 = −2	4	1	9
83 − 79 = 4	16	4	1
79 − 79 = 0	0	4	0
80 − 79 = 1	1	25	0
76 − 79 = −3	9	16	4
합계	30	50	14

$SS_w = 30 + 50 + 14 = 94$

2) 집단간 편차 제곱의 합 $SS_b = \sum_i \sum_j (\overline{X}_i - \overline{X})^2 = n_j \sum_i (\overline{X}_i - \overline{X})^2$

$SS_b = 5(79-82)^2 + 5(86-82)^2 + 5(81-82)^2$ = 130

※ $SS_t = SS_w + SS_b = 94 + 130 = 224$

---

105) 예를 들어, 다른 교과서를 사용해서 나타나는 학생들간의 성적 차이

● 자유도

• 평균의 차이를 검정하려는 집단의 수가 m개이고, 각 집단내 관찰되는 표본의 수가 각각 n개씩인 경우

  – SS_t의 자유도 : (m×n-1) = 3×5-1 = 14 (15개중 $\overline{X}$ 1개 제외)

  – SS_w의 자유도 : m(n-1) = 3(5-1) = 12 (3개집단에서 (각 집단의 $\overline{X_i}$ 1개 제외))

  – SS_b의 자유도 : (m-1) = (3-1) = 2 (3개 집단에서 $\overline{X}$ 1개 제외)

● 편차 제곱의 평균

• 분산분석에서는 세 가지 변동량을 다시 각각의 자유도로 나눈 분산을 구하고 이들 분산을 비교하여 처리효과를 검정한다.

• 왜냐하면 편차 제곱 합인 SS_t, SS_w, SS_b는 해당 변동요인에 따른 전체 변동량을 나타내지만, 각각은 그 변동에 기여하는 변수의 개수(자유도)에 차이가 있다.

• 따라서 편차 제곱의 합을 바로 비교하기 보다는 이들을 각각의 자유도로 나눈 분산(MS, Mean Squares)을 비교하는 것이 합리적이기 때문이다.

  ※ 보통 사용하는 표본의 분산(S^2)은 편차 제곱의 평균을 의미

  ⇒ 앞의 예제1에서 집단내 편차 제곱(SS_w)의 평균 $MS_1 = 94/12 = 7.83$

    집단간 편차 제곱(SS_b)의 평균 $MS_2 = 130/2 = 65$

● 검정통계의 작성 : F 검정

• MS_1과 MS_2

  – MS_1 : 집단내 편차제곱의 평균

　　　　　　　귀무가설이 사실이든 아니든 관계없이 표본자료에 나타나는 고유 변이
　－MS_2 : 집단간 편차제곱의 평균
　　　　　　　귀무가설이 眞이면 MS_2는 MS_1에서 추정된 것과 동일한 고유 변이
　　　　　　　대립가설이 眞이면 MS_2는 MS_1의 고유변이 + 집단간 차이 변이
　　　　　　⇒ 이 경우 MS_2는 MS_1보다 크다.
　－예제1에서 $F = \dfrac{MS_2}{MS_1} = \dfrac{65}{7.83} = 8.30$

〈표 6-3〉 분산분석표(ANOVA table) 작성

변동요인	변량(편차제곱의 합)	자유도 (d.f.)	분산 (MS)	F 비율
집단간 변량 집단내 변량	SS_b SS_w	(m−1) m(n−1)	$MS_2 = SS_b$ / (m−1) $MS_1 = SS_w$ / m(n−1)	$\dfrac{MS_2}{MS_1}$
총변량	SS_t	(mn−1)		

〈표 6-4〉 예제1의 분산분석표(ANOVA table)

변동요인	변량 (편차제곱의 합)	자유도 (d.f.)	분산 (MS)	F 비율	prob-value
집단간 변량 집단내 변량	130 (MS_2) 94 (MS_1)	2 12	65 7.83	65/7.83=8.3	자유도 (12, 2) 에서 F=8.3의 p값은 0.005
총변량	224	14			

　⇒ p-value 0.005461 〈 유의수준 α=0.05 이므로 귀무가설이 기각한다. 즉, 적어도 한 개의 그룹은 서로 같지 않다는 결론을 내릴 수 있다.[106]

---

106) 그러나 그 차이가 포털회사 1과 2에서 기인하였는지 2와 3에서, 3과 1에서 또는 1,2,3 모든 회사에 차이가 나는지를 알아볼 수가 없었다. 이러한 경우에는 다중비교를 실행하여야 한다.

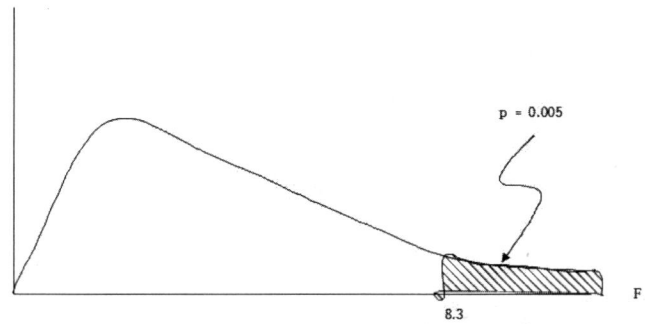

〈그림 6-1〉 F-분포도의 기각영역

〈R을 이용한 예제2 풀이〉

options(width = 70, prompt = "R〉 ", digits=7, continue = "+")
setwd("C:/R_행통")   # working directory 지정, / 방향에 주의
d = read.csv("C:/R_행통/potal.csv")   # 자료 읽기
View(d)
str(d)   # 구조(structure) 파악
summary(d)   # 자료요약
기술통계
with(d, tapply(revenue, potal, mean)) # 〈표 6-1〉의 열행렬의 평균
with()는 attach()와 사용 용도가 비슷한 명령어들이다.
그러나 attach() 명령어는 주의를 요구한다.
예를 들어, attach() 명령어의 경우 첫 번째 data를 d로 명명하고 그 안에 변수 x1있다고 하자.
두 번째 data의 경우에도 부주의하게 d로 명명하고 그 안에 변수 x1가 있을 경우
R은 x1이 첫 번째 data의 것인지, 두 번째 data의 x1인지 구분할 수 없다.
따라서 attach() 명령어를 사용할 경우 그 data의 사용이 끝나면 detach()의 명령어를
실행해 주어야 한다. 이와 같은 이유로 말미암아 어떤 학자들은 attach() 명령어 대신에
with() 명령어를 권유하기도 한다.
with(d, tapply(revenue, potal,sd))   # 〈표 6-1〉의 열행렬의 표준편차
boxplot
boxplot(revenue ~ potal, col="red", data=d)
# 〈그림 6-2〉 세 포탈회사의 상자 도표(Box Plot)
Sys.sleep(5)   # 5초 동안 화면정지

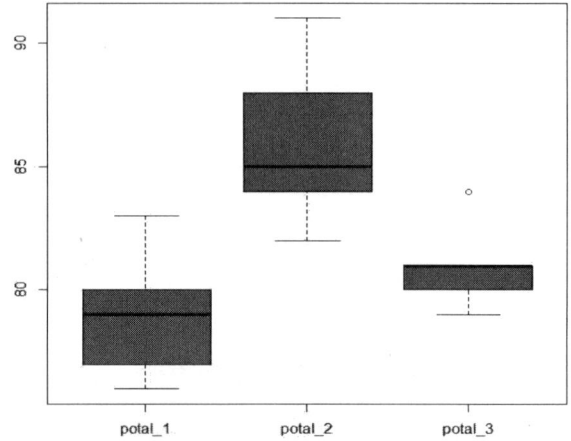

〈그림 6-2〉 세 포탈회사의 상자 도표(Box Plot)

```
## 모형적합
out = lm(revenue ~ potal, data=d); out
## 〈표 6-4〉 예제1의 분산분석표(ANOVA table)
anova(out)
# Analysis of Variance Table
# Response: revenue
#                Df    Sum Sq    Mean Sq    F value    Pr(>F)
# potal          2     130       65.000     8.2979     0.005461 **
# Residuals     12     94        7.833
# Signif. codes:  0 '***' 0.001 '**' 0.01 '*' 0.05 '.' 0.1
# 따라서 세 포탈 사이트의 수입이 차이가 없다는 귀무가설을 기각함
# 즉 적어도 한 그룹이상은 차이가 있다.
```

■ 다중비교(Mulitple Comparisons)

앞의 예제1에서 세 포탈회사의 수입에 차이가 있음을 확인하였다. 그러나 그 차이가 포탈회사 1과 2에서 기인하였는지 2와 3에서, 3과 1에서 또는 1,2,3 모든 회사에 차이가 나는지를 알아볼 수가 없었다. 이러한 경우에는 다중비교를 실행하여야 한다. 분산분석에서 가장 많이 쓰이는 다중비교 방법은 Dunnett 와 Tukey 방식이 있다. Tukey 방식은 가능한 모든 조합의 쌍을 조사하고, Dunnett는 하나의 대조그룹(reference)과 나머지 비교그룹(treatment)들과 비교할 때 사용한다(안재형. 2011: 128-129).

예제2

앞의 예제1에서 세 포털사이트 수입액의 예를, R프로그램을 이용하여, 다시 한번 조사해 보기로 하자. 먼저 첫 번째 포털회사를 대조그룹으로 하여 Dunnett 방식으로 살펴보면 포털회사1과 포털회사2가 통계적으로 유의미하게 차이가 남을 알 수 있다. 그러나 Tukey 방식을 이용하면 포털회사1과 포털회사2는 물론 포털회사2와 포털회사3도 유의수준 5% 범위 안에서 통계적으로 유의미한 차이가 있음을[107] 알 수 있다.

```
# 〈R을 이용한 예제2 풀이〉

## 다중비교를 위해서는 "multcomp" 패키지가 필요함
install.packages("multcomp")              # 패키지("multcomp")를 설치함
# 또는 R Console에서 ===〉 패키지들 ===〉 패키지(들) 설치하기 ===〉 "multcomp"을 선택
library(multcomp)                         # 패키지("multcomp")를 불러들임
```

---

[107] 분산분석은 모든 그룹의 평균이 같은지를 유의수준 5%로 한 번에 검정한다. 그러나 여러 쌍의 평균이 같은지 다시 검정하면 비교하는 쌍이 하나 이상으로 검정수가 늘어나 실제로 유의하지 않은데 우연히 유의하게 나올 가능성이 높아지므로 유의수준을 더 낮추거나(예를 들어 1%), 같은 유의수준 5%로 비교하려면 p-value를 높게 조정해야 한다. 비교하고 싶은 쌍이 많을수록 조정된 p-value는 더 커진다. 모든 쌍을 비교하는 Tukey 방식의 p-value가 Dunnett의 p-value보다 높게 조정되어 있다는 것을 알 수 있다. 따라서 꼭 관심 있는 쌍만 미리 정해 놓고 비교하여야 유의한 결과를 얻을 가능성이 높다(안재형. 2011: 129).

```
# out = lm(revenue ~ potal, data=d)
# Dunnet 다중비교(2) ===> glht(분산분석결과, linfct=mcp(그룹변수="Dunnet"))
Dunnet = glht(out, linfct=mcp(potal="Dunnet"))
summary(Dunnet)
# Simultaneous Tests for General Linear Hypotheses
# Multiple Comparisons of Means: Dunnett Contrasts
# Fit: lm(formula = revenue ~ potal, data = d)
# Linear Hypotheses:
#                          Estimate Std.   Error    t value   Pr(>|t|)
# potal_2 - potal_1 == 0    7.00           1.77     3.955     0.00359 **
# potal_3 - potal_1 == 0    2.00           1.77     1.130     0.44453
# ---
# Signif. codes:  0 '***' 0.001 '**' 0.01 '*' 0.05 '.' 0.1 ' ' 1
# (Adjusted p values reported -- single-step method)
# 따라서 Potal_1 vs. potal_2 통계적으로 유의미하게 차이가 있음
plot(Dunnet)                              # plot 그림은 생략함
#########################################################
# Tukey 다중비교(3) ===> glht(분산분석결과, linfct=mcp(그룹변수="Tukey"))
Tukey = glht(out, linfct=mcp(potal="Tukey"))
summary(Tukey)
# Simultaneous Tests for General Linear Hypotheses
# Multiple Comparisons of Means: Tukey Contrasts
# Fit: lm(formula = revenue ~ potal, data = d)
# Linear Hypotheses:
#                          Estimate Std.   Error    t value   Pr(>|t|)
# potal_2 - potal_1 == 0    7.00           1.77     3.955     0.00491 **
# potal_3 - potal_1 == 0    2.00           1.77     1.130     0.51485
# potal_3 - potal_2 == 0   -5.00           1.77    -2.825     0.03765 *
# Signif. codes:  0 '***' 0.001 '**' 0.01 '*' 0.05 '.' 0.1 ' ' 1
# (Adjusted p values reported -- single-step method)
# 따라서 Potal_1 vs. potal_2 및 Potal_2 vs. potal_3 통계적으로 유의미하게 차이가 있음
plot(Tukey)                    # plot 그림은 생략함
```

예제3

어떤 세 회사에서 생산되는 타이어 수명(단위: 천 km)에 차이가 있는지 분석하고자 한다. 각 회사별로 다섯 개의 타이어를 임의로 추출하여 수명을 기록하였다. 아래 표를 사용하여 세 종류의 타이어 수명에 차이가 있는지 유의수준 0.05에서 살펴보기로 하자.

〈표 6-5〉 각기 다른 3개의 회사에서 추출한 타이어의 수명

	회사 1	회사 2	회사 3
	18.2	19.8	21.2
	19.4	21.0	21.8
	19.6	20.8	22.4
	19.0	20.0	22.0
	18.8	20.4	21.6
$\overline{X}$	19.0	20.4	21.8
S^2	18.3	19.5	22.1

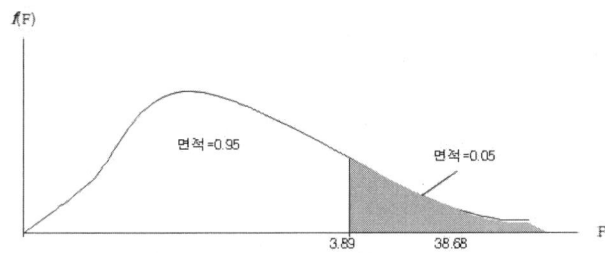

〈그림 6-3〉 F-분포도의 기각영역

〈표 6-6〉 예제3의 분산분석표(ANOVA table)

변동요인	제곱합	자유도	평균제곱합	F 비율	P-Value
집단간	19.60	2	9.80	F=38.684	5.861E-06
집단내	3.04	12	0.25		
합 계	22.64	14			

- $F_{2,12,0.05} = 3.89$ (임계값)이므로 귀무가설 기각 ⇒ 타이어 수명에 차이가 있다.

```
# 〈R을 이용한 예제3 풀이〉
##################################################
수명=c(18.2, 19.4, 19.6, 19.0, 18.8, 19.8, 21.0, 20.8, 20.0,
+ 20.4, 21.2, 21.8, 22.4, 22.0, 21.6)
# 여기서 + 표시는 데이터 또는 명령문이 긴 경우 다음 줄로 넘어 갈 때의 표시임
회사=c(1, 1, 1, 1, 2, 2, 2, 2, 2, 3, 3, 3, 3, 3)
tapply(수명, 회사, mean)          # 각 회사의 타이어 평균 수명
fac=factor(회사)                  # "회사" 변수는 1,2,3으로 숫자로 되어있다.
                                  # "회사" 변수를 요인변수로 변경작업이 필요하다.
## 모형적합
out1 = lm(수명~fac)
anova(out1)                       # 〈표 6-6〉 예제3의 분산분석표(ANOVA table)
# Analysis of Variance Table
# Response: 수명
#              Df   Sum Sq   Mean Sq   F value    Pr(>F)
# fac          2    19.60    9.8000    38.684     5.861e-06 ***
# Residuals   12    3.04     0.2533
# ---
# Signif. codes:  0 '***' 0.001 '**' 0.01 '*' 0.05 '.' 0.1 ' '
# 따라서 귀무가설을 기각함. 즉 적어도 한 그룹은 차이가 있다.
##################################################
```

그러나 그 차이가 회사 1과 2에서 기인하였는지 2와 3에서, 3과 1에서 또는 1,2,3 모든 회사에 차이가 나는지를 알 수 없다. 이번에는 가능한 모든 조합의 쌍을 조사할 수 있는 Tukey 방식만 살펴보기로 한다. R 프로그램을 이용한 결과는 다음과 같다.

```
# Simultaneous Tests for General Linear Hypotheses
# Multiple Comparisons of Means: Tukey Contrasts
# Fit: lm(formula = 수명 ~ fac)
# Linear Hypotheses:
#              Estimate Std.  Error   t value   Pr(>|t|)
# 2 - 1 == 0   1.400           0.318   4.4       0.0025 **
# 3 - 1 == 0   2.800           0.318   8.8       <0.001 ***
# 3 - 2 == 0   1.400           0.318   4.4       0.0021 **
---
Signif. codes:  0 '***' 0.001 '**' 0.01 '*' 0.05 '.' 0.1 ' ' 1
(Adjusted p values reported -- single-step method)
```

따라서 회사 1, 2, 3 수입액이 모두 차이가 남을 알 수 있다.

```
###### boxplot ############################################
boxplot(수명~fac, col="blue")              # boxplot 그림은 생략함
Tukey1 = glht(out1, linfct=mcp(fac="Tukey"))
summary(Tukey1)
plot(Tukey1)                               # plot 그림은 생략함
##########################################################
```

제3절 이원 분산분석에 대한 가설검정 (two-way ANOVA)

이원분산분석은 그룹변수가 하나인 일원분산분석의 확장으로 두 개의 그룹변수를 가진다. 이 분석은 구 그룹변수들 효과뿐만 아니라 두 그룹변수들이 서로 어떠한 영향을 미치고 있는지, 즉 서로의 상호작용 또는 교호작용 효과 (interaction effect)를 살펴보는 분석방법 중의 하나이다.

■ 두 변수간 상호작용이 있는 경우

기본모형과 가설

$Y_{ijk} = \mu + a_i + \beta_j + (a\beta)_{ij} + \varepsilon_{ijk}$

여기서 μ : 전체 가료의 총평균

a_i : 요인 A의 i 번째 처리의 효과, i = 1, 2, ..., p

β_j : 요인 B의 j 번째 처리의 효과, j = 1, 2, ..., q

$(a\beta)_{ij}$: 요인 A의 i 번째 처리와 요인 B의 j번째 처리의 결합효과

ε_{ijk} : 오차 ~ $N(0, \sigma^2)$

$H_{OA}: a_1 = a_2 = ... = a_p = 0$ (요인 A의 주효과 검정을 위한 귀무가설)

$H_{OB}: \beta_1 = \beta_2 = ... = \beta_p = 0$ (요인 B의 주효과 검정을 위한 귀무가설)

$H_{0AB}: (a\beta)_1 = (a\beta)_{12} = ... = (a\beta)_{pq} = 0$

(요인 A와 B의 결합효과 검정을 위한 귀무가설)

예제4

어떤 병원에서 환자의 평균 입원기간(Y)이 약의 종류와 비타민 보충제의 종류와 관련이 있는지 조사하고자 한다. 세 가지 종류의 약 M1, M2, M3와 세 가지 종류의 비타민 V1, V2, V3가 사용되었다. 9개 조합 MiVj의 각각에 4명의 환자로 이루어진 확률표본이 주어졌다. 5% 유의수준을 사용하여 약의 효과, 비타민의 효과, 그리고 교호작용효과가 있는지를 알아보고자 한다. (p=3, q=3, r=4)

요인B(약) 요인A(비타민)	M1	M2	M3	
V1	10 6 8 4 $\overline{X}_{11.} = 7$	9 3 5 7 $\overline{X}_{12.} = 6$	12 10 12 10 $\overline{X}_{13.} = 11$	$\overline{X}_{1..} = 8$
V2	9 9 6 12 $\overline{X}_{21.} = 9$	8 6 14 12 $\overline{X}_{22.} = 10$	6 8 10 8 $\overline{X}_{23.} = 8$	$\overline{X}_{2..} = 7$
V3	6 4 4 6 $\overline{X}_{31.} = 5$	12 13 15 16 $\overline{X}_{32.} = 14$	8 12 11 13 $\overline{X}_{33.} = 11$	$\overline{X}_{3..} = 10$
	$\overline{X}_{.1.} = 7$	$\overline{X}_{.2.} = 10$	$\overline{X}_{.3.} = 10$	$\overline{X} = 9$

⇒ R에서 이원변량 ANOVA 결과

1) 약품의 효과는 같다⇒M의 p-value = 0.0077930 ⇒ 귀무가설 기각

2) 비타민의 효과는 같다⇒V의 p-value = 0.0665998 ⇒ 귀무가설 채택

3) 약품과 비타민 결합효과는 없다⇒M*V의 p-value=0.0001217 ⇒ 귀무가설 기각

```
# 〈R을 이용한 예제4 풀이〉
# 자료의 입력
Y=c(10,6,8,4,9,3,5,7,12,10,12,10,9,9,6,12,8,6,4,12,6,8,10,8,6,4,4,6,12,13,15,16,8,12,11,13)
V=c(1,1,1,1,1,1,1,1,1,1,1,1,2,2,2,2,2,2,2,2,2,2,2,2,3,3,3,3,3,3,3,3,3,3,3,3)
M=c(1,1,1,1,2,2,2,2,3,3,3,3,1,1,1,1,2,2,2,2,3,3,3,3,1,1,1,1,2,2,2,2,3,3,3,3)
FV=factor(V)                    # "비타민" 변수를 요인변수로 변경작업이 필요하다
```

```
FM=factor(M)                    # "약품" 변수를 요인변수로 변경작업이 필요하다
anova(lm(Y~FV+FM+FV*FM))
# Analysis of Variance Table
# Response: Y
#              Df    Sum Sq   Mean Sq   F value   Pr(>F)
# FV           2     29.556   14.778    3.0000    0.0665998 .
# FM           2     57.556   28.778    5.8421    0.0077930 **
# FV:FM        4     171.111  42.778    8.6842    0.0001217 ***
# Residuals 27 133.000  4.926
# ---
# Signif. codes:  0 '***' 0.001 '**' 0.01 '*' 0.05 '.' 0.1
# 따라서 약의(M)효과는 차이가 있고, 비타민(V)효과는 차이가 없다
# 그리고 약의(M)효과와 비타민(V)효과 교호작용이 있다.
# 교호작용(Interaction Effect)
boxplot(Y~V*M, col="purple")
Sys.sleep(5)
interaction.plot(V, M, Y, col=c("red","blue","green"))
Sys.sleep(5)
```

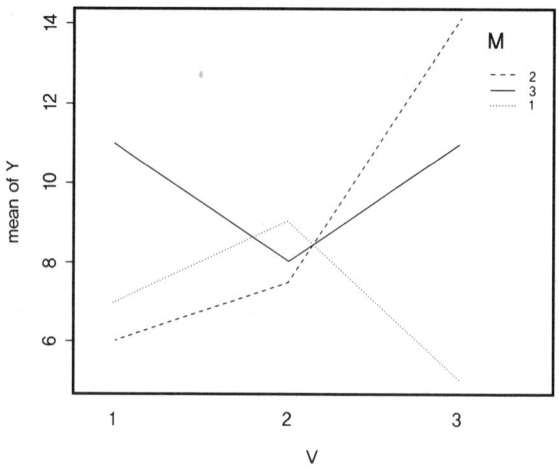

〈그림 6-4〉 약품과 비타민의 교호작용 그래프

제 07 장

비모수검정

제07장

비모수검정

제1절 비모수검정

모집단에 대한 가설검정 방법으로, Z-검정, T-검정, F-검정 등을 이용하였다. 이러한 가설검정 방법은 모집단이 정규분포, 등분산성 등을 이루고 있는 것을 가정하고 있다. 이렇듯 모집단이 정규분포, 두 집단의 등분산성 등 모집단에 대한 특별한 가정 하에 가설검정하는 방법을 모수적통계방법(parametric statistical method)이라고 한다. 한편 모수적통계방법은 키나 몸무게와 같이 수량화가 가능한 등간척도 이상의 양적 자료를 요구하게 된다.

사회과학 연구에서 많은 부분이 서열 또는 명목과 같은 질적자료로 구성되어 있을 뿐만 아니라 연구자가 일반적으로 사용하고 있는 리커트타입의 척도 역시 질적 서열척도에 불과하다. 손쉽게 자료를 구할 수 있다는 이유로 서열자료를 모수적 방법에 의해 가설을 검정하거나, 정책결정에 매우 중요한 자료로 인식되는 양적자료가 검정에 필요한 가정을 충족시키지 못할 경우에도 불구하고 무리하게 모수적 방법으로 가설을 검정한다면, 왜곡된 결과로 인해 정책실패 및 잘못된 의사결정을 내릴 가능성이 높아진다.

모수적 방법으로 가설검정이 곤란한 상황에서 모집단에 대한 가정을 완화하여 유도된 가설 검정방법을 사용하게 되는데, 이러한 통계적 기법들을 비모수적 통계방법(nonparametric statistical method)이라고 한다. 다시 말하자면, 비모수통계 검정(또는 무분포 검정: distribution-free tests)은 모수검정에 비해 덜 수학적이며, 실제로 엄격한 수학적 의미를 갖고 있지 않는 단순히 서열(순서)만을 자료로 가지고 분석할 수 있으며, 아주 작은 크기의 자료를 가지고도 검정을 실시할 수 있다는 장점이 있다. 이와 같이 모집단의 분포에 대한 특별한 전제조건이 필요치 않으므로, 특히 서열(순서)자료나 명목자료와 같은 질적 자료에 주로 이용된다. 이 방법을 계산과정이 간단하고, 어떤 경우에는 효율적인 추정결과를 제공한다.

비모수적 방법은 모수적 방법에 비해 검정력이 떨어진다는 단점이 있다. 따라서 비모수적 방법의 사용은 모수적 방법의 가정이 충족되지 않을 경우에 대안적 방법으로 활용되고 있다. 비모수검정 중에 하나인 χ^2-검정은 T-검정 또는 F-검정과 함께 가장 많이 이용되는 가설검정 방법 중 하나이다. T-검정 또는 F-검정은 모수통계학에 속하지만, χ^2-검정은 비모수통계학[108]의 영역이므로 모수통계학에서 요구하는 까다로운 요건을 충족시킬 수 없는 상황에서도 적용할 수 있는데, 이러한 장점으로 인하여 χ^2-검정은 가장 평범하고 광범위하게 이용될 수 있는 분석기법이라고 할 수 있다(김호정, 2005: 324).

---

108) 사회과학의 자료들은 명목척도나 순위척도에 의해 추정되는 경우가 많다. 이 경우 측정된 자료들을 수집하여 어떤 검정을 수행할 때 비모수 검정방법을 사용한다. 모집단의 분포가 알려져 있지 않거나, 정규분포가 아니고, 표준편차와 같은 주요한 모수를 추정해야 하는 경우, 구간척도나 비율척도에 의해 측정된 자료에 대한 가설검정에 활용되어지기도 하며, 이렇게 활용하는 비모수 검정방법 중 하나가 χ^2-분포를 활용한 검정이 대표적이라고 볼 수 있다.

제2절 카이제곱(χ^2) 검정

행정 및 사회현상과 관련된 자료의 경우 질적자료 형태인 경우가 많다. 정부가 추진하는 국책사업에 대한 주민의 찬·반 의견뿐만 아니라, 학력수준, 직급, 다양한 형태의 인식조사[109]의 결과는 명목 또는 서열자료 형태가 된다. 복수 집단 간 차이 검정에 있어 종속변수가 명목척도나 서열척도로 측정되었다면 χ^2-검정이 바람직하다.

그렇다고 χ^2-검정 방법이 전혀 가정이 없는 것은 아니다. χ^2-검정의 경우 기대도수가 '5'보다 적은 칸의 비율이 20%보다 적어야 하고, 모든 칸의 기대도수가 1이상 이어야 한다.[110] 또한 표본의 크기도 충분히 커야 한다. 표본의 크기가 충분히 커야만 검정통계량인 χ^2이 이루는 분포가 실제 χ^2-분포에 접근하기 때문이다(김호정 2011:288).

χ^2-검정은 표본조사를 통해 관찰된 빈도와 관찰 자료에 기초하여 예상되는 모집단의 기대빈도의 차이의 정도를 통해 가설을 검정하는 방법이다. 만일 관측빈도와 기대빈도 사이의 편차가 클 경우 χ^2-값이 증가해 귀무가설이 기각될 가능성이 커지게 되고, 반대로 관측빈도와 기대빈도 간에 차이가 적다면, 귀무가설이 기각될 가능성이 줄어든다. 따라서 χ^2통계량은 (식 7-1)과 같이 정의 된다.

---

[109] 대부분 인식조사의 경우 리커트 타입의 5점 척도로만 구성하는 경우가 서열척도이다. 만일 조사설계 과정에서 리커트 타입의 척도를 합계하여 평균값을 변수로 사용했다면 등간척도로 인정받고 있다.

[110] χ^2-분포는 연속확률분포이다. 이러한 연속확률 분포를 이산변수의 개념을 적용하여 검정통계량으로 활용하게 되는데, 이러한 검정통계량은 어디까지나 근사치에 의한 것이다. 따라서 이러한 근사치에 대한 가설 검정은 일반적으로 기대빈도가 최소 5이상 되어야지만 신뢰할 만한 결과를 얻을 수 있다.

한편, χ^2 통계량은 자유도가 $df = (r-1)(c-1)$인 χ^2-분포[111]를 따르게 된다.

$$\chi^2_{(r-1,c-1)} = \sum \frac{(f_o - f_e)^2}{f_e} \qquad (식\ 7-1)$$

(단, r : 행의수, c : 열의수, f_o : 관찰빈도, f_e : 기대빈도)

$$f_e = \frac{f_r \times f_c}{n} \qquad (식\ 7-2)$$

(단, f_r : 세로칸의 한계도수, f_c : 가로칸의 한계도수, n : 자료의 총 개수)

예를 들어 200명의 성인 남·여에 대하여 국책사업결과에 대하여 의견을 조사한 결과 〈표 7-1〉과 같다면, 이때 기대빈도와 χ^2-값, p-value를 구해보자.

〈표 7-1〉 성별 국책사업 결과에 대한 관측빈도

	잘했다	보통	잘못했다	합계
남자	80	20	20	120
여자	10	30	40	80
합계	90	50	60	200

먼저 '남자' 중 '잘했다'는 의견을 보인 응답자의 기대빈도(f_e)=(120× 90)/200=54 (f_r=120 f_c=90, n=200), '남자'중에서 '보통'라고 답한 응답자의 기대빈도(f_e)=(120×50)/200=30 (f_r=120, f_c=50, n=200), '남자' 중 '잘못했다'의 기대

---

[111] χ^2-분포는 정규분포를 따르는 확률변수 X의 표준점수의 제곱의 합인 $\sum (\frac{X_i - \mu_i}{\sigma_i})^2$으로 정의되는 확률변수가 이루는 분포를 말한다.

빈도(f_e)=(120×60)/200=36 (f_r=120, f_c=60, n=200)이다. 한편 여자의 경우 '잘했다' 응답자의 기대빈도(f_e)=(80×90)/200=36 (f_r=80, f_c=90, n=200), '보통'이라고 답한 여자의 기대빈도(f_e)=(80×50)/200=20 (f_r=80, f_c=50, n=200), '잘못했다'라고 응답한 여자의 기대빈도(f_e)=(80×60)/200=24 (f_r=80, f_c=60, n=200)이다. 이상의 기대값을 정리하면 〈표 7-2〉와 같다.

〈표 7-2〉 성별 국책사업 결과에 대한 기대빈도

	잘했다	보통	잘못했다
남자	54	30	36
여자	36	20	24

$$x^2 = \frac{(80-54)^2}{54} + \frac{(20-30)^2}{30} + \frac{(20-36)^2}{36} + \frac{(10-36)^2}{36} + \frac{(50-20)^2}{20} + \frac{(40-24)^2}{24} = 57.407$$

자유도는 $df=(r-1)(c-1)=(2-1)(3-1)=2$ 이다. 따라서 $x_2^2=57.407$ 일 때 p-vlaue=0.0000000000003421593 이다.

χ^2-검정의 활용은 분포의 적합성 여부를 검토하는 적합도 검정, 명목변수나 서열변수의 형태를 띤 종속변수가 독립변수의 집단들 간에 차이가 있는지 여부를 알기 위한 동질(동일)성 검정, 두 변수의 상호관련성(또는 독립성) 여부를 확인하기 위한 독립성 검정에 활용되고 있다.

1. 동질성 검정(homogeneity test)

동질성 검정은 어떤 변수의 상이한 하위 모집단들로부터 추출된 각 표본들이 모두 동일한 분포를 이루고 있는지를 검정하는 것으로서 이를 '동일성 검정', '비율에 관한 검정' 또는 '비율차이의 검정'이라고 부르기도 한다.[112] 따라서 동질성 검정의 귀무가설과 대립가설은 다음과 같다.

H_0 : 성별 정당지지도는 동일할 것이다.
H_1 : 성별 정당지지도는 동일하지 않을 것이다.

H_0 : 지역별 산업(1차, 2차, 3차 산업)의 비율은 동일하다.
H_1 : 지역별 산업(1차, 2차, 3차 산업)의 비율은 동일하지 않다.

예제1

유권자 1,690명을 무작위로 추출하여 3개의 정당(A, B, C)에 대한 연령별 (20대, 30대, 40대 이상) 정당선호도에 어떤 관계가 있는지에 대해 유의수준 0.05%로 검정해 보기로 하자.

---

112) 즉, 동질성 검정의 목적은 두 변수간의 관계를 규명하는 것이 아니라, 특정변수(종속변수)가 다른 변수(독립변수)의 둘 이상 집단 간에 차이가 있는지를 알고자 하는 것이다(김호정, 2005: 329).

⟨표 7-3⟩ 연령대별 선호정당 관측빈도

정당	20대	30대	40대 이상	합
A	230	190	90	510
B	310	250	160	720
C	185	195	80	460
합	725	635	330	1690

- H_0 : 연령별 정당선호도는 동일하다(같다) H_1 : 연령별 선호도는 다르다
- 자유도 : $(r-1)*(c-1) \Rightarrow (3-1)*(3-1) = 4$
- 유의수준 : 자유도 5, α=0.05에서 x^2값 = 9.49
- 검정통계량 $x^2 = \sum \frac{(f_0-f_e)^2}{f_e}$ f_0 : 관찰된 빈도 f_e : 기대빈도

⟨표 7-4⟩ 기대빈도의 계산

정당	20대	30대	40대 이상	합
A	218.79 (510*725/1690)	191.63 (510*635/1690)	99.59 (510*330/1690)	510
B	308.88 (720*725/1690)	270.53 (720*635/1690)	140.59 (720*330/1690)	720
C	197.34 (460*725/1690)	172.84 (460*635/1690)	89.92 (460*330/1690)	460
합	725	635	330	1690

- 의사결정

$$x^2 = \sum \frac{(f_0-f_e)^2}{f_e} = 10.44 > 9.49$$

⇒ 귀무가설 기각 (연령별 정당 선호도는 차이가 있다)

```
# <R을 이용한 예제1 풀이>

# 동질성 검정
obs=c(230,310,185,190,250,195,90,160,80) #not by Row but by Column
ct=matrix(obs,3,3); ct  ## contigency table
#       [,1]    [,2]    [,3]
[1,]    230     190     90
[2,]    310     250     160
[3,]    185     195     80
chisq.test(ct)

#       Pearson's Chi-squared test
# data: ct
# X-squared = 10.4394, df = 4, p-value = 0.03364
# 따라서 귀무가설(연령별 정당선호도는 차이가 없다)을 기각
```

2. 적합도 검정(goodness of fit test)

적합도 검정은 어떤 분포가 정규분포, 포아송분포, 유니폼 분포(uniform distribution), 또는 연구자가 사전에 가정하는 어떤 확률분포와 같은지 여부를 판단하기 위한 검정 방법이다. 만일 표본분포가 정규분포에 일치하는지의 여부를 검정하고자 한다면, 모집단은 정규분포 한다는 가설을 설정하고 모집단의 분포로부터 계산된 이론적 도수, 즉 기대도수(빈도)를 실제의 관찰도수(빈도)와 비교하여 x^2-검정결과 관측도수와 기대도수 간에 별다른 차이가 없다면 표본의 분포가 정규분포를 이룬다고 결론 내리게 된다. 따라서 x^2을 이용한 적합도 검정이란 결국 관측 빈도와 기대도수가 얼마나 밀접한지를 확인하는 검정방법인 것이다.

x^2을 이용한 적합도 검정은 정규분포에 대한 검정뿐만 아니라, "지역별 노인 인구의 비중은 동일한가?", "연령대별 특정 비율에 맞게 대표를 선출하였는지?"

등 다양한 가설 검정에 활용된다. 따라서 적합도 검정과 관련된 가설은 다음과 같다.

H_0 : 직업만족도는 정규분포를 이룰 것이다.
H_1 : 직업만족도는 정규분포가 아닐 것이다.

H_0 : 지역별 노인인구의 비중은 동일할 것이다.
H_1 : 지역별 노인인구의 비중은 동일하지 않을 것이다.

H_0 : 20대 30%, 30대 30%, 40대 50%, 50대 60%로 대표가 선출되었을 것이다.
H_1 : 귀무가설 중 적어도 하나는 사실이 아니다

- 적합도 검정의 의미
  - 주어진 자료가 정규분포, 포아송분포, 유니폼 분포(uniform distribution), 또는 연구자가 사전에 가정하는 어떤 확률분포와 같은지 여부를 판단하기 위한 검정
  - 귀무가설은 주어진 표본의 분포가 특정 분포로 가정 ⇒ χ^2 값이 높으면 기각
- 검정통계의 계산
  - χ^2 검정통계량 $\chi^2 = \sum \frac{(f_0 - f_e)^2}{f_e}$ f_0 : 관찰된 빈도 f_e : 기대빈도
  - 여기서 계산된 χ^2 값이 주어진 자유도와 유의수준에서의 χ^2 값보다 클 경우 관찰된 자료는 주어진 유의수준 하에서 가정된 확률분포를 따르지 않는 것.

※ 피어슨(Karl Pearson)의 검정통계량

경험적 연구에 따르면, 모든 범주의 기대도수 $_nP_i$가 5이상이면 피어슨의 검정통계량은 χ^2 분포에 근사한 것으로 밝혀짐.

$$\chi^2_{k-1} \approx \sum_1^k \frac{[n_i - E(n_i)]^2}{E(n_i)} = \sum_1^k \frac{(n_i - np_i)^2}{E(n_i)}$$

- 자유도의 결정

  - χ^2 분포에서 자유도 : 표본 크기가 아닌 비교하는 셀(cell)/도수계급 수에 따라 결정

    ※ 비교하는 셀/도수계급 수가 최소한 5개 이상이 되어야 함.

  - 유니폼 분포 : 모수 없음. 적합도 검정을 위해 사용하는 자유도는 [k(범주 수) – 1]

  - 이항분포 : 모수가 n(총시행회수)과 P 등 두 가지 ⇒ k-2 (n은 상수 → 총합에서 1 빼줄 필요 없음)

  - 정규분포 : 모수가 μ, σ, 총합 n에 대해 자유도가 추가 삭감 ⇒ k-3

  - 포아송분포 : 모수가 μ 1개 ⇒ k-2

예제2

300회 반복해서 주사위 던지기 시행했는데 1에서 6까지 눈금별 분포는 아래 표와 같았다. 유의수준 0.05에서 주사위 눈금이 고르게 나왔는지 검정해 보기로 하자.

※ 주어진 주사위의 눈금 분포가 유니폼 분포인지 여부 검정 하는 문제

<표 7-5> χ^2 계산과정

주사위눈금	f_0	f_e	$f_0 - f_e$	$(f_0 - f_e)^2$	$\frac{(f_0 - f_e)^2}{f_e}$
1	54	50	4	16	0.32
2	70	50	20	400	8
3	70	50	20	400	8
4	20	50	−30	900	18
5	50	50	0	0	0
6	36	50	−14	196	3.92
합계	300	300	0	1,912	38.24

- H_0 : 주사위 눈금은 고르다 H_1 : 주사위 눈금은 고르지 않다

- 유니폼 분포인지 검정하기 위해 χ^2 검정 시행

- 자유도 : 눈금 범주 6개 $\Rightarrow$ 6 − 1 = 5

- 유의수준 : 자유도 5, α=0.05에서 χ^2 값 = 11.1

- 검정통계량 $\chi^2 = \sum \frac{(f_0 - f_e)^2}{f_e}$ f_0 : 관찰된 빈도 f_e : 기대빈도

- 의사결정

$$\chi^2 = \sum \frac{(f_0 - f_e)^2}{f_e} = 38.24 > 11.1$$

$\chi^2_{0.001} = 20.5 \Rightarrow \text{prob} - \text{value} < 0.001$

※ $\chi^2_5 = 38.24$ 에서 prob − value = 3.37E − 07

$\Rightarrow$ 귀무가설 기각 (주사위의 눈금분포는 고르지 못하다)

<R을 이용한 예제2 풀이>

# 적합도 검정
obs_dice=c(54,70,70,20,50,36)
pr=c(1/6,1/6,1/6,1/6,1/6,1/6)

```
chisq.test(obs_dice,p=pr)
# Chi-squared test for given probabilities
# data:  obs_dice
# X-squared = 38.24, df = 5, p-value = 3.377e-07
# 귀무가설 기각 (주사위의 눈금분포는 고르지 못하다).
```

3. 독립성 검정(independence test)

독립성 검정은 동질성 검정과 같이 두 변수의 관계가 서로 독립적인지 아니면 상호 관련성이 있는지에 대해 χ^2-검정하는 것을 말한다. 서로 독립적이라는 것은 하나의 변수가 다른 하나의 변수에 영향을 미치지 않았을 때 이 두 변수를 상호독립적이라고 한다. 즉, 두 변수가 상호독립적인 조건[113]이 만족될 때 예상되는 기대빈도와 실제 관측빈도의 관계를 검정함으로써 두 변수간의 독립성을 검정하는 방법이다. 따라서 χ^2을 통한 독립성 검정의 의미는 명목척도나 순위척도에 의해 측정된 자료만 가지고 두 변수 사이에 서로 관계가 있는지 여부를 판단하는 것이다.

이러한 독립성 검정은 앞에서 살펴본 동질성검정과 검정방법이 동일하다. 특히 두 방법 모두 기대빈도의 계산과정이 동일해 방법론적인 차이는 없다. 따라서 두 분석을 이용함에 있어 연구자가 분석의 주안점을 두 변수간의 독립성 검정에 두느냐?, 아니면 동질성 검정에 두느냐? 에 대한 차이이다. χ^2-검정을 통한 독립성 검정과 관련된 가설의 형태는 다음과 같다.

---

[113] 앞서 우리는 확률이론에서 $P(A|B) = A$ 즉, $P(A \cap B) = P(A) \times P(B)$ 일 때 이러한 것을 만족하는 사상 A, B의 관계를 상호독립적이라고 하였다.

H_0 : 성별 종교는 상호 독립적이다.
H_1 : 성별 종교는 상호 독립적이지 않을 것이다.

H_0 : 소득수준에 따라 선호하는 정당은 상호 독립적이다.
H_1 : 소득수준에 따라 선호하는 정당은 상호 독립적이지 않다.

두 변수의 관계가 서로 독립적인지 아니면 상호 관련성이[114] 있는지에 대해 χ^2 검정하는 것을 말한다.

• 분할표(contingency table)을 이용한 독립성 검정 논리

B \ A	B_1	B_2	B_3	...	B_c	계
A_1	n_{11}	n_{12}	n_{13}	...	n_{1c}	$n_{1.}$
A_2	n_{21}	n_{12}	n_{23}	...	n_{2c}	$n_{2.}$
.	.	.	.	...	.	.
.	.	.	.	...	.	.
A_r	n_{r1}	n_{r2}	n_{r3}	...	n_{rc}	$n_{r.}$
합계	$n_{.1}$	$n_{.2}$	$n_{.3}$	...	$n_{.c}$	n

H_0 : A와 B는 상호독립적이다 H_1 : A와 B는 상호독립적이지 않다

이제, P_{ij} = 한 실험대상이 범주 A_i와 B_j에 동시에 속할 확률(결합확률)

$P_i.$ = 한 실험대상이 범주 A_i에 속할 확률(결합확률)

$= P_{i1} + P_{i2} + ... + P_{ic}$

$P_{.j}$ = 한 실험대상이 범주 B_j에 속할 확률(결합확률)

---

[114] 독립성 검정의 의미: 명목척도나 순위척도에 의해 측정된 자료만 가지고 두 변수 사이에 서로 관계가 있는지 여부를 판단할 때 χ^2 검정 사용을 이용할 수 있다.

$$= P_{1j} + P_{2j} + \ldots + P_{rj}$$

여기서, 귀무가설이 사실이라면(A, B가 상호 독립적이라면)

$P_{ij} = P_{i\cdot} \times P_{\cdot j}$ 이므로 $E(n_{ij}) = np_{ij} = np_{i\cdot}\, q_{\cdot j}$

따라서, 귀무가설이 사실이라면 n_{ij}와 $np_{i\cdot}\, q_{\cdot j}$의 차이는 매우 근소할 것이다. 검정통계량을 만들기 위해 $(n_{ij} - np_{i\cdot}\, q_{\cdot j})$로 구성된 함수를 생각할 수 있다.

$$\sum_i^r \sum_j^c \frac{[n_{ij} - E(n_{ij})]^2}{E(n_{ij})} = \sum_i^r \sum_j^c \frac{(n_{ij} - np_{i\cdot}\, q_{\cdot j})]^2}{np_{i\cdot}\, q_{\cdot j}} \approx \chi^2_{rc-1}$$

그런데, 모수 $p_{i\cdot}$와 $p_{\cdot j}$를 모르기 때문에 표본비율로 추정해야 한다.

$p_{i\cdot}$의 추정량 $= P_{i\cdot} = \dfrac{n_{i\cdot}}{n}$ $p_{\cdot j}$의 추정량 $= P_{\cdot j} = \dfrac{n_{\cdot j}}{n}$

따라서 검정통계량은

$$\sum_i^r \sum_j^c \frac{(n_{ij} - np_{i\cdot}\, q_{\cdot j})^2}{np_{i\cdot}\, q_{\cdot j}} = \sum_i^r \sum_j^c \frac{(n_{ij} - \dfrac{n_{i\cdot}\, n_{\cdot j}}{n})^2}{\dfrac{n_{i\cdot}\, n_{\cdot j}}{n}} \approx \chi^2_{(r-1)(c-1)}$$

예제3

유권자 518명을 무작위로 추출하여 종교적 배경과 투표 선호도간에 어떤 관계가 있는지에 대해 유의수준 0.05%로 검정해 보기로 하자.

〈표 7-6〉 종교적 배경과 투표 선호도

정당	불교	기독교	유교	합
여 당	126	60	40	226
야 당	72	92	70	234
무소속	20	16	28	64
합	218	168	138	524

정당	불교	기독교	유교	합
여 당	$\frac{126}{524}=0.24$			$\frac{226}{524}=0.43$
야 당				$\frac{234}{524}=0.45$
무소속				$\frac{64}{524}=0.12$
합	$\frac{218}{524}=0.42$	$\frac{138}{524}=0.32$	$\frac{138}{524}=0.26$	$\frac{524}{524}=1.00$

- 가설설정

  귀무가설 : 정당지지와 유권자 종교는 상호 독립적이다

  대립가설 : 그렇지 않다

- 자유도 결정 : (r−1)(c−1) = (3−1)(3−1) = 4 $\chi^2_{4,0.05}=9.49$

- 검정통계량 계산

〈표 7-7〉 χ^2 검정통계량 계산

셀	f_o (관측값)	f_e (기대값)	$(f_o-f_e)^2/f_e$
C_{11}	126	94.02	14.00
C_{12}	60	72.46	2.14
C_{13}	40	59.52	6.40
C_{21}	72	97.35	6.60
C_{22}	92	75.02	3.84
C_{23}	70	61.63	1.14
C_{31}	20	26.63	1.65
C_{32}	16	20.52	1.00
C_{33}	28	16.85	7.38
합계	524	524.00	41.0135

※ C_{11}에서 $f_e = (0.42 \times 0.43) \times 524 = 94.02$

- 의사결정

    $\chi^2_{4,0.05} = 9.49 < 41.0135$ 이므로 귀무가설 기각

    $\chi^2_{4,0.001} = -18.5$, prob−value < 0.001 이므로 귀무가설 기각

    참고 : prob−value $= 2.671e-08$

```
# <R을 이용한 예제3 풀이>
# 독립성 검정
col=c(126,72,20,60,92,16,40,70,28)
mcol=matrix(col,3,3); mcol
#          [,1]    [,2]    [,3]
# [1,]     126     60      40
# [2,]     72      92      70
# [3,]     20      16      28

chisq.test(mcol)
#       Pearson's Chi-squared test
# data: mcol
# X-squared = 41.01, df = 4, p-value = 2.671e-08
# 귀무가설 기각 ('정당지지와 유권자 종교는 상호 독립적이다'라는 귀무를 기각함).
# 따라서 정당지지와 유권자 종교는 상호 종속적이다 또는 연관이 있다.

#######################################

# 카이스퀘어($\chi^2$) 검정의 확장
#######################################
# placebo1(분할표의 형태) & placebo2(124명의 정보를 나열)
# 124명중 test그룹 60명, placebo 그룹 64명
# 약의 효과가 나타나면 outcome=1 아니면 outcome=0
#            out     come
# treat      0       1
# placebo    48      16
# test       20      40
```

```
matrix(c(48,20,16,40),ncol=2)
#      [,1]   [,2]
# [1,]  48    16
# [2,]  20    40

matrix(c(48,16,20,40),ncol=2,byrow=TRUE)
#      [,1]   [,2]
# [1,]  48    16
# [2,]  20    40
placebo1 = read.csv("C:/R_행통/placebo1.csv"); placebo1
#    treat    outcome   count
# 1  placebo     1       16
# 2  placebo     0       48
# 3  test        1       40
# 4  test        0       20

d1 = xtabs(count~treat+outcome, data=placebo1); d1
############################################################
# xtabs(count~가로+세로)
############################################################
#            out    come
# treat       0      1
# placebo    48     16
# test       20     40

placebo2 = read.csv("C:/R_행통/placebo2.csv")
# placebo2
#      treat    outcome
# 1    placebo     1
# 2    placebo     1
# 3    placebo     1
# 4    placebo     1
# 5    placebo     1
# .
# .
# .
# 121  test        1
# 122  test        1
```

```
# 123      test      1
# 124      test      1

d2 = xtabs(~treat+outcome, data=placebo2); d2
############################################################
# placebo2의 경우 placebo1과는 다르게 도수를 나타내는 count는 없고
# 124개의 관찰값이 모두 나열 되어 있다.
# 따라서 이러한 경우 xtabs(~가로+세로)
############################################################
#             out     come
# treat        0        1
# placebo     48       16
# test        20       40


# Chi-Square test
chisq.test(matrix(c(48,20,16,40),ncol=2))
chisq.test(matrix(c(48,16,20,40),ncol=2,byrow=TRUE))
chisq.test(d1)
chisq.test(d2)
#        Pearson's Chi-squared test with Yates' continuity correction
# data:  matrix(c(48, 16, 20, 40), ncol = 2, byrow = TRUE)
# X-squared = 20.0589, df = 1, p-value = 7.509e-06
# H0: 치료방법의 차이는 결과에 영향을 주지 않는다.
# H1: 치료방법의 차이는 결과에 영향을 준다.
# 따라서 치료방법의 차이는 결과의 영향을 준다.


############## Fisher exact test ##############
# 기대도수가 5이하인 cell이 전체 20%가 넘으면 Fisher exact test
# 예를 들어 자료가 다음과 같다고 하자
#             out     come
# treat        0        1
# placebo     20        2
# test        20        4
fisher.test(matrix(c(20,20,2,4),ncol=2))
# Fisher's Exact Test for Count Data
# data:  matrix(c(20, 20, 2, 4), ncol = 2)
# p-value = 0.6672
# alternative hypothesis: true odds ratio is not equal to 1
```

```
# 95 percent confidence interval:
#  0.2492498 24.1363641
# sample estimates:
# odds ratio
#  1.970836

chisq.test(matrix(c(20,20,2,4),ncol=2))
# Pearson's Chi-squared test with Yates' continuity correction
# data:  matrix(c(20, 20, 2, 4), ncol = 2)
# X-squared = 0.1049, df = 1, p-value = 0.746
# 경고 메시지가 손실되었습니다
# In chisq.test(matrix(c(20, 20, 2, 4), ncol = 2)) :
#   카이 자승 근사는 부정확할지도 모릅니다


############### McNemar Test ############################
# paired t-test와 유사하게 명목척도의 경우 그 효과의 차이를 검정할 때 쓰인다.
# 예를 들어 똑같은 32명에게
# 어떤 2개의 상품(A, B)의 광고전과 광고후의 선호도가 다음과 같다고 하자.
#            광고후
# 광고전     A   B
# A          5   5
# B         15  17
mcnemar.test(matrix(c(5,15,5,17),ncol=2))
# McNemar's Chi-squared test with continuity correction
# data:  matrix(c(5, 15, 5, 17), ncol = 2)
# McNemar's chi-squared = 4.05, df = 1, p-value = 0.04417
# 따라서 광고는 5% 유의수준에서 제품 선호도에 영향을 준다
```

제3절 기타 비모수적 통계검정

χ^2-검정을 통해 단일변수에 대한 적합도와 두 변수간의 동질성 또는 독립성 등을 검정하는 방법을 앞서 살펴보았다. 이렇듯 비모수적 통계방법으로 χ^2-검

정이 광범위하게 활용되고 있지만, 모든 경우의 모수적 통계 방법을 대신하기에는 무리가 있다. 따라서 모수적 통계방법의 대안으로 통계학자에 의해 다양한 형태의 비모수적 가설 검정 방법이 개발되었는데, 가장 대표적인 독립표본 T-검정에 대한 비모수적 가설 검정방법으로는 Wilcoxon 검정[115], 일원분산분석의 비모수적 방법으로는 Kruskal-Wallis 검정이 있다.

■ 1. Wilcoxon 검정 ■

두 집단 간의 평균값이 동일한지, 아닌지에 대한 가설을 검정하기 위한 모수적 통계방법으로 독립표본 T-검정을 활용하였다. 하지만 T-검정을 통한 가설검정을 위해서는 반응변수(종속변수)의 등분산성 조건과 자료가 등간척도 이상에서 측정된 양적자료여야 하는 조건이 요구된다. 하지만 이러한 조건이 충족되지 않을 때 독립표본 T-검정을 대신하여 가설검정을 위한 비모수적 방법으로 Wilcoxon 검정을[116] 활용한다. Wilcoxon 검정은 등분산성 조건이 충족되지 않거나 반응변수(종속변수)가 서열척도로 측정된 경우 두 집단 간의 차이에 대한 가설 검정이 가능하다.

Wilcoxon 검정법의 기본원리는 짝을 이룬 각 사례에 대하여 집단별 차이의 절대 값 $|d_i|$을 계산한 다음, 절대 값 $(|d_i|)$의 크기에 따라 순위를 설정(R_i)하고,

---

[115] 일부 통계서적에서 독립표본 T-검정의 경우 Mann-whitney검정, 대응표본 T-검정의 경우 Wilcoxon 검정을 소개하고 있지만, 내용과 결과측면에서 Mann-whitney검정, Wilcoxon 검정과 유사하다.

[116] T-검정과 유사한 비모수적 방법으로 Mann-whitney검정도 많이 활용하고 있지만, 내용과 결과 측면에서 Wilcoxon 검정과 유사하다.

원래의 부호를 다시 부여한다. 이후 "+"부호와 "-"부호 집단을 구분하여 각 집단별로 순위를 모두 합한 이후 다시 절대값을 취한다. 각각의 집단의 절대값을 W_a, W_b라고 한다면, 이중 절대값이 적은 통계량으로 가설을 검정하게 된다. 만일 W_a, W_b중 절대값이 더 적은 값을 W라고 한다면 평균과 분산은 (식7-3)과 같다.

$$W = \sum_{j=1}^{n} R_i$$
$$E(W) = \frac{n(n+1)}{4}, \; Var(W) = \frac{n(n+1)(2n+1)}{24} \qquad (식\ 7-3)$$

한편, 표본의 개수가 충분히 크면 W의 분포는 중심극한 정리에 의해 평균이 $E(W)$이고 분산이 $E(W)$인 정규분포에 근사하게 된다. 따라서 Z_W-분포를 이용해 가설을 검정하게 된다.

Wilcoxon 검정방법을 통해 검정 가능한 가설의 형태는 다음과 같다. 독립적인 2집단의 경우 아래와 같이 가설을 설정 할 수 있다.

H_0 : 성별에 따라 직무만족도[117]는 동일할 것이다.
H_1 : 성별에 따라 직무만족도는 동일하지 않을 것이다.

만일 대응표본 T-검정과 같이 동일집단을 대상으로 전·후의 결과에 대한 가설을 다음과 같이 설정하면 된다.

---

[117] "매우불만=1, 불만=2, 보통=3, 만족=4, 매우만족=5"과 같이 서열척도로 측정한 직무만족도를 의미한다

H_0 : 직무적성 프로그램 참여 전·후 직업만족도[118]는 동일할 것이다.

H_1 : 직무적성 프로그램 참여 전·후 직업만족도는 동일하지 않을 것이다.

예제4

고용형태에 따라 현재직업과 전공의 일치정도에 대한 인식차이가 있는지에 대한 가설을 검정해 보자. Wilcoxon 검정에 필요한 가설은 다음과 같다.

H_0 : 고용형태(정규직/비정규직) 별로 현재직업과 전공의 일치정도에 대한 인식은 동일한 것이다

H_1 : 고용형태 별로 현재 직업과 전공의 일치정도에 대한 인식은 동일하지 않을 것이다

```
# <R을 이용한 예제4 풀이>
# Wilcoxon 검정

d = read.csv("C:/R_행통/취업특성.csv")
str(d)          # 'data.frame': 2119 obs. of 32 variables:
names(d)
View(d)
attach(d)
Table <- xtabs(~Q20고용형태+Q11전공일치도, data=d)
Table
```

---

118) "매우불만=1, 불만=2, 보통=3, 만족=4, 매우만족=5"과 같이 서열척도로 측정한 직업만족도를 의미한다.

```
tapply(Q11전공일치도, Q20고용형태, median, na.rm=TRUE)
wilcox.test(Q11전공일치도 ~ Q20고용형태, alternative="two.sided", data=d)
```

이상의 분석결과를 정리하면 〈표 7-8〉과 같다. 정규직 근로자의 경우 전공과 현재직장과의 일치 정도에 대하여 '일치한다'는 응답이 31.7%가 응답 비중이 가장 높았다. 반면, 비정규직의 경우 '보통'이라는 응답이 33.0%로 가장 높은 비중을 차지했다. 두 집단 간의 전공일치정도에 대한 Wilcoxon 검정결과는 W=483000, p=0.027으로 유의수준 0.05하에서 귀무가설이 기각되고 대립가설이 채택되었다. 따라서 고용형태별로 현재 직업과 전공의 일치도에는 동일하지 않는 것(차이가 나는 것)으로 분석되었다.

〈표 7-8〉 고용형태별 전공일치도

		전혀 일치하지 않는다	일치하지 않는다	보통	일치한다	매우 일치한다	합계
정규직	빈도	135	187	521	482	194	1,519
	비율	8.9%	12.3%	34.3%	31.7%	12.8%	100%
비정규직	빈도	80	82	198	154	86	600
	비율	13.3%	13.7%	33.0%	25.7%	14.3%	100%

Wilcoxon rank sum test: W=483000, p=0.027

정책의 집행 전·후의 값을 비교함으로써 정책효과의 유·무에 대한 검정방법으로 앞서 대응표본 T-검정을 소개하였다. 대응표본 T-검정을 적용하기 위해서는 모집단의 정규분포성과 자료가 등간척도 이상인 양적자료인 요건이 충족되어야 한다. Wilcoxon 검정은 이러한 조건을 완화시킨 분석방법으로 척도가 서열척도로 측정된 자료도 분석이 가능하다.

2. Kuskal-Wallis검정

Kuskal-Wallis검정[119]은 모수통계적 방법의 일원분산분석의 비모수적 방법이라고 생각해도 무방하다. 즉, 두 집단 이상에 대하여 집단별 차이를 검정하는 비모수적 통계기법이다.

Kuskal-Wallis검정은 일원배치분산 분석과 유사한 원리를 이용한다. 먼저 각 자료의 값을 순서대로 배열한 다음 순위 값을 부여한다. 그리고, 전체자료의 평균 순위 $\overline{R}$ 과 각 집단별 순위 $\overline{R_i}$ 와 집단별 순위의 합 R_i 를 계산한다. 전체 자료의 평균 순위 $\overline{R}$ 은 (식9-4)와 같다.

$$\overline{R} = \frac{1}{N}\sum_{i=1}^{k}\sum_{j=1}^{n} R_{ij} = \frac{N+1}{2} \qquad (식\ 7-4)$$

(단 N 은 전체 자료의 개수)

Kuskal-Wallis검정 통계량(H)은 평균 순위($\overline{R}$)로부터 각 집단의 평균순위($\overline{R_i}$)간의 편차를 제곱하고 더하여 전체 자료의 개수로 나누어 계산한 형태로 (식 7-5)[120]와 같이 정의 된다.

---

119) Kuskal-Wallis검정은 두 집단 간의 사이에서도 가설검정이 가능하다. 2집단 분석에서는 Wilcoxon 검정이 양측 및 단측검정 모두 가능하다는 측면에서 유용성이 높다.

120) 일종의 분산과 비슷한 개념이다. 즉, 편차의 제곱에 대한 평균값과 유사한 개념으로 이 값이 클 경우 집단 간 차이(편차)가 크다는 것을 알 수 있다.

$$H = \frac{12}{N(N+1)} \sum_{i=1}^{k} n_i (\overline{R}_i - \overline{R})^2 = \frac{12}{N(N+1)} \sum_{i=1}^{k} n_i (\overline{R}_i - \frac{(N+1)}{2})^2$$

$$= \frac{12}{N(N+1)} \sum_{i=1}^{k} \frac{R_i^2}{n_i} - 3(N+1) \qquad (식\ 7-5)$$

한편 표본의 수가 큰 경우 H 통계량은 근사적으로 자유도가 $k-1$인 χ^2분포를 따른다(임동훈, 2010:72-75). 한편, Kuskal-Wallis검정을 위한 귀무가설은 다음과 같다.

H_0 : 선호하는 정당(A,B,C당)에 따라 학력수준(초졸, 중졸, 대졸)[121]은 동일할 것이다.
H_1 : 선호하는 정당(A,B,C당)에 따라 학력수준은 모두 같지 않을 것이다.

예제5

'전공계열별로 현재 직업과 일치정도에 대한 인식차이'를 Kuskal-Wallis 검정을 실시보자.

H_0 : 전공계열별로 현재직업과 일치정도에 대한 인식은 동일하다.
H_1 : 전공계열별로 현재직업과 일치정도에 대한 인식은 모두 동일하지 않다.

---

[121] (초졸, 중졸, 대졸)

```
# <R을 이용한 예제5 풀이>

# Kuskal-Wallis 검정

Table1 <- xtabs(~Q28전공계열+L11전공일치도, data=d)
Table1
rowPercents(.Table1) # Row Percentages
tapply(Q11전공일치도, Q28전공계열, median, na.rm=TRUE)
kruskal.test(Q11전공일치도 ~ Q28전공계열, data=d)
```

이상의 결과를 표로 정리하면 〈표 7-9〉와 같다. 공학계열의 경우 '일치한다'(35.30%)와 '매우 일치한다'(16.30%)로 현재 직업과 전공의 일치정도가 가장 높은 것으로 나타났고, 인문계열의 경우 '일치한다'(23.7%), '매우 일치한다'(7.7%)로 다른 전공계열에 비해 전공일치정도가 낮은 것으로 답했다. 전공계열별 현재직업과의 일치정도에 대한 Kruskal-Wallis의 검정결과 x^2=52.872, df=3, p=0.000으로 유의수준 0.01하에서 귀무가설이 기각되었다. 따라서 전공계열별 현재직업과 전공과의 일치정도는 모든 집단이 동일하지 않은 것으로 나타났다. 즉, 전공계열별로 직장과 전공과의 일치정도는 같지 않다는 것을 알 수 있다.

<표 7-9> 전공계열별 전공일치도

		전혀 일치하지 않는다	일치하지 않는다	보통	일치한다	매우 일치한다	합계
인문계열	빈도	56	53	105	74	24	312
	비율	17.9%	17.0%	33.7%	23.7%	7.7%	100%
사회계열	빈도	58	83	280	200	83	704
	비율	8.2%	11.8%	39.8%	28.4%	11.8%	100%
공학계열	빈도	63	88	235	281	130	797
	비율	7.9%	11.0%	29.5%	35.3%	16.3%	100%
자연계열	빈도	38	45	99	81	43	306
	비율	12.4%	14.7%	32.4%	26.5%	14.1%	100%

Kruskal-Wallis rank sum test: Kruskal-Wallis χ^2 =52.872, df=3, p=0.000

제 08 장

상관분석

상관분석

제1절 상관분석의 기초

1. 공분산과 상관계수

행정기관 또는 기업은 의사결정을 내리는데 변수 간의 관계가 어떠한지에 대한 정보가 필요할 수 있다. 예를 들어 임금상승률과 물가변동률과의 관계, 통화량 증가와 주택가격 변화와의 관계 등은 정책을 수립하고 집행하기 위한 중요한 자료가 될 수 있다. 이러한 변수 간의 관련성을 확인하는 방법으로 일반적으로 산점도와 같은 그림으로 확인이 가능하다. 산점도의 경우 시각적으로 변수간의 관련성 정도를 파악할 수 있으나, 구체적으로 이들 변수 간의 관련성 정도가 어느 정도인지에 대한 정보와 각 변수 사이의 강도에 대한 비교가 불가능하다.

변수들 간의 관련성을 나타내는 지표로 공분산(covariance)이 있다. X와 Y 두 변수에 대한 공분산은 아래와 같이 정의 된다.

$$Cov(X,Y) = \frac{\sum (X_i - \mu_X)(Y_i - \mu_Y)}{N} \qquad (식\ 8\text{-}1)$$

공분산 값이 클수록 변수 간의 관련성이 높게 된다. 하지만 이러한 공분산은 사용된 자료의 단위에 따라 공분산[122] 값이 달라진다는 단점이 있다. 따라서 단위를 표준화함으로서 이러한 문제를 해결할 수 있다. 이렇듯 공분산 값을 표준화한 것이 피어슨 상관계수(Pearson correlation coefficient)이다. 따라서 상관계수는 공분산 값의 단점을 보완한 변수들 간의 관련성 정도를 나타내는 지표로 아래와 같이 정의 된다.

$$r = \frac{Cov(X,Y)}{S_X S_Y} \quad\quad\quad\quad (식\ 8-2)$$

상관계수는 다음 몇 가지 특성을 갖는다.

첫째, 상관계수의 범위는 $-1 \leq r \leq 1$ 값을 갖고 단위에 영향을 받지 않는다. 즉, 단위에 따라 상관계수의 값이 변화하지 않는다.

둘째, $r > 0$ 이면 한 변수가 증가할 때, 다른 변수가 증가한다는 의미이고, $r < 0$ 이면 한 변수가 증가할 때, 다른 변수 값은 감소한다.

셋째, $r = |1|$ 인 경우 두 변수의 관계가 완전한 직선관계이고, $r = 0$ 이면 직선관계가 아니라는 의미이다. 즉, $|r|$ 값이 클수록 직선관계(선형성)가 강하다는 의미이다.

넷째, 일반적으로 $|r| \leq 0.20$ 일 때는 아주 낮은 관계, $0.20 \leq |r| \leq 0.40$ 이면 낮은 관계, $0.40 \leq |r| \leq 0.70$ 이면 비교적 높은 관계, $0.70 \leq |r| \leq 0.90$ 이면 높은 관계, $r > 0.9$ 이면 아주 높은 관계라 한다(김호정 2005:423).

---

[122] 공분산은 측정된 값의 단위(scale)에 영향을 받는다. 예를 들어, 두 변수 X, Y가 센티미터(cm)로 측정된 값은 미터(m)로 측정된 것보다 공분산이 크다.

다섯째, $r = 0.80$은 $r = 0.40$에 비해 두 배 더 강한 상관성을 나타내는 것이 아니고, 단순히 상관성이 더 높다는 의미이다.

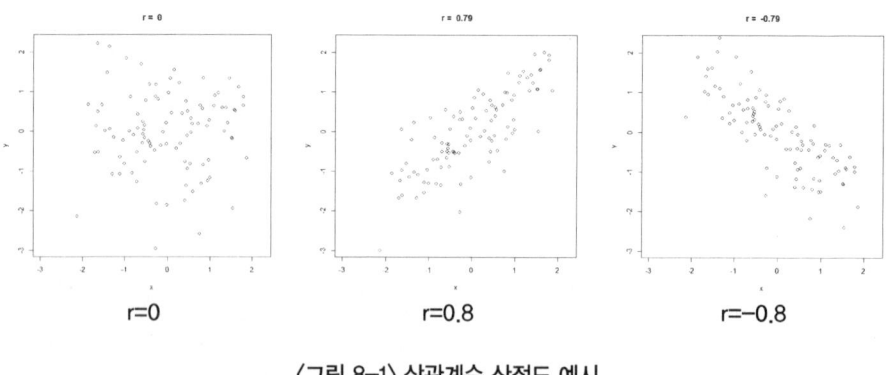

〈그림 8-1〉 상관계수 산점도 예시

■ 2. 상관분석의 요건 및 가정 ■

상관분석에 필요한 요건은 다음과 같다.

첫째, 각 변수는 일반적으로 양적자료 이상의 자료이어야 한다. 즉, 등간척도 이상의 척도에 의해 측정된 자료여야 한다. 물론 순서형자료(서열척도)에서도 상관분석이 가능한 방법들이 소개되고 있지만, 이들에 대한 검정력은 양적자료에 비해서는 낮다. 따라서 특별한 경우가 아니면 연구설계 당시 양적자료로 선택하는 것이 바람직하다.

둘째, 한 변수의 각 값에 대응하는 다른 변수의 값들이 이루는 분포는 등분산성이 가정되어야 한다.

셋째, 상관분석은 단위에 영향을 받지 않지만, 표본의 개수에 따라 상관관계의 정도에 대한 편차가 심해져 상관분석의 안전성과 신뢰성을 상실한 것일 수 있어 김호정(2005)은 표본의 크기를 50이상일 것을 권고하고 있고, Hair는 350개가 넘지 않을 것으로 요구하고 있다.

제2절 상관분석의 가설 및 검정

변수의 모집단 간의 상관성을 검증하기 위한 귀무가설은 'OOO와 OO간에는 상관성이 없다' 대립가설은 '~상관성이 있다.'이다. 즉 두 변수의 모집단의 상관계수를 ρ 라고 하면 귀무가설(H_0)은 $\rho = 0$, 대립가설(H_1)은 $\rho \neq 0$이다. 즉, 표본을 통해 계산된 상관계수 값을 기준으로 모집단 간의 상관계수 값이 '0'인지 아닌지를 검증하는 것이다.

월 소득에 따른 외식비용에 대한 가설은 다음과 같다.

> 귀무가설(H_0) : 월 소득과 외식비용 간에는 상관성이 없을 것이다.
> 대립가설(H_1) : 월 소득과 외식비용 간에는 상관성이 있을 것이다.

결과에 대한 해석은 일반적인 가설에 검증방법과 같이 'p-값이〈유의수준'일 경우 '유의수준 OOO하에서 귀무가설을 기각할 수 있다', 또는 'p-값이〉유의수준' 일 경우 '유의수준 OOO하에서 귀무가설을 기각할 수 없다.'와 같이 결론을 내리면 된다. 즉, 유의수준 0.05수준에서 가설 검증을 p-값〈0.05일 경우 '월 소득과 외식비용은 유의수준 0.05하에서 상관성이 있는 것으로 나타났다.' 와 같이 해석하고, p-값이 〉0.05일 경우에는 '월 소득과 외식비용 간에 유의수준 0.05

하에서 상관성이 없는 것으로 나타났다.'라고 결론을 내리면 된다.

> **예제1**
>
> 가상자료(stat.csv)[123]를 이용 선별된 변수를 통하여 상관분석을 실시해보기로 하자.
>   (i) 이직 의사와 직무만족도의 상관계수는? −0.43172, p-value = 9e−13.
>   즉, 마이너스(−) 관계로 통계적으로 유의하다.
>   (ii) 성별과 직무만족도의 상관계수는? −0.0003948, p-value = 0.99.
>   즉, 아주 미약한 마이너스(−) 관계이지만 통계적으로 유의하지 않다.

```
# 〈R을 이용한 예제1 풀이〉
setwd("C:/R_행통") # / 방향에 주의
d = read.csv("stat.csv")
View(d)
str(d)
# 'data.frame' : 250 obs. of 15 variables:
# $ 성별        : int  2 2 1 1 1 2 2 1 2 2 ...
# $ 연령        : int  52 46 35 33 28 33 33 48 30 30 ...
# $ 연령대      : int  5 4 3 3 2 3 3 4 3 3 ...
# $ 학력        : int  2 3 3 3 3 2 3 1 3 3 ...
# $ 근무지역    : int  15 6 12 2 9 8 5 3 9 8 ...
# $ 고용형태    : int  2 1 2 2 2 2 2 2 2 2 ...
# $ 주택점유    : int  1 2 2 1 2 2 1 1 1 1 ...
# $ 직무인식    : int  5 1 2 3 3 3 3 2 2 2 ...
# $ 상급자관계  : int  5 3 4 2 3 3 3 3 2 3 ...
```

---

123) stat.csv는 엑셀의 comma separate value 형식의 자료로서 250개의 관측값과 15개의 변수로 구성되어 있으며 변수의 구성은 다음과 같다. "성별" "연령" "연령대" "학력" "근무지역" "고용형태" "주택점유" "직무인식" "상급자관계" "보수인식" "승진인식" "동료관계" "기관인식" "이직의사" "직무만족".

```
# $ 보수인식    : int 3 1 2 1 3 1 5 2 1 2 ...
# $ 승진인식    : int 4 1 2 2 2 2 1 2 1 2 ...
# $ 동료관계    : int 5 1 2 4 3 3 4 3 2 3 ...
# $ 기관인식    : int 4 1 2 1 2 2 2 2 1 3 ...
# $ 이직의사    : int 1 5 3 4 4 5 5 4 5 2 ...
# $ 직무만족    : int 1 1 1 1 1 1 1 2 2 2 ...
summary(d)
cov(d)
cor(d)
with(d, cor(이직의사, 직무만족))      # [1] -0.43172
with(d, cor.test(이직의사, 직무만족, use="pairwise.complete.obs"))
# Pearson's product-moment correlation
# data: 이직의사 and 직무만족
# t = -7.54, df = 248, p-value = 9e-13
# alternative hypothesis: true correlation is not equal to 0
# 95 percent confidence interval:
# -0.52753 -0.32507
# sample estimates:
#      cor
# -0.43172
with(d, cor(성별, 직무만족))           # [1] -0.0003948
with(d, cor.test(성별, 직무만족, use="pairwise.complete.obs"))
#        Pearson's product-moment correlation
# data: 성별 and 직무만족
# t = -0.00622, df = 248, p-value = 1
# alternative hypothesis: true correlation is not equal to 0
# 95 percent confidence interval:
# -0.12446  0.12368
# sample estimates:
#      cor
# -0.0003948
####################################################
# Kendall과 Spearman의 상관계수는 순위에 바탕을 둔 비모수 방법으로
# 측정값의 크기를 무시하고 순위만을 이용하여 두 변수가 직선관계가 아니더라도
# 완벽한 상관관계가 있으면 1의 값을 갖는다
####################################################
#?cor
## Two simple vectors
```

```
## cor(data, method="pearson" or "kendall" or "spearman")
x = 1:100
y = x^2
plot(x,y)
Sys.sleep(3)
cor(x,y) # default: method="pearson"
# [1] 0.96885
cor(x,y, method="kendall")
# [1] 1
cor(x,y, method="spearman")
# [1] 1
```

제 09 장

단순회귀분석

제09장

단순회귀분석

행정 또는 경영 및 경제 등 다양한 사회현상을 이해하고, 의사결정을 내리기 위해 변수간의 관계를 파악하는 것은 중요한 요소이다. 예를 들어 개인의 소득의 변화가 소비에 어떤 영향을 미치는가? 와 같이 어떤 변수가 원인이 되고 결과가 되는지에 대한 관계 규명은 정책 또는 의사결정을 위해 좋은 정보가 될 것이다. 한편, 원인변수의 1단위 증가가 결과변수에 어느 정도 변화를 줄 것인지 예측할 수 있다면 정책 및 의사결정의 신뢰도를 높일 수 있을 것이다. 이러한 변수간의 관계를 규명하고 예측하는 통계적 기법으로 회귀분석(regression analysis)이 가장 널리 활용 된다.

앞서 살펴본 상관분석 역시 두 변수 간의 관련성 정도에 대한 규명에 있어 매우 활용도가 높은 분석 방법이다. 하지만 인과성에 대한 규명과 원인변수의 변화에 따른 종속변수의 변화 정도에 대한 예측치를 제시할 수 없다. 따라서 상관관계 분석이 회귀분석에 비해 변수 간의 관계를 규명하는데 제한적일 수밖에 없다. 즉, 상관분석의 주된 목적은 두 변수간에 선형관계의 정도(strength or degree of linear association)를 측정하는데 초점이 있다. 반면 회귀분석은 독립변수 값을 토대로 종속변수의 평균값을 추정하거나 예측하는데 관심을 두고 있다.

회귀분석은 원인변수와 결과변수 간의 함수관계를 설정하여 표본자료를 통해 모집단의 함수관계를 추정해 나가는 통계적 분석 방법이라고 할 수 있다. 회귀분석에서 원인변수가 1개인 경우를 단순회귀분석(simple regression), 원인변수의 개수가 2개 이상인 경우를 다중회귀분석(multiple regression)이라고 한다. 본장에서는 회귀분석의 기초적 개념을 이해하기 위하여 단순회귀분석에 대하여 살펴볼 것이다.

제1절 회귀분석의 기초

사회현상에서 우리는 Y라는 결과에 대하여 원인을 규명하려고 한다. 예를 들어 "바다 물의 수온상승이 적조를 발생시켰다"고 밝혀졌다면 바닷물의 수온상승이 원인변수가 되고, 적조발생은 결과변수가 된다. 이렇듯 두 변수 관계에 있어 원인이 되는 변수를 독립변수(independent variable) 또는 설명변수(explanatory variable)라고 하고, 결과 변수를 종속변수(dependent variable)라고 한다.[124]

회귀분석은 종속변수가 독립변수에 어떻게 의존하고 있는가를 연구하는 것이며 이는 반복적인 표본추출 과정에서 이미 알려져 있거나 또는 고정된 값을 취하는 독립변수를 가지고 종속변수의 값을 추정하고 예측하는 문제를 다룬다(Gujarati, 1988: 14). 따라서 두 변수 간의 관계규명에 초점을 두게 되는데, 일반적

---

[124] 종속변수(dependent variable)는 종종 피설명 변수(explained variable), 피예측 변수(predicated variable), 복귀 또는 반응변수(response variable), 그리고 내생적 변수(endogenous variable)라고도 한다. 반면 독립변수 또는 설명변수(independent variable or explanatory variable)는 예측변수(predictor variable) 회귀 또는 복귀변수(regressor variable), 자극 또는 통제변수(stimulus or control variable), 그리고 외생변수(exogenous variable)라고도 한다.

으로 변수 간의 관계를 함수식으로 설정하고, 이러한 함수식을 통해 변수간의 관련성을 규명하게 된다.

회귀분석(regression analysis)[125]은 상관분석과 달리 변수 간의 인과성을 분석하거나, 원인변수로부터 결과변수를 예측하기 위한 통계적 기법이다. 즉, 금리의 증가는 주택가격에 영향을 주는지?, 한편 금리가 1단위(예를 들어, 1%) 증가할 때 주택가격은 얼마가 내리거나 오르는지?, 사회복지비의 증가는 국민의 행복지수를 증가시키는지? 등과 같은 분석에 회귀분석이 사용된다. 여기에서 어떤 사회현상의 원인이 되는 변수를 독립변수(원인변수, 설명변수, 회귀변수 등으로 불리기도 함), 영향을 받는 변수를 종속변수(결과변수, 설명된 변수, 피회귀변수 등으로 불리기도 함)라고 한다.

회귀분석은 독립변수와 종속변수 사이의 관계에 대하여 모형을 설정하여, 주어진 통계자료를 이용하여 모형을 추정하거나 검증하는 방법을 말한다. 한 개의 독립변수와 한 개의 종속변수간의 영향관계를 규명하는 분석이 단순회귀분석(simple regression analysis)이라고 하고, 두 개 이상의 독립변수와 한 개의 종속변수 간의 영향관계를 규명하는 분석방법이 다중회귀(multiple regression analysis) 또는 중회귀분석이라고 한다.

회귀분석에서 추정된 모형의 수식을 회귀방정식(regression equation)또는 회귀

---

[125] 회귀라는 용어는 갈턴(Francis Galton, 1886)이 그의 논문에서 보편적 회귀의 법칙(law of universal regression)을 주장하면서 처음 사용되었다. 그가 제시한 예는 다음과 같다. "신장이 큰 부모를 가진 자식들은 신장이 크고, 신장이 작은 부모를 가진 자식들은 신장이 작은 경향이 있지만, 일반적으로 자식들의 평균 신장은 전체 인구의 평균 신장으로 회귀(regression)하는 경향이 있다"라고 설명했다. 즉 부모들의 신장이 비정상적으로 크거나 작아도 자식들의 신장은 전체 인구의 평균 신장을 향해 움직이는 '회귀'적 경향(return to the mediocrity)이 있다는 것이다(김태진, 2006: 218).

식이라고 한다. 이러한 회귀식에 대하여 통계적으로 유의성을 검증함으로써 독립변수에 대한 종속변수의 인과성에 대한 통계적 예측을 실시한다(박성현·김성수, 2001: 168). 즉, 회귀분석이란 독립변수가 종속변수에 미치는 영향에 대한 크기와 방향을 분석하는 통계적 분석 방법이다.

단순회귀분석은 하나의 변수인 종속변수가 하나의 독립변수에 어떻게 의존하고 있는가를 연구하는 것이라고 하였다. 여기서 '어떻게 의존하고 있는가'라는 표현은 다시 말해 두 변수(종속변수와 독립변수)의 관계를 나타내는 것으로써 일반적으로 통계적 관계와 수학적 관계로 나누어 설명할 수 있다.

먼저 수학적 관계는 예를 들어 뉴턴의 힘의 법칙 "$F = ma$[126]"와 같이 힘이라는 종속변수가 질량과 힘이라는 원인에 의해 완전히 결정된다. 즉, 독립변수에 의해 종속변수의 결과가 동일하게 나타나게 되는데, 이러한 경우를 수학적 관계(mathematical relationship) 또는 확정적 관계(deterministic dependence)라고 한다. 일반적으로 수학이나 자연과학의 법칙이 이러한 관계를 나타낸다.

반면, 행정과 같이 인간의 행태를 나타내는 사회현상의 경우 물리적 법칙처럼 항상 일정한 결과를 나타낼 수 없다. 즉, 독립변수와 종속변수사이에 항상 오차가 발생하게 된다. 예를 들어, 어떤 농작물의 수확량은 기온, 강수량, 일조량 및 토지의 비옥도에 의존한다고 하자. 그러나 이러한 독립변수들만을 가지고 종속변수(수확량)을 정확하게 예측할 수 없다. 이러한 관계를 확률적 관계(random or stochastic[127] relationship) 또는 통계적 관계(statistical relationship)라고 한다. 사회현

---

126) F : 힘, m : 질량, a : 가속도

127) stochastic(확률적)이라는 용어는 '과녁의 중심점(bull's eye)'을 의미하는 희랍어 Stokhos에서 유래된 단어로써 과녁에 명중할 결과는 과녁을 빗나갈 경우를 포함한 확률적 과정이란 뜻으로 해석할 수 있다.

상이 확률적 관계인 이유는 이들 변수들을 측정하는데 오차가 발생할 뿐만 아니라 수확량에 전체적으로도 영향을 미치지만 각 개별적 효과를 구분하기 어려운 수 많은 요인이 존재하기 때문이다. 따라서 아무리 많은 독립(설명)변수들을 고려한다 할지라도 수확량을 완전하게 설명할 수 없는 내재적(intrinsic) 또는 확률적(random) 변이성(variability)이 반드시 존재한다(Gujarati, 1988: 18). 우리가 다룰 회귀분석은 통계적 관계를 다룬다. 이러한 회귀식은 일정한 유형의 확정적 함수관계를 나타내는 부분과 확률적 오차항을 결합한 함수식(이종원, 1994: 421)으로 표현하면 (식 9-1)과 같다.

$$Y = \underbrace{\beta_0 + \beta_1 X}_{\text{확정적 부분}} + \underbrace{\epsilon}_{\text{확률적 오차(잔차)}}$$

(식 9-1)

종속변수(Y), 독립변수(X)

제2절 가설의 설정과 회귀모형

회귀분석을 위해 사용되는 연구가설은 '독립변수(IV: Independent Variable)가 종속변수(DV: Dependent Variable)에 영향을 미칠 것이다.' 또는 방향성 까지 부여한 '독립변수가 종속변수에 정(+) 또는 부(-)의 영향을 미칠 것이다'와 같이 독립변수와 종속변수 간의 인과관계를 나타내는 표현을 가설로 설정한다. 앞서 연구가설을 대립가설로 규정한다고 했을 때 회귀분석에 필요한 귀무가설은 '독립변수가 종속변수에 정(+) 또는 부(-)의 영향을 주지 않을 것이다.' 또는 '인과성이 없을 것이다'로 표현하면 된다.

예를 들어, 가상적인 월평균 소득과 지출 자료 〈표 9-1〉를 이용하여 회귀직선을 나타내면 〈그림 9-1〉과 같다.

〈표 9-1〉 소득 및 지출(단위: 만원)

순번	X: 소득	Y: 지출	순번	X: 소득	Y: 지출
1	80	70	11	280	200
2	100	65	12	300	200
3	120	90	13	400	250
4	140	95	14	500	250
5	160	110	15	600	300
6	180	115	16	650	400
7	200	120	17	700	600
8	220	140	18	800	500
9	240	155	19	800	500
10	260	150			

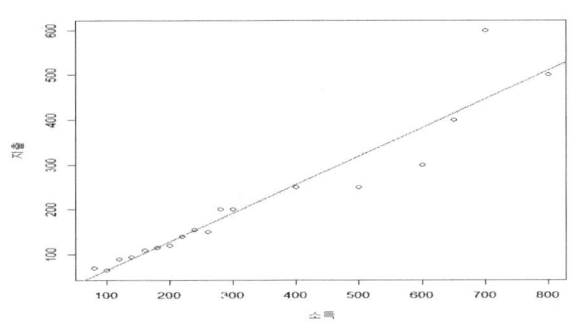

〈그림 9-1〉 월평균 소득에 따른 지출의 회귀직선

〈그림 9-1〉을 보다 구체적으로 표현하면 〈그림 9-2〉와 같이 회귀직선 그

래프를 나타낼 수 있다. 관찰될 값을 기초로 자료를 가장 잘 나타내는 가상의 회귀식 $\hat{Y} = \hat{\beta}_0 + \hat{\beta}_1 X$을 추정할 수 있다. 이렇게 추정된 회귀식은 실제 관측값(Y)과 추정값($\hat{Y}$)간에 오차(e) 또는 잔차가 발생한다. 이를 수리적으로 표현하면 $e = Y - \hat{Y}$이 된다. 앞선 가상의 회귀식은 e^2의 합($\sum e^2$)이 최소로 하는 가상의 회귀식($\hat{Y} = \hat{\beta}_0 + \hat{\beta}_1 X$)을 의미한다.

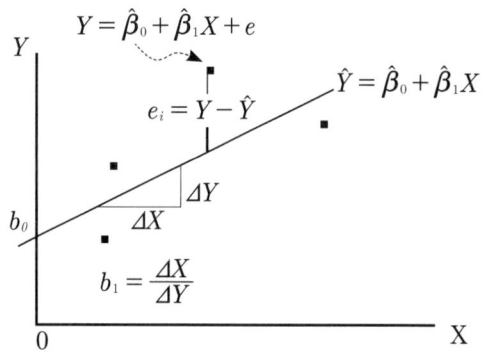

〈그림 9-2〉 회귀직선 그래프

이렇게 추정된 표본의 회귀식을 기초로 오차(e)항에 대하여 $E(e) = 0$이고, 분산이 일정하다는 가정을 설정하여, 독립변수 값에 대한 종속변수의 평균값인 $E(Y|X)$을 추정한다. 이때 Y와 X가 선형관계에 있다고 가정함으로써 〈그림 9-3〉과 같이 X의 모든 값에 대응하는 Y의 조건부 기대값 들은 직선상에 놓이게 된다.

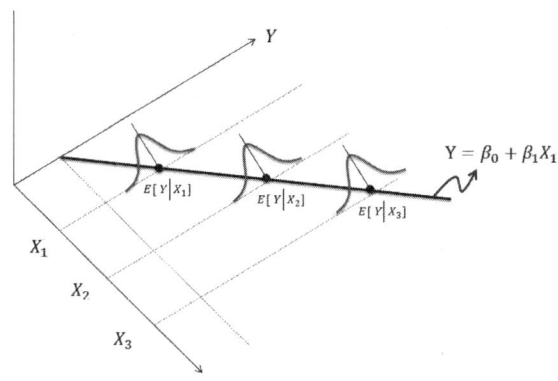

〈그림 9-3〉 모회귀선의 추정

앞의 (식 9-1)에서 β_0 및 β_1을 모집단 회귀계수(population regression coefficient)라 하고, 이들 모집단의 회귀계수 값이 '0'인지 아닌지를 표본자료를 기초로 평가하게 되는 것이다. 예를 들어, X_1(소득)과 지출(Y)에 대한 기울기에 대하여 귀무가설과 대립가설을 수치적으로 표현하면 다음과 같다.

H_0 : 소득은 지출에 정(+)의 영향을 미칠 것이다.
H_1 : 소득은 지출에 정(+)의 영향을 미치지 않을 것이다.

$H_0 : \beta_1 = 0,\ H_1 : \beta_1 \neq 0$

제3절 단순회귀분석의 이론적 기초

단순 회귀분석이란 한 개 독립변수와 한 개의 종속변수간의 관계를 파악하기 위한 방법이다. 이를 위하여 종속변수와 독립변수간의 관계에 대하여 회귀모형[128]을 설정하고, 표본으로부터 수집된 자료를 이용하여 모집단의 회귀계수를 추정하게 된다. 일반적으로 바람직한 추정량의 조건을 어느 정도 충족시키는 방법을 사용하게 되는데, 최우법(method of maximum likelihood)과 최소자승법(method of lest squares) 등이 가장 대표적인 방법이다. 이렇게 추정된 표본의 회귀계수 ($\hat{\beta}_k$)는 모집단의 회귀계수(β_k)의 추정치로 사용된다.

■ 1. 표본 회귀식의 결정 ■

회귀분석은 종속변수와 독립변수간의 관계를 나타내는 회귀식을 결정하는 데 있어 일반적으로 최소자승법(OLS: Ordinary Least Squares)을[129] 가장 많이 이용한다. 앞의 〈그림 9-1〉 월평균 소득에 따른 지출의 회귀직선에서 우리가 가진 자료는 19개의 관측값($n = 19$)을 갖고 있다. 이러한 상황에서 19개의 관측값을 가장 잘 대표하는 직선을 추정하고 싶다고 하자. 이때 제일 먼저 생각해 낸 것이 오차 또는 잔차(residual)의 개념이다. 즉, 모든 19개의 점이 잔차가 0인 직선(오차가 없는 완전한 직선)을 구했다고 가정하자. 이러한 관계는 앞에서 간략하게 언급하였듯이 확정적 관계(deterministic dependence) 또는 수학적 관계(mathematical relationship)라고 할 수 있다. 이러한 관계는 사회과학에서 관찰이 불가능하다.

따라서 사회과학에서는 어느 정도의 오차를 감안하여 잔차(오차)를 최소화 하는 직선을 추정할 수 있을 것이다. 즉 $\sum e_i$를 최소화 하는 직선을 도출할 수 있다. 하지만 이러한 방법은 부호에 대한 문제와 잔차의 크기에 대한 동일한 가중

---

[128] 여기의 회귀모형은 확정적 모형이 아니라 확률적 모형을 의미하고, 회귀분석에서는 종속변수와 독립변수간의 선형성을 가정하고 있다.

[129] 보통최소자승법은 독일의 수학자 가우스(Carl Friedrich Gauss, 1777-1855)에 의해서 처음 이루어졌다.

치를 두고 있다는 문제가 발생한다. 따라서 잔차의 크기에 대한 가중치를 부여하고, 부호에 대한 단점을 보완한 잔차제곱의합($\sum e^2$)이 최소화 되는 직선을 도출하게 되는데, 이러한 논리가 바로 적용된 것이 바로 최소자승법(OLS: Ordinary Least Squares) 추정량이라고 볼 수 있다.

관측된 자료와 회귀식으로 추정된 값과의 차이를 잔차(residual)라고[130] 하는데, 최소자승법(OLS)은 이러한 잔차를(정확하게는 잔차제곱의 합: $\sum_{i=1}^{n} e_i^2$) 최소화하는 회귀식을 추정하는 방법 중에 하나이다. 잔차를 최소화하는 데에도 다양한 방법이[131] 있는데, 이중 최소자승법(OLS)은 회귀식과 관측된 자료간 거리의 제곱합($\sum_{i=1}^{n} e_i^2$)이 최소화 되도록 하는 회귀식을 구하는 방법이다. 즉, 수 많은 $\hat{\beta}_0$와 $\hat{\beta}_1$의 집합 중에 잔차제곱의 합($\sum_{i=1}^{n} e_i^2$)을 최소화하는 $\hat{\beta}_0$와 $\hat{\beta}_1$의 선택 방법이라고 이해할 수 있다. 즉, (식 9-2)를 편미분하여 0이 되는 $\hat{\beta}_0$와 $\hat{\beta}_1$ 값을 찾으면 (식 9-3), (식 9-4)와 같다.[132]

---

[130] 통계학에서 대부분의 경우 잔차를 e로 표시함.

[131] 예를 들어 최우도법(MLE: Maximum Likelihood Estimator)이 있다. 최우도법은 본서의 한계를 넘어가기 때문에 간략하게 설명하기로 한다. 확률 표본 $X_1, X_2, ... X_n$으로부터 최우도법 추정량이 θ라 한다면, 이 θ는 관측된 표본이 발생할 수 있는 가장 높은 확률을 갖는 θ의 값이다. 즉 θ는 밀도함수 $f(X, \theta)$를 극대화하는 값이다. 우도함수(likelihood function)는 다음과 같이 나타낼 수 있다. $f(Y_1, Y_2, ..., Y_n | \beta_0 + \beta_1 X_i, \sigma^2) = \frac{1}{\sigma^N (\sqrt{2\pi})^2} exp - \frac{1}{2} \sum \frac{(Y_i - \beta_0 - \beta_1 X_i)^2}{\sigma^2}$ 이를 용이하게 미분하기 위하여 양변 자연로그를 취하면, $\ln f(Y_1, Y_2, ..., Y_n | \beta_0 + \beta_1 X_i, \sigma^2) = -N \cdot \ln\sigma - \frac{N}{2}\ln(2\pi) - \frac{1}{2}\sum \frac{(Y_i - \beta_0 - \beta_1 X_i)^2}{\sigma^2}$ 이를 각각 $\hat{\beta}_0$와 $\hat{\beta}_1$ 편미분하면 여기서 나오는 추정량 $\hat{\beta}_0$와 $\hat{\beta}_1$는 모집단의 확률교란항(오차항)이 정규분포 한다거나 표본의 크기가 크다면 OLS 추정량과 일치하게 된다. 과거에는 계산상의 복잡함과 더불어 소프트웨어의 부족으로 최우법의 사용이 제한적이었으나, 관련 소프트웨어의 발달과 빠른 처리 능력으로 말미암아 OLS 보다 더욱더 바람직한 속성을 가지고 있는 최우법을 이용한 추정방법이 널리 사용되고 있는 실정이다.

[132] (i) $\frac{\partial \sum e^2}{\partial \hat{\beta}_0} = \frac{\partial \sum (Y - \hat{\beta}_0 - \hat{\beta}_1 X)^2}{\partial \hat{\beta}_0} = 2\sum(Y - \hat{\beta}_0 - \hat{\beta}_1 X)(-1) = 0$ 에서 $\sum Y = n\hat{\beta}_0 + \hat{\beta}_1 \sum X$ 이다.

(ii) $\frac{\partial \sum e^2}{\partial \hat{\beta}_1} = \frac{\partial \sum (Y - \hat{\beta}_0 - \hat{\beta}_1 X)^2}{\partial \hat{\beta}_1} = 2\sum(Y - \hat{\beta}_0 - \hat{\beta}_1 X)(-X) = 0$ 에서 $\sum XY = \hat{\beta}_0 \sum X + \hat{\beta}_1 \sum X^2$ 이다.

(iii) (i), (ii)에서 이원이차 연립방정식을 구성하여 $\hat{\beta}_0$와 $\hat{\beta}_1$ 을 구하면 된다. 즉,

$\sum Y = n\hat{\beta}_0 + \hat{\beta}_1 \sum X$ ...... ①

$$\sum e^2 = \sum (Y - \hat{Y})^2 = \sum (Y - \hat{\beta}_0 - \hat{\beta}_1 X)^2 \qquad \text{(식 9-2)}$$

$$\hat{\beta}_0 = \frac{1}{n}(\sum Y - \hat{\beta}_1 \sum X) = \overline{Y} - \hat{\beta}_1 \overline{X} \qquad \text{(식 9-3)}$$

$$\hat{\beta}_1 = \frac{\sum x_i y_i}{\sum x_i^2} \qquad \text{(식 9-4)}$$

(단 $x_i = X_i - \overline{X}$, $y_i = Y_i - \overline{Y}$)

여기서 표본회귀함수(SRF: sample regression function)의 $\hat{\beta}_0$와 $\hat{\beta}_1$는 모회귀함수(PRF: population regression function)의 모수(parameters) β_0와 β_1를 추정하기 위한 추정량(estimator)이다. 즉 $\hat{\beta}_0 = \beta_0$의 추정량, $\hat{\beta}_1 = \beta_1$의 추정량이다.

그러면 위의 식 (식 9-3) 및 (식 9-4)에 의해 추정된 추정치(값)는 얼마나 신뢰성 또는 정확성을 갖추고 있는지에 대하여 알아보기로 하자. 통계학에서는 추정치의 정확성을 추정하기 위해 소위 표준오차(SE: standard error)를 사용한다. 엄밀하게 표현한다면 회귀계수($\hat{\beta}_0$와 $\hat{\beta}_1$)의 표준오차이다.[133] 따라서 OLS 추정량을 이용해 계산된 추정값들은 표준오차가 적을수록 통계적으로 유의하다고 할 수 있다. 회귀계수($\hat{\beta}_0$와 $\hat{\beta}_1$)의 표준오차 및 분산은 다음과 같다.

$\sum XY = \hat{\beta}_0 \sum X + \hat{\beta}_1 \sum X^2$ ...... ②

① 에서 $\hat{\beta}_0 = \frac{1}{n}(\sum Y - \hat{\beta}_1 \sum X)$ 을 ②에 대입하면

$$\hat{\beta}_1 = \frac{\sum XY - \frac{\sum X \sum Y}{n}}{\sum X^2 - \frac{(\sum X)^2}{n}} = \frac{\sum (X-\overline{X})(Y-\overline{Y})}{\sum (X-\overline{X})^2} = \frac{\sum XY - n\overline{X}\overline{Y}}{\sum X^2 - n\overline{X}^2} = \frac{\frac{\sum (X-\overline{X})(Y-\overline{Y})}{(n-1)}}{\frac{\sum (X-\overline{X})^2}{(n-1)}} = \frac{Obv(X,Y)}{Var(X)} = \frac{S_{XY}}{S_X^2}$$

$\hat{\beta}_0 = \frac{1}{n}(\sum Y - \hat{\beta}_1 \sum X) = \overline{Y} - \hat{\beta}_1 \overline{X}$ 여기서 $x_i = X_i - \overline{X}$, $y_i = Y_i - \overline{Y}$ 라고 하면,

$\hat{\beta}_1 = \frac{\sum x_i y_i}{\sum x_i^2}$ 이 된다.

133) 일반적으로 표준오차(SE: standard error)는 추정량(estimator, 예를 들어 OLS에 의해 추정된 $\hat{\beta}_0 = \overline{Y} - \hat{\beta}_1 \overline{X}$, $\hat{\beta}_1 = \frac{\sum x_i y_i}{\sum x_i^2}$)에 대한 표본분포의 표준편차이다. 여기서 추정량에 대한 표본분포란 단순히 추정량의 확률분포 또는 도수분포를 말한다. 따라서 주어진 모집단으로부터 추출한 같은 크기의 모든 가능한 표본으로부터 얻어지는 일련의 추정값들에 대한 분포이다. 표본분포는 하나 또는 그 이상의 표본으로부터 계산된 추정량의 값들을 기초로 하여 모수의 값에 대한 추론을 이끌어 내는데 이용된다.

$$var(\hat{\beta}_1) = \frac{\sigma^2}{\sum x_i^2} \text{ 그리고 } SE(\hat{\beta}_1) = \frac{\sigma}{\sqrt{\sum x_i^2}} \quad \quad \text{(식 9-5)}$$

$$var(\hat{\beta}_0) = \frac{\sum X_i^2}{N \sum x_i^2} \cdot \sigma^2 \text{ 그리고 } SE(\hat{\beta}_0) = \sqrt{\frac{\sum X_i^2}{N \sum x_i^2}} \cdot \sigma \quad \quad \text{(식 9-6)}$$

(단, $x_i = X_i - \overline{X}$, N = 총표본수)

(식 9-5)과 (식 9-6)에서 σ^2 및 σ을 제외하고는 모두 다 표본으로부터 구할 수 있다. 따라서 σ, σ^2는 모집단의 표준편차 및 분산이므로 표본의 $\hat{\sigma} = \sqrt{\frac{\sum(Y_i - \hat{Y}_i)^2}{n-2}}$ 및 $\hat{\sigma}^2 = \frac{\sum(Y_i - \hat{Y}_i)^2}{n-2} = \frac{\sum e_i^2}{n-2}$을 사용한다.

바람직한 회귀분석을 위하여 다음의 몇 가지 요건이 충족되어야 한다. (i) 회귀모형이 정확히 설정되어야 한다. (ii) 독립변수와 종속변수 모두 등간척도 이상의 양적자료를 원칙으로 한다.[134] (iii) 독립변수 변화에 따라 나타나는 종속변수의 분산은 모두 동일해야 한다는 등분산성 또는 균일분산(homoskedasticity)을 만족하여야 한다.[135] (iv) 최소자승법(OLS)방법에 의한 회귀식을 추정하기 위하여 잔차(오차)에 대하여 오차의 평균값은 '0'이어야 한다($\sum e_i = E(e_i) = 0$).[136] (v) 잔차들 간에는 상호독립적 또는 자기상관(autocorrelation)이 존재하지 않아야 한다.[137]

---

[134] 독립변수가 명목척도일 경우 더미(dummy)변수를 이용하여 분석이 가능하다.

[135] 통계 기호로 표현하면, 등분산성 또는 균일분산(homoskedasticity)은 $var(e_i|X_i) = \sigma^2$으로 표시할 수 있다. 반면 X가 증가함에 따라 모집단의 조건부 분산이 증가하는 경우 이를 이분산(異分散, heteroskedasticity)이라 하고, $var(\epsilon_i|X_i) = \sigma_i^2$으로 나타낼 수 있다.

[136] 통계 기호로 표현하면, $E(\epsilon_i|X_i) = 0$으로 표시할 수 있다.

[137] 통계 기호로 표현하면, $cov(\epsilon_i|\epsilon_j) = E[\epsilon_i - E(\epsilon_i)][\epsilon_j - E(\epsilon_j)] = E(\epsilon_i \epsilon_j) = 0$ for $i \neq j$ 이다.

(vi) 오차항과 독립변수(X)는 서로 상관되어 있지 않아야 한다.[138] 마지막으로, (vii) 특히 관측값이 적을 때(n < 30), 확률교란항 또는 오차항(disturbance term or error term, 즉 $\epsilon \sim N(0, \sigma^2)$)은 정규분포한다는 가정이 필요하다.[139] 따라서 관측값이 30이상인 자료가 바람직하다고 하겠다.

이상과 같은 전제조건들을 만족하는 선형회귀모형(모델)을 고전적(선형)회귀모형(classical regression model), 표준회귀모형(standard regression model) 또는 일반선형회귀모형(general linear regression model)이라고 부른다. 또한 최소자승법에 대한 이론적 정당성은 가우스 마아코프정리(Gauss-Markov theorem)에 있다. 이 정리는 고전적(선형)회귀모형에서 제 가정들이 만족되는 경우, 최소자승법에 의한 추정량은 선형불편추정량(unbiased linear estimators)가운데 최소의 분산(minimum variance)을 갖는다. 즉, 최소자승추정량은 BLUE(best linear unbiased estimator)이다.

오차항의 가정을 만족하는지를 알아보기 위하여 잔차항의 정규확률분포도(normal probability plot) 또는 다양한 방법들을[140] 통하여 잔차의 정규분포성을 확인하거나, 시계열 자료일 경우 오차항의 자기상관(autocorrelation)의 존재여부를 확인한다. 자기상관이 있는가에 대한 가설검증은 Durbin-Watson(DW) 통계량을 사용하고, DW 값이 2에 가까우면 오차항간에 독립성이 있는 것이고, 0에 가

---

138) 통계 기호로 표현하면, $cov(\epsilon_i, X_i) = E[\epsilon_i - E(\epsilon_i)][X_i - E(X_i)] = 0$ 으로 표시할 수 있다.

139) 오차항의 가정을 만족하는지를 알아보기 위하여 잔차항의 정규확률분포도(normal probability plot) 또는 Shapiro-Wilk normal test과 같은 정규성 검정 및 다양한 방법들을 통하여 잔차의 정규분포성을 확인하거나, 시계열 자료일 경우 오차항의 자기상관(autocorrelation)을 존재여부를 확인한다. 자기상관이 있는가에 대한 가설검증은 Durbin-Watson(DW) 통계량을 사용하고, DW 값이 2에 가까우면 오차항간에 독립성이 있는 것이고, 0에 가까우면 인접오차항에 양의 상관관계가 존재하고, 4에 가까우면 인접 오차항간에 음의 상관관계가 존재한다(박성현·김성수. 2001: 174).

140) 정규성을 검정하는 대표적인 방법으로는 Shapiro-Wilk normal test가 있다.

까우면 인접오차항에 양의 상관관계가 존재하고, 4에 가까우면 인접 오차항간에 음의 상관관계가 존재한다(박성현·김성수, 2001: 174).

■ 2. 회귀식의 오차항 ■

여기서 모집단회귀식인 $Y = \beta_0 + \beta_1 X_1 + \epsilon$ (식 9-1)의 확률교란항(stochastic disturbance) 또는 오차항(stochastic error term)이라 불려지는 ϵ에 대하여 살펴보도록 하자. 한마디로 ϵ는 모형에 들어가지 않은(생략된) 모든 변수에 대한 대용변수이다. 그렇다면 가능한 많은 변수들을 포함하는 다중회귀분석을 전개하지 않은 이유는 무엇일까? (i) 종속변수(Y)의 행태를 결정짓는 이론이 비록 존재한다고 할지라도 그것은 불완전할지도 모르며 대개의 경우 불완전하다. 앞의 〈표 9-1〉 소득 및 지출 예에서 알 수 있듯이 소득(X)가 지출(Y)에 영향을 미친다는 것은 거의 확실하지만, 지출(Y)에 영향을 미치는 다른 변수들에 대해서는 무지하거나 확신할 수 없을지도 모른다. 따라서 ϵ는 모델에서 제외되거나 생략된 변수들에 대한 대용물로서 이용될 수 있다. (ii) 비록 제외된 변수들의 일부가 어떤 변수인지를 알고 있어 다중회귀분석을 고려한다고 하더라도 이 변수들에 대한 정보를 갖추지 못할 수도 있다. 예를 들어, 지출에 영향을 미치는 유력한 변수로 가계의 부(family wealth)를 생각해 볼 수 있다. 그러나 현실적으로 부에 대한 측정 및 정보는 일반적으로 입수할 수 없다. (iii) 지출에 영향을 미치는 소득 이외에도 자녀의 수, 성별, 종교, 교육, 지리적 위치 등 많은 변수들이 지출에 영향을 미친다고 가정하자. 그러나 이들 모든 변수 또는 일부 변수들이 함께 미치는 영향의 정도가 매우 작고 기껏해야 비체계적(nonsystematic)이거나 확률적(random)이어서 현실적인 비용 등을 고려할 때 이들 변수들을 명시적으로 도입하지 않을 수도 있다. 혹은 이들 변수들의 결합된 효과는 확률변수 ϵ로 취급될 수 있을 것이다. (iv) 모든 가능한 설명변수들을 모형에 도입시킨다 할지라도 설명될 수 없는 개별 지출(Y)의 내재적(intrinsic) 우연성(randomness)이 반드시 존재하기 마련이다. 확률교란항은 이러한 내재적(intrinsic) 우연성(randomness)을 잘 반영할 수도 있다. (v) 변수의 측정에서 아무런 오차도 없다고 가정하지만 실제로 우리의 자료는 측정오차(errors of measurement)로 기인한 매우 곤란한 경우가 있을 수 있다. (vi) 마지막으로 적절하고도 중요한 변수들을 배제시켜서는 안 되지만, 오캄의 면도날 이론(Occam's razor)에 따라[141] 가능하다면 회귀모델을 간단하게 표시하는 것이 좋다(Gujarati, 1988: 33-34).

■ 3. 회귀식의 적합도 ■

최소자승법(OLS)을 통하여 관측된 자료를 가장 잘 설명해줄 수 있는 회귀선을 구했다고 하여도, 이러한 회귀선이 관측자료를 얼마나 잘 반영하고 있는지에 대한 정보가 필요하다. 즉, 아래의 〈그림 9-4〉에서와 같이 (a)와 (b) 모두 OLS 방법에 의해 회귀선을 구했지만, (b)보다 (a)의 회귀선이 보다 자료를 잘 설명하고 있다. 이렇듯 관찰자료로부터 추정된 회귀직선이 관측값을 얼마나 잘 나타내고 있는가? 를 나타내는 것이 회귀식의 적합도(goodness)이다. 적합도가 높으면 회귀선을 중심으로 점들이 밀집되어 있고, 자료를 잘 요약 대표하고 있으며, 두

---

[141] "그러한 설명은 그것이 부적절한 것으로 입증될 때까지 가능한 단순한 것으로 유지하는 것이 좋다." The World of Mathematics, vol.2, J.R. Newman (ed.), Simon & Schuster, Inc., New York, 1956, p.1247. 또는 "범위, 구역, 경계(entities)는 필요이상으로 확대(multiplied)시키지 않아야 한다." Donald F. Morrison, *Applied Linear Statistical Methods*, Prentice-Hall, Inc., Englewood Cliffs, N.J., 1983, p.58.

변수 관계도 잘 설명하고 있다. 적합도가 높을 경우 안정성과 정확성을 띄게 되고, 적합도가 낮은 회귀분석은 활용가치가 떨어져 분석결과의 신빙성과 정확성을 의심 받게 된다(김호정, 2005: 471). 회귀식 적합도를 측정하는 방법은 "추정치의 표준오차", "결정계수"가 있다. 이 중 결정계수가 가장 일반적으로 사용된다.

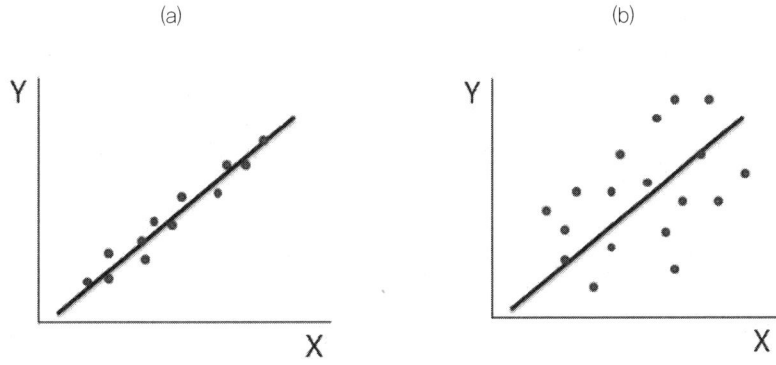

〈그림 9-4〉 적합도가 다른 두 회귀식

추정치의 표준오차는 예측치를 추정하는데 생기는 오차로 표본의 실제 관측치가 회귀식으로부터 얼마나 멀리 떨어져 있는가를 나타낸다. 일반적으로 추정의 표준오차(standard error of estimate)라고 불리고 S_e 또는 SE라고 표시된다. 식은 아래와 같다.

$$S_e = \sqrt{\frac{\sum (Y_i - \hat{Y}_i)^2}{n-2}} \qquad \text{(식 9-7)}$$

다시 말해 S_e는 회귀식으로 부터 얻은 예측치($\hat{Y}_i$)와 실제 관측치(Y_i) 간의 차이를 나타내는 편차(잔차)의 표준편차이다.[142] 추정치의 표준오차(S_e)는 넓게 보자면 회귀식의 적합도를 나타내는 지표이기는 하지만 단위에 따라 값이 달라진다는 단점을 갖고 있다. 즉, 주택가격을 예측하는데 있어 변수의 값을 천원 단위로 한 경우와 만원 단위로 한 경우에 S_e 값이 달라진다는 문제가 있다. 이를 해결하기 위하여 결정계수(coefficient of determination)를 사용한다. 결정계수는 0부터 1까지 값을 가지며, 일반적으로 R^2 으로 표시한다.

이러한 결정계수는 독립변수가 종속변수를 설명해주는 비율을 말한다. $\sum (Y_i - \overline{Y})^2$ 은 Y 의 표본평균에 대한 실제 Y 값의 총변동[143]이며 이를 총자승합(TSS: Total Sum of Squares)이라고 한다. $\sum (Y_i - \hat{Y}_i)^2$ 또는 $\sum_{i=1}^{n} e_i^2$ 은 잔차 또는 설명되지 않는 변동 또는 잔차자승의 합(RSS: Residual Sum of Squares)이라고 하며, $\sum (\hat{Y}_i - \overline{Y})^2$ 은 회귀에 기인되는(즉, 설명변수에 기인하는) 자승합 또는 설명되는 자승합(ESS: Explained Sum of Squares)이라고 한다. 여기서 주의할 것은 많은 통계학 서적들에서 이와 같은 영어약자 표현들이 혼재 되어 쓰이고 있다. 예를 들어 잔차자승의 합(RSS: Residual Sum of Squares)의 경우 오차자승의 합(ESS: Error Sum of Squares) 또는 설명되지 않는 자승의 합(USS: Unexplained Sum of Squares), 그리고 설명되는 자승합(ESS: Explained Sum of Squares)의 경우 회귀자승의 합(RSS: Regression Sum of Squares)으로 쓰이는 경우가 있다.

---

142) 표준오차에 대한 혼동을 피하기 위해 (i) SE: 회귀계수의 표준오차(SE: standard error) (ii) S_e : 회귀식 또는 추정치(값)의 표준오차(S_e : standard error of estimate 또는 standard error of regression)라고 구분지어 표시하기로 한다.

143) 변동(variation)과 분산(variance)은 서로 다른 개념이다. 변동은 어떤 변수의 평균값에서 편차자승의 합(Sum of Squares)을 의미한다. 분산은 이 자승합을 적절한 자유도로 나눈 값이다. 예를 들어, 분산 = 변동/자유도(df)이다.

따라서 본서에서는 이러한 혼란을 피하기 위해 총자승합(TSS: Total Sum of Squares), 설명되는 자승합(ESS: Explained Sum of Squares), 잔차자승의 합(RSS: Residual Sum of Squares)으로 쓰기로 한다. 결정계수는 (식 9-8)과 같이 정의 된다.

$$R^2 = \frac{ESS}{TSS} = 1 - \frac{RSS}{TSS} \qquad \text{(식 9-8)}$$

R^2(결정계수: coefficient of determination)는 마이너스 값을 가질 수 없으며, 0과 1사이의 값을 갖는다. 예를 들어, $R^2 = 1$이면 설명변수로 종속변수를 100% 설명되는 완전한 적합도를 의미하며 $R^2 = 0$의 경우 설명변수와 종속변수 간에 아무런 관계가 존재하지 않음을 의미한다.

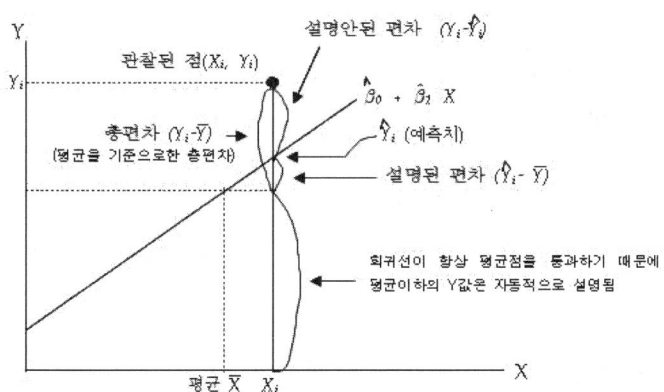

〈그림 9-5〉 총변동량의 분해

$TSS = \sum (Y_i - \overline{Y})^2$ (Total Sum of Squares)

$RSS = \sum (Y_i - \hat{Y}_i)^2$ (Residual Sum of Squares)

$ESS = \sum (\hat{Y}_i - \overline{Y})^2$ (Explained Sum of Squares)

TSS = RSS+ESS

■ 4. 회귀식의 선형관계 및 회귀계수에 대한 가설 검정 ■

회귀분석은 두 변수 간의 선형관계를 가정하고 있다. 따라서 이들 변수 사이에 선형관계가 성립되지 않는다면, 회귀분석을 사용하는 것은 무의미해진다. 회귀모형의 선형관계에 대한 검증방법에는 일반적으로 설명되는 자승합(ESS: Explained Sum of Squares)과 잔차자승의 합(RSS: Residual Sum of Squares)의 상대적 크기를 기초로 F-검증을 하는 방법이 사용된다. 이때 검증 통계량 F-값은 다음과 같다.

$$F_{(1,n-2)} = \frac{RSS/1}{ESS/(n-2)} \qquad (식\ 9-9)$$

모집단의 회귀식의 기울기인 β_1 가 '0'인지 아닌지를 통계적으로 나타내는 검증통계량은 표본 회귀식의 기울기인 $\hat{\beta}_1$ 가 모집단 회귀식의 기울기인 β_1 를 중심으로 T-분포를 이루고 있다고 가정하여 T-검증을 실시한다. 따라서 귀무가설($\beta_1 = 0$)에 대한 검정통계량은 (식 9-4)이고, β_1 에 대한 신뢰구간을 (식 9-5)와 같다.

$$T = \frac{\hat{\beta}_1 - \beta_1}{SE(\hat{\beta}_1)} \sim t_{(n-2)} \qquad (식\ 9-10)$$

$$\hat{\beta}_1 - t_{n-2} SE(\hat{\beta}_1) \leq \beta_1 \leq \hat{\beta}_1 + t_{n-2} SE(\hat{\beta}_1) \qquad (식\ 9-11)$$

일반적으로 p-값 $< \alpha$ 이면 귀무가설$(H_0 : \beta_1 = 0)$을 기각하여 추정된 기울기가 통계적으로 유의하다고 말한다. 즉 기울기가 '0'이 아님을 의미 한다$(\beta_1 \neq 0)$.

제4절 R을 이용한 단순 회귀분석

```
setwd("C:/R_행통") # / 방향에 주의
d = read.csv("C:/R_행통/In_Exp.csv")
str(d)
class(d)
summary(d)
cov(d)
cor(d)
with(d, cor(소득, 지출))
with(d, cor.test(소득, 지출))
with(d, plot(소득, 지출))
Sys.sleep(3)

## 어떠한 분석을 하기전에 결측값 및 0(zero value)값을 항상 점검 ##
########## NA & ZERO ####
VAR_INFO = function(x,choice) {
     if (choice == "Zeros"){D1=(x==0)}
     if (choice == "NAs") {D1=is.na(x)}
     sum(D1, na.rm=TRUE)
}
x=d$소득
VAR_INFO(x, "Zeros")
VAR_INFO(x, "NAs")
y=d$지출
VAR_INFO(y, "Zeros")
VAR_INFO(y, "NAs")
#########################################
attach(d)
eq = 지출 ~ 소득
```

```
m = lm(eq, data=d); m
summary(m)

######## 회귀식의 결과 ########################
#                Estimate Std.  Error     t value   Pr(>|t|)
# (Intercept)    1.5879         19.2530   0.08      0.94
# 소득           0.6359         0.0452    14.08     8.4e-11 ***[144]
# Signif. codes:  0 '***' 0.001 '**' 0.01 '*' 0.05 '.' 0.1 ' ' 1
# 즉 $\hat{\beta}_1$ = 0.6359. 이것은 소득이 1단위(1만원) 증가 할 때
# 지출(Y: 종속변수)이 Y의 0.6359단위 증가한다는 말이다.
# 다시 말해, 소득이 1만원 증가하면 지출은 6,359원 증가한다.
# 게다가 이 기울기는 통계적으로도 매우 유의하다.
# 왜냐하면, t-score = 14.08 > |2|, 그리고 더욱더 p-value = 8.4e-11 < 0.05
# 또한 $\hat{\beta}_0$ = 1.5879는 X(소득)이 0일 때 Y의 값이다.
# 다시 말해, 소득이 없어도 15,879원을 지출한다는 말이다.
# 그러나 이는 실제적으로 큰 의미가 없다고 하겠다.
# 게다가 통계적으로 유의하지 않다.
# 왜냐하면, t-score=0.08 < |2|, 그리고 더욱더 p-value = 0.94 > 0.05
# Residual standard error: 46.7 on 17 degrees of freedom
# Multiple R-squared: 0.921,   Adjusted R-squared: 0.916
# F-statistic: 198 on 1 and 17 DF,  p-value: 8.41e-11
####################################################################
m$coefficients                          # 회귀계수 추정값
m$residuals                             # 잔차의 추정값
m$fitted.values                         # Y(지출)의 예측값
yhat = m$co[1] + m$co[2]*d$소득; yhat    # Y(지출)의 예측값
res = 지출 - yhat; res                   # 잔차(residuals)
RSS = sum(m$residuals^2); RSS           # RSS = Residual Sum of Square
ESS = sum((m$fitted.values - mean(지출))^2); ESS # ESS = Explained Sum of Square
TSS = sum((지출 - mean(지출))^2); TSS     # TSS = Total Sum of Square
R_sq = ESS/TSS; R_sq                    # $R^2$ : R-Square [1] 0.921
R_sq = 1-RSS/TSS; R_sq                  # $R^2$ : R-Square [1] 0.921

s = summary(m); s                       # 회귀분석 결과를 s로 명명함
```

---

144) 예를 들어, 8.4e-1 = 0.84; 8.4e-2 = 0.084; 8.4e-3 = 0.0084;따라서 8.4e-11는 소수점 자리를 왼쪽으로 11번째 까지 이동함을 의미한다.

```
names(s)                              # 회귀분석 결과(s)의 구성요소
# [1] "call"          "terms"      "residuals"    "coefficients"
# [5] "aliased"       "sigma"      "df"           "r.squared"
# [9] "adj.r.squared" "fstatistic" "cov.unscaled"
s$res
### RSS/(n-k) ===> variance of the estimate i.e. $\hat{\sigma}^2 = \frac{\sum(Y_i - \hat{Y}_i)^2}{n-2} = \frac{\sum e_i^2}{n-2}$
### Sigma, RMSE, Residual Standard Error, the standard error of the estimate
# i.e., $\hat{\sigma} = \sqrt{\frac{\sum(Y_i - \hat{Y}_i)^2}{n-2}}$
s$sigma    # [1] 46.7 ==> Residual standard error: 46.7 on 17 degrees of freedom
Sig = sqrt(RSS /(10-2)) # (식 9-7): 회귀식 또는 추정치(값)의 표준오차 (S.) [1] 68.07
n=nrow(d)      # number of observation
k=2            # number of parameters
F=((TSS-RSS)/(k-1))/(RSS/(n-k)); F        # F-검정 [1] 198.3
sqrt(diag(vcov(m)))                        # 회귀계수 ($\hat{\beta}_0$ 와 $\hat{\beta}_1$) 의 표준오차
plot(소득,지출)  # <가상의 소득 및 지출 자료를 이용한 한계소비성향 회귀직선>
abline(m, col="red")

names(m)
# [1] "coefficients"  "residuals"  "effects"    "rank"
# [5] "fitted.values" "assign"     "qr"         "df.residual"
# [9] "xlevels"       "call"       "terms"      "model"
m$coefficients  # 또는 m$co m$coe m$coef m$coeff
m$residuals     # 또는 m$resid
m$fitted.values # 또는 m$fit
yhat = m$co[1] + m$co[2]*d$소득; yhat
res = 지출 - yhat; res
# RSS = Residual Sum of Square
RSS = sum(m$residuals^2); RSS
# ESS = Explained Sum of Square
ESS = sum((m$fitted.values - mean(지출))^2); ESS
# TSS = Total Sum of Square
TSS = sum((지출 - mean(지출))^2); TSS
# R-Square
R_sq = ESS/TSS; R_sq
R_sq = 1-RSS/TSS; R_sq
###
s = summary(m)
```

```
names(s)
# [1] "call"          "terms"       "residuals"    "coefficients"
# [5] "aliased"       "sigma"       "df"           "r.squared"
# [9] "adj.r.squared" "fstatistic"  "cov.unscaled"
s$res
### RSS/(n-k) ===> variance of the estimate
### Sigma, RMSE, Residual Standard Error, the standard error of the estimate
s$sigma
Sig = sqrt(RSS /(10-2)); Sig
s$r.squared
s$fstatistic
n=nrow(d)    # number of observation
k=2          # number of parameters
F=((TSS-RSS)/(k-1))/(RSS/(n-k)); F
s$cov.unscaled
sqrt(diag(vcov(m)))
############################
plot(소득, 지출)
abline(m, col="red")
Sys.sleep(3)
confint(m, level=0.95)

########### 단순회귀분석(simple linear regression ###############
# ?cars # R에 내장된 자료를 이용
# data(cars)
# d=cars
# names(d)
# class(d)
# str(d)
# summary(d)
# A data frame with 50 observations on 2 variables.
# [,1] speed  numeric  Speed (mph)
# [,2] dist   numeric  Stopping distance (ft)
data(cars)
str(cars)
names(cars)
class(cars)
search() #### 어떤 package들이 실행되는지 check
```

```
# require(stats)
# require(graphics)
plot(cars, xlab = "Speed (mph)", ylab = "Stopping distance (ft)",
    las = 1)
Sys.sleep(3)


x=cars$speed*1.609344  # mile을 kilo-meter로 변환 즉 속력
y=cars$dist*0.3048  # feet을 meter로 변환 즉 정지거리
plot(x, y, xlab = "속력(시속 km)", ylab = "정지거리(m)",
    las = 1)
Sys.sleep(3)

eq = y ~ x; eq
out1 = lm(eq, data=cars); out1
summary(out1)
####################################################################
# Call:
# lm(formula = eq, data = cars)
# Residuals:
#     Min      1Q   Median      3Q     Max
#  -8.8603 -2.9033 -0.6925  2.8086 13.1678
# Coefficients:
#              Estimate Std.  Error    t value  Pr(>|t|)
# (Intercept)  -5.3581        2.0600   -2.601   0.0123 *
# x             0.7448        0.0787    9.464   1.49e-12 ***
# ---
# Signif. codes:  0 '***' 0.001 '**' 0.01 '*' 0.05 '.' 0.1 ' ' 1
# Residual standard error: 4.688 on 48 degrees of freedom
# Multiple R-squared: 0.6511,   Adjusted R-squared: 0.6438
# F-statistic: 89.57 on 1 and 48 DF,  p-value: 1.49e-12
####################################################################
with(cars, cor(x,y))^2  # [1] 0.6510794
## 단순회귀분석의 경우 Pearson r의 제곱은 R2(coefficient of determination)
with(cars, cor.test(x,y))
## 단순회귀분석의 경우 기울기(x)의 t값 및 p-value는 일치함
# Pearson's product-moment correlation
# data:  x and y
# t = 9.464, df = 48, p-value = 1.49e-12
```

```
# alternative hypothesis: true correlation is not equal to 0
# 95 percent confidence interval:
#  0.6816422 0.8862036
# sample estimates:
#       cor
# 0.8068949
plot(y~x, data=cars, col="blue")
abline(out1, col="red")
Sys.sleep(3)
################################################################
### No Intercept Model: 절편을 0으로 만드는 회귀직선 ################
################################################################
out2 = lm(y ~ x -1, data=cars)
summary(out2)
################################################################
# Call:
# lm(formula = y ~ x - 1, data = cars)
# Residuals:
#    Min     1Q   Median    3Q    Max
#  -7.981  -3.852  -1.663  1.399  15.295
# Coefficients:
#    Estimate Std.  Error    t value   Pr(>|t|)
# x   0.55097        0.02677   20.58    <2e-16 ***
# ---
# Signif. codes:  0 '***' 0.001 '**' 0.01 '*' 0.05 '.' 0.1 ' ' 1
# Residual standard error: 4.956 on 49 degrees of freedom
# Multiple R-squared: 0.8963,    Adjusted R-squared: 0.8942
# F-statistic: 423.5 on 1 and 49 DF,  p-value: < 2.2e-16
################################################################
plot(y~x, data=cars, col="red")
abline(out2, col="blue")
Sys.sleep(3)

windows()                # 새로운 그래프 창을 만듬
split.screen(c(1,1))     # 그래프 화면 나누기 지정
screen(1)                # 그래프 위치 지정
plot(y~x,data=cars,main='정지거리 vs. 속력',ylab='정지거리',xlab='속력(시속(km))')
abline(out1, col="blue")
```

```
Sys.sleep(3)
screen(1)              # 그래프 위치 지정
plot(y~x, data=cars, ylab='정지거리', xlab='속력(시속(km))')
abline(out2, col="red")
Sys.sleep(3)


################### 회귀진단 그래프 with Intercept ############
par(mfrow=c(2,2)) # 2 by 2 총 4개의 그래프를 한개의 창에 그림
plot(out1)
Sys.sleep(3)


windows()              # 새로운 그래프 창을 만듬
split.screen(c(1,1))   # 그래프 화면 나누기 지정
screen(1)              # 그래프 위치 지정
qqnorm(resid(out1), col="red")
qqline(resid(out1), col="blue")
Sys.sleep(3)


shapiro.test(resid(out1))
################ Normal Test #########
#       Shapiro-Wilk normality test
# data: resid(out1)
# W = 0.945, p-value = 0.022
# 잔차는 정규분포의 가정을 기각함
# 즉 정규분포의 가정이 의심스럽다고 판단됨.
######################################


################### 회귀진단 그래프 with No Intercept #######
par(mfrow=c(2,2)) # 2 by 2 총 4개의 그래프를 한개의 창에 그림
plot(out2)
Sys.sleep(3)


windows()              # 새로운 그래프 창을 만듬
split.screen(c(1,1))   # 그래프 화면 나누기 지정
screen(1)              # 그래프 위치 지정
qqnorm(resid(out2), col="red")
qqline(resid(out2), col="blue")
Sys.sleep(3)
```

```
shapiro.test(resid(out2))
################ Normal Test #########
#       Shapiro-Wilk normality test
# data: resid(out2)
# W = 0.9081, p-value = 0.0008983
# 잔차는 정규분포의 가정을 기각함
# 즉 정규분포의 가정이 의심스럽다고 판단됨.
#######################################

out3 = lm(log(y) ~ log(x), data=cars)
summary(out3)
##### 회귀진단 그래프 with log(y) vs. log(x) #######
par(mfrow=c(2,2)) # 2 by 2 총 4개의 그래프를 한개의 창에 그림
plot(out3)
Sys.sleep(3)

windows()               # 새로운 그래프 창을 만듬
split.screen(c(1,1))    # 그래프 화면 나누기 지정
screen(1)               # 그래프 위치 지정
qqnorm(resid(out3), col="red")
qqline(resid(out3), col="blue")
Sys.sleep(3)

shapiro.test(resid(out3))
################ Normal Test #########
# Shapiro-Wilk normality test
# data: resid(out3)
# W = 0.9911, p-value = 0.9684
# 잔차는 정규분포의 가정을 만족함
#####################################
```

제 10 장

다중회귀분석

다중회귀분석

제1절 다중회귀분석 개요

일반적인 사회현상은 하나의 원인보다는 다수의 원인에 의해 발생되는 경우가 많다. 즉, 하나의 종속변수는 여러 개의 독립변수와 관계성을 가지게 된다. 예를 들어 주택가격은 단순한 주택의 면적, 방수, 거실 등의 물리적 구조뿐만 아니라 학군 및 교통환경, 생활편의시설 등 다양한 공간적 요소에 의해서도 영향을 받게 된다. 직무만족 역시 승진 및 보수와 같은 동기요인 뿐만 아니라 직장동료와의 관계 등 다양한 인간관계적인 요소에 의해 결정된다. 이와 같이 하나의 종속변수에 둘 이상의 독립변수와의 관계를 살펴보고자 할 때 많이 사용되는 통계적 분석방법이 다중회귀분석 또는 중회귀분석이다.

다중회귀분석은 단순회귀분석을 확장한 것으로 다중회귀식은 아래와 같이 단순회귀식에서 독립변수만 늘어난 형태이다.

$$Y = \beta_0 + \beta_1 X_1 + \beta_2 X_2 + \cdots \beta_i X_i + \epsilon \quad (단, \epsilon \sim (0, \sigma^2) 이고 상호독립) \quad (식\ 10\text{-}1)$$

(식 10-1)과 같은 형태를 고전적 정규선형회귀모델(Classical Normal Linear

Regression Model) 또는 고전선형회귀모형(Classical Linear Regression Model)으로 부르기도 한다.

가설 검증의 경우 단순회귀분석과 같이 모집단의 회귀계수인 $\beta_1, \beta_2 \cdots \beta_i$이 '0'인지 아닌지를 설정하고 이를 표본자료를 통해 검증한다.

제2절 다중회귀분석의 가정 및 이론적 기초

다중회귀분석은 단순회귀분석을 확장한 것으로 앞서 살펴본 단순회귀분석과 같은 절차와 방법에 의해 가설이 검증된다. 즉, 인과성에 대한 종속변수와 독립변수간의 가설을 설정하고, 이를 바탕으로 회귀식을 구성한 이후 표본자료를 이용해 회귀식에 대한 통계적으로 유의성을 검증함으로써 독립변수에 대한 종속변수의 인과성에 대한 관계성을 분석하게 된다. 단순회귀분석과 달리 독립변수의 개수가 1개가 아니라 2개 이상으로 계산식이 복잡하다는 것을 제외하고 기본적인 분석에 이용되는 통계적 원리는 동일하다.

단순회귀분석과 분석방법이 동일하다는 측면에서 단순회귀분석에서 필요로 한 가장 역시 다중회귀분석에서도 그대로 적용된다. 즉, (i) 회귀모형이 정확히 설정되어야 한다. (ii) 독립변수와 종속변수 모두 등간척도 이상의 양적자료[145]를 원칙으로 한다. (iii) 독립변수 변화에 따라 나타나는 종속변수의 분산은 모두 동일해야 한다는 등분산성 또는 균일분산(homoskedasticity)을 만족하여야 한

---

145) 독립변수가 명목자료일 경우 더미변수를 이용하여 회귀분석이 가능하다. 한편 종속변수가 2가지 집단으로 구분되는 질적자료일 경우 로짓회귀분석으로 통하여 분석이 가능하다.

다. (iv) 독립변수들 간에는 높은 상관관계(다중공선성: multicollinearity)가 존재하지 않아야 한다. 즉 다중공선성이 존재할 경우 회귀계수를 잘못 추론할 수 있을 뿐만 아니라 심지어 완전한 다중공선성(perfect multicollinearity)이 존재하면(예를 들어, $X_1 = 2X_2$) 회귀계수의 추정이 불가능하다. (v) 최소자승법(OLS)방법에 추정된 잔차(오차)에 대하여 오차의 평균값은 '0'이어야 하고($\sum e_i = \overline{e} = 0$), 한편 이들 잔차들 간에는 상호독립적 또는 자기상관(autocorrelation)이 존재하지 않아야 한다. (vi) 특히 관측값이 적을 때(n < 30), 확률교란항 또는 오차항(disturbance term or error term, 즉 $\epsilon \sim N(0, \sigma^2)$)은 정규분포한다는 가정이 필요하다. 따라서 관측값이 30이상인 자료가 바람직하다고 하겠다.

정규성의 가정에 대해 간략하게 설명을 부연하면, 고전적 정규선형회귀모델에서 각 ϵ_i는 다음과 같은 평균, 분산, 공분산을 가지고 있으며 정규분포되어 있다고 가정한다. (i) $E(\epsilon_i | X_i) = 0$, (ii) $var(\epsilon_i | X_i) = \sigma^2$, (iii) $cov(\epsilon_i, \epsilon_j) = E[\epsilon_i - E(\epsilon_i)][\epsilon_j - E(\epsilon_j)] = E(\epsilon_i \epsilon_j) = 0$이다. 이때 $i \neq j$ [146] 이것은 $e_i \sim N(0, \sigma^2)$과 같이 간단하게 쓸 수 있다. 즉, 오차항인 e_i가 평균이 0이고 표준분산이 σ^2인 정규분포를 이룬다는 것이다. 이와 같이 정규분포를 가정하는 이유는 다음과 같이 정리할 수 있다. 첫째, 중심극한정리는 e_i의 정규성가정에 대해 이론적 타당성을 제공한다. e_i는 회귀모델에 직접 반영되지 않는 수많은 독립변수(설명변수)가 종속변수에 미치는 종합(복합)된 영향을 나타낸다. 이러한 생략되거나 직접 반영되지 않은 변수들의 영향력은 매우 작으며 확률적인 것으로 가정한다. 만일 독립적이고 일정하게 분포된 확률변수가(iid, i.e., independent and

---

146) 공분산 '0'의 의미는 정규성 가정하에서 ϵ_i 및 ϵ_j는 서로 상관되어 있지 않을 뿐만 아니라 각각 독립적으로 분포되어 있다는 것을 뜻한다.

identically distributed random variables) 많이 존재할 경우 이들 합의 분포는 확률변수의 수가 무한히 증가함에 따라 정규분포를 따르는 경향이 있다는 것이다. 둘째, 비록 변수의 수가 많지 않거나 엄격하게 독립이 아닐 경우에도 변수들의 합은 여전히 정규분포 될 수 있다. 셋째, 정규분포된 변수들의 어떤 선형함수 그 자체가 정규분포 되는 것은 정규분포의 속성 중 하나이다. 다시 말해, 정규성 가정하에 OLS의 추정량 $\hat{\beta}_0, \hat{\beta}_1$ 또한 정규분포 한다. 마지막으로 정규분포는 단지 두 개의 통계량 평균 및 분산(또는 표준편차)을 알고 있으면 비교적 단순한 분포이다 (Gujarati, 1988: 90).

이와 같은 정규성 가정하의 OLS 추정량들은(예를 들어, $\hat{\beta}_0, \hat{\beta}_1, \hat{\sigma}^2$) 다음과 같은 통계적 속성을 갖는다(Gujarati, 1988: 91-93).

(i) OLS 추정량들은 불편추정량(unbiased estimator)이다.

(ii) OLS 추정량들은 최소분산(minimum variance)을 갖는다. 이는 (i)과 더불어 최소분산불편추정량(minimum variance unbiased estimator)) 또는 효율적 추정량(efficient estimator))을 의미한다.

(iii) OLS 추정량들은 일치(consistency)추정량이다. 즉, 표본의 크기가 무한히 증가함에 따라 추정량들은 그들의 실제 모집단 값에 수렴한다.

(iv) $\hat{\beta}_0 \sim N(\beta_0, \sigma^2_{\beta_0})$. 즉, $\hat{\beta}_0$는 정규분포하며 평균은 β_0이며 분산은 $\sigma^2_{\beta_0}$이다. 따라서 $Z = \dfrac{\hat{\beta}_0 - \beta_0}{\sigma_{\hat{\beta}_0}} \sim N(0, 1)$ 이다.

(v) $\hat{\beta}_1 \sim N(\beta_1, \sigma^2_{\beta_1})$. 즉, $\hat{\beta}_1$은 정규분포하며 평균은 β_1이며 분산은 $\sigma^2_{\beta_1}$이다. 따라서 $Z = \dfrac{\hat{\beta}_1 - \beta_1}{\sigma_{\hat{\beta}_1}} \sim N(0, 1)$ 이다.

(vi) $(N-k)\hat{\sigma}^2/\sigma^2$은 N-k의 자유도를 갖는 χ^2(카이자승) 분포를 따른다. 여기서 k는 모수의 수(number of parameters), 예를 들어 단순회귀식의 경우

k=2 ($\hat{\beta}_0$, $\hat{\beta}_1$) 이다.

(vii) $\hat{\beta}_0$, $\hat{\beta}_1$ 는 $\hat{\sigma}^2$ 와 독립적으로 분포되어 있다.

(viii) $\hat{\beta}_0$, $\hat{\beta}_1$ 는 선형이건 아니건 간에 모든 불편추정량 중 최소의 분산을 갖는다.

한편 단순회귀분석에서와 달리 독립변수가 늘어나면서 발생하는 몇 가지 문제점과 결과해석에 있어 주의해야 할 점이 추가로 발생하게 된다. 단순회귀분석에서와 달리 주의해야 할 사항으로 다중공선성(muliticollinearity)과 수정된 결정계수(adjusted R^2), 표준회귀계수(standardized regression coefficient) 등이 있다.[147]

■ 1. 다중공선성의 문제와 해결 ■

다중공선성은 오차항이 상호 독립적이라는 가정이 깨어진 것으로 독립변수들 간의 강한 상관성이 발생하는 경우를 의미한다. 이렇듯 다중공선성이 발생할 경우 회귀분석의 결과를 신뢰할 수 없는 상황이 발생한다. 즉, 다중공선성이 발생할 경우 실질적으로 독립변수가 종속변수에 영향을 미치는 주요한 변수임에도 불구하고, 분석결과 전혀 영향관계가 없는 것으로 나타나거나, 반대로 독립변수가 종속변수에 실질적으로 영향관계가 없음에도 불구하고, 다중공선성으로 인해 높은 인과성이 존재하는 것으로 나타나는 경우가 발생하게 된다.

다중공선성 존재여부를 확인하는 방법은 첫째, 독립변수간의 단순상관분석을 통해 확인이 가능하다. 일반적으로 단순상관계수가 0.8이상이면 다중공선성

---

[147] 이밖에도 현실적으로는 고전적 선형회귀모형의 전제 가정들을 위반하는 수많은 문제점에 직면하게 된다. 예를 들어, 중요 변수의 누락 및 관련 없는 변수의 삽입과 같은 모형 선택의 문제, 이분산성의 문제, (공간)자기상관의 문제 등이 있을 수 있다.

을 의심해 보아야 한다. 둘째, 허용오차(tolerance)가 아주 작은 경우 다중공선선이 있다고 본다. 일반적으로 허용오차 값이 0.1이하면 심각한 수준, 0.2정도라면 주의 수준 정도로 파악하면 된다. 한편 분산허용인자(VIF: variance inflation Factor) 값이 10이상이면 다중공선성에 문제가 된다[148]. 셋째, 한 독립변수를 회귀모형에서 추가 또는 제거했을 때 추정된 회귀계수의 크기나 부호의 방향이 큰 변화를 나타내거나, 중요한 영향을 줄 것이라고 예상되는 독립변수가 유의미하지 않은 경우, 과거 이론적 측면에서 알려진 부호와 반대의 값이 나타날 때 다중공선성을 의심해 봐야 한다.

다중공선성을 해결하기 위한 방법은 첫째, 상관계수가 높은 변수들 간에 변수를 1개로 묶어 통합하거나[149], 아니면 하나의 변수를 제거하는 방법이 있다. 둘째, 표본의 수가 증가할 경우 다중공선성의 문제가 완화될 수 있다. 따라서 표본수를 증가시키는 것도 하나의 방법이다. 셋째, 다중공선성이 문제가 되지 않는 분석방법을 이용하여 분석하는 경우이다[150].

■ 2. 수정된 결정계수 ■

회귀식의 설명도 즉, 적합도를 나타내는데 가장 일반적으로 사용되는 결정계수인 R^2 의 경우[151] 실질적으로 모형의 적합도가 개선되지 않았음에도 불구하

---

[148] 허용오차(tolerance) = 1/VIF 이다. VIF가 10이라면 독립변수가 나머지 독립변수에 의해 90%이상이 설명된다는 뜻이다. 해당 독립변수가 분석에 포함되지 않아도 된다는 의미이다.
[149] 요인분석을 이용하여 독립변수들 간의 비슷한 변수를 하나의 요인으로 묶어 분석에 이용할 수 있다.
[150] 대표적으로 구조방정식 모형은 독립변수 오차항의 상관성을 인정하면서 변수 간의 영향관계를 분석할 수 있는 방법이다.
[151] 다중회귀에서 독립변수의 개수가 많아지면 종속변수(Y)의 총변동중에서 ESS(설명된 부분)이 증대하

고 독립변수의 개수가 증가함으로 R^2값이 증가한다는 단점이 있다. 따라서 다중회귀분석에서 독립변수가 증가됨에 따라 증가된 R^2값을 조정할 필요가 있는데, 이것이 '수정된 R^2 또는 $\overline{R^2}$'라고 한다.[152] 즉 독립변수 각자의 영향력이 통계적으로 유의하지 않으면(일반적으로 p-값 $> \alpha$) 독립변수의 수를 아무리 증가시켜도 수정된 결정계수($\overline{R^2}$)의 값은 증가되지 않는다. 수정된 결정계수($\overline{R^2}$)는 다음과 같이 계산된다.

$$\overline{R^2} = 1 - \left\{ (1-R^2) \frac{N-1}{N-k} \right\} \qquad \text{(식 10-2)}$$

여기서 N = 표본수, k = 모수의 수(number of parameters)이다. 예를 들어 독립변수가 하나인 단순회귀식의 경우 k = 2 ($\hat{\beta}_0, \hat{\beta}_1$), 독립변수가 두 개인 다중회귀식의 경우 k = 3 ($\hat{\beta}_0, \hat{\beta}_1, \hat{\beta}_2$)이다.

■ 3. 표준회귀계수 ■

연구에서 독립변수와 종속변수와의 영향관계(인과관계)뿐만 아니라 종속변수에 영향을 미치는 독립변수간의 상대적 중요도를 평가하기 위하여 표준회귀계수를 사용한다. 일반적으로 독립변수 간의 측정단위가 동일하지 않아 단순회귀계수를 이용하여 상대적 중요도를 평가하는 것은 문제가 발생한다. 따라서 이러한

게 됨. 이 경우 독립변수가 많은 회귀모형에서 결정계수는 자동적으로 증대되는 경향이 있음.

152) 따라서 무작정 독립변수만 많으면 결정계수가 높아 좋은 회귀모형으로 인식되는 오류가 발생할 가능성이 있음. 이러한 단점을 보완하기 위해 독립변수가 늘어날 경우 결정계수가 작아지도록 하는 장치를 고안한 것이 수정된 결정계수임.

문제해결을 위하여 표준점수로 전환된 회귀계수를 사용하게 되는데 이것이 표준회귀계수(standardized regression coefficient)이다. 다시 말해, 각 변수들의 단위를 없애고(unit free) 각 변수들을 자기들의 평균에서 얼마나 떨어져 있는지를 측정하는 표준편차의 개념으로 전환한다는 것이다. 즉, 각각의 독립변수들을 Z(표준정규)화 시키는 작업으로 이해할 수 있다. 또는 이와 유사하게 회귀식의 양변에 로그를 취하게 되면 모든 회귀계수는 %개념(탄력성: elasticity)으로 전환시킬 수 있다. 그러나 엄밀하게 말하자면 아무리 변수들을 표준화 시킨다 할지라도 변수들 간의 측정단위가 다르기 때문에 정확한 비교라고는 말할 수 없다. 예를 들어, 똑같은 크기와 무게의 사과와 오렌지의 맛을 비교한다 할지라도 사과의 맛과 오렌지의 맛은 근원적으로 비교가 되지 않는 이치와 마찬가지이다.

제3절 독립변수의 선택 및 방법

하나의 결과는 단일의 원인보다는 매우 다양한 변수에 의해 결정되는 것이 일반적이다. 즉, 실제 현실에서는 종속변수에 영향을 미치는 독립변수의 수는 적지 않을 것이다. 하지만 모든 독립변수를 회귀모형에 포함시키는 것이 불가능하거나 다중공선성과 같은 문제가 발생할 수 있다. 따라서 어떤 변수를 설명변수로 해야 할지에 대한 선택이 필요하다.

종속변수에 대한 설명력이나 예측력을 높일 수 있다는 것이 다중회귀분석의 장점이다. 즉, 독립변수의 수가 많을수록 회귀식의 적합도는 높아진다. 하지만 설명력을 높이기 위해 무작정 독립변수의 수를 늘릴 수는 없으며, 오히려 일정수준을 넘어선 독립변수의 수는 바람직 하지 않다. 따라서 일반적으로 독립변수의 수가 5~6개 정도가 능률적이다(임인재, 1991: 516; 김호정, 2005: 503).

다중회귀 분석에서 변수 선정에 있어 다양한 통계적 방법이 사용되나 일반적으로 전방선택법(forward seclection), 후방제거법(backward elimination), 단계적방법(stepwise method) 등이 있다.

먼저 전방선택법은 상수항을 초기모형으로 하여 독립변수 중 가장 중요하다고 판단되는 변수부터 차례로 모형에 추가시켜 더 이상 추가할 만한 유의미한 변수가 없을 경우 최종적으로 선택되는 변수만을 이용하여 회귀모형을 결정하는 방식이다. 하지만 이러한 방법은 한번 선택된 변수가 추후에 다른 변수의 추가로 더 이상 통계적으로 유의하지 않게 되더라도 제거될 수 없다는 단점이 있다(서혜선 외, 1999: 63).

후방선택법은 전방선택법과 반대로 모든 독립변수를 한꺼번에 투입시킨 다음 회귀모형에 기여도가 낮은 변수를 하나씩 제거하는 방법이다. 이러한 방법의 경우 한번 제거된 변수는 추후에 다른 변수의 제거에 의해 중요도가 증가할 경우 모형에 포함시킬 수 없다는 단점이 있다.

단계적방법은 한번 선택 또는 제거되었을 경우 추후에 발생하는 여건변화에 대하여 독립변수의 추가 또는 제거를 할 수 없다는 전방선택방법과 후방선택방법의 단점을 보완한 방법이다. 따라서 단계적 방법은 전방선택법과 후방선택법을 교대로 수행하면서 가장 최적의 모형을 선택하는 방법이다.

제4절 더미변수에 대한 회귀분석

고전적 선형회귀모형의 전제 조건 중 하나인 독립변수와 종속변수 모두 등간척도 이상의 양적자료를 원칙으로 한다는 가정이 있다. 그러나 현실적으로 특히 사회과학에 있어 모든 변수들을 등간척도 이상으로 수집하기는 여간 어려운 일이 아니다. 따라서 보통 더미변수(dummy variable)로 일컫는 질적변수의 도입은 실증연구에서 직면하게 되는 많은 흥미 있는 연구문제들에 관해서 선형회귀모형을 매우 신축적인 도구로 만들어 주고 있다. 예를 들어, 모든 다른 요인들이 고정되어 있다고 할 때(ceteris paribus, i.e, holding all other factors constant), 남·녀의 임금차이, 강남과 강북의 주택가격 차이 등 많은 분석을 가능케 해준다. 즉, 이러한 차이를 불러오는 요인이 무엇이든 간에 우리가 알고 싶어 하는 종속변수에 영향을 미치고 있으므로 회귀모형의 설명변수(독립변수)에 포함되어져야 한다. 보통의 경우 어떠한 특성 또는 속성을 수량화하는 방법으로 1 또는 0의 값을 취하는 인위적 변수(artificial variable)를 설정하게 된다. 이때 0은 그 속성 및 특성이 존재하지 않는 경우, 반대로 1은 그 속성 및 특성이 존재하는 경우를 나타낸다. 예를 들어 1은 여성, 0은 남성, 1은 강북에 위치한 주택, 0은 강남에 위치한 주택 등으로 이용할 수 있다. 이와 같이 0이 부여된 그룹이나 범주 또는 계층을 기준(base), 통제(control), 비교(comparison) 또는 생략된 그룹 또는 범주(omitted category)라고 부른다.

예를 들어 성별 및 대학의 위치에 따른 대학생들의 월 평균 용돈지출을 알아보고자 한다.

$$Y_i = \beta_0 + \beta_1 D_1 + \beta_2 D_2 + \beta_3 X_i + \epsilon_i \qquad (식\ 10-3)$$

여기서 Y = 대학생들의 월 평균 용돈지출

X = 가구의 소득

D_1 = 1 남학생의 경우, 0 여학생의 경우

D_2 = 1 수도권소재 대학, 0 지방소재 대학

(i) 수도권 소재 대학 남학생의 월 평균 용돈지출은 어떻게 될까?

$$\hat{Y}_i = \hat{\beta}_0 + \hat{\beta}_1 + \hat{\beta}_2 + \hat{\beta}_3 X_i$$

(ii) 수도권 소재 대학 여학생의 월 평균 용돈지출은 어떻게 될까?

$$\hat{Y}_i = \hat{\beta}_0 + \hat{\beta}_2 + \hat{\beta}_3 X_i$$

(iii) 지방 소재 대학 남학생의 월 평균 용돈지출은 어떻게 될까?

$$\hat{Y}_i = \hat{\beta}_0 + \hat{\beta}_1 + \hat{\beta}_3 X_i$$

(iv) 지방 소재 대학 여학생의 월 평균 용돈지출은 어떻게 될까?

$$\hat{Y}_i = \hat{\beta}_0 + \hat{\beta}_3 X_i$$

이와 같이 더미변수의 활용은 특히 사회학, 심리학, 교육학 등에서 매우 광범위하게 사용된다. 더미변수를 이용한 회귀분석에서 주의할 것은 소위 더미변수 함정(dummy variable trap)을 피해야 한다는 것이다. 만일 어떤 변수가 m개의 범주를 갖고 있다면 반드시 m−1개의 더미변수만을 모델에 반영해야 한다는 것이다. 예를 들어, 고소득층, 중간소득층, 하위소득층 가구들의 지출에 대한 영향을 보고자 한다면, D_1, D_2, D_3과 같은 소득계층에 따른 더미변수를 모형에 반영하면 완전한 다중공선성 문제에 직면하게 된다. 따라서 모형에는 D_1, D_2만을 도입해야 한다. 이러한 경우 만약 D_1 = 고소득층, D_2 = 중간소득층 이라면, 모형에서 생략된 하위소득층이 소위 기준(base 또는 omitted category) 범주가 된다. 즉, 모형은 다음과 같이 구성되어야 한다.

$$Y_i = \beta_0 + \beta_1 D_1 + \beta_2 D_{2i} + e_i \qquad \text{(식 10-4)}$$

여기서 Y = 지출

D_1 = 고소득층(고소득층의 경우=1, 나머지=0),

D_2 = 중간소득층(중간소득층의 경우=1, 나머지=0)

제5절 부산시 실거래 주택가격을 이용한 회귀분석

본 예제에 사용된 자료는 국토해양부 실거래가 홈페이지(http://rt.mltm.go.kr/)에 2006년부터 2009년 2분기까지 공개된 부산지역 아파트 실거래가 64,530개 자료를 기준으로 법정동을 분류하여 각 평균값을 분석에 이용하였다. 분석에 사용된 아파트 단지의 위치는 다음의 〈그림 10-1〉과 같다.

〈그림 10-1〉 부산 84개동 연구지역

본 예제에 사용된 변수들은 구체적으로 〈표 10-1〉과 같다.

〈표 10-1〉 변수 정의

변수		변수의 정의	비고
종속변수	실거래가격	국토해양부 아파트 실거래가격 (2006년 ~ 2009년)	만원
독립변수	주택면적	주택면적 (전용면적+기타공용면적)	m^2
	역세권	역세권여부 (0 = 도보 10분 이상, 1 = 도보 10분 이내)	dummy
	재건축	재건축 추진여부 (0 = 재건축 비추진, 1 = 재건축 추진 중)	dummy
	총세대수	개별 아파트 총세대수	호
	경과년수	2010년 기준 아파트 경과년수 (2009년 입주 = 1, 2008년 입주 = 2,)	년

자료: 정건섭(2012: 466)

자료에 대한 기초통계량은 〈표 10-2〉와 같다.

〈표 10-2〉 기초통계량

	n	평균	표준편차	최소값	최대값
실거래가	84	13123	4331	6130	26089
log_price	84	9.43	0.3246	8.72	10.17
주택면적	84	101.1	16.39	61.3	171.9
log_area	84	4.60	0.1553	4.12	5.15
역세권	84	0.53	0.4139	0	1
재건축	84	0.06	0.1182	0	1
경과년수	84	14.39	5.074	4.87	33
log_age	84	2.61	0.335	1.58	3.50

아파트 실거래가 법정동별 3년간 평균값은 13,123만원으로 나타났다. 주택의 면적은 평균 101.1㎡로 평형단위로는 약 30평이다. 경과년수는 평균 14.39년이다. 법정동별 평균 주택면적은 $101.1\,m^2$로 나타났다. 더미변수를 사용한 역세권의 평균값은 0.53, 재건축 0.06을 보이고 있다.

먼저 연구지역을(〈그림 10-2〉) R 프로그램을 이용하여 불러오고 동별 평균 면적(area) 및 경과년수(age)의 분포도를 〈그림 10-3〉과 〈그림 10-4〉로 나타내보기로 하자.

〈R을 이용한 풀이〉

```
# 본문 예제 프로그램
setwd("C:/R_행통")
install.packages("spdep")      # 필요한 패키지들을 불러 들임
library(spdep)                  # 패키지들을 활성화 시킴
install.packages("sp")
library(sp)
install.packages("rgdal")
library(rgdal)
```

```
install.packages("maptools")
library(maptools)
install.packages("RColorBrewer")
library(RColorBrewer)

###########################################
##### C:/R_행통/BS_84.shp #####
###########################################
shp_file = "C:/R_행통/BS_84.shp"
llCRS = CRS("+proj=longlat +datum=NAD27")
shp = readShapeSpatial(shp_file, ID = "POLY_ID", proj4string = llCRS)
#class(shp)
#names(shp)
#summary(shp)
plot(shp)
text(coordinates(shp), labels=as.character(shp$DONG_NAME), font=1, cex=0.5)
Sys.sleep(5)


####################################
### Probability mapping ###########
####################################
####################################
names(shp)
pmap = probmap(shp$AREA, shp$PRICE)
shp$pmap = pmap$pmap
brks = c(0, 0.001, 0.01, 0.025, 0.05, 0.95, 0.975, 0.99,
0.999, 1)
spplot(shp, "pmap", at = brks, col.regions = rev(brewer.pal(9,
"RdBu")))
Sys.sleep(5)

pmap = probmap(shp$AGE, shp$PRICE)
shp$pmap = pmap$pmap
brks = c(0, 0.001, 0.01, 0.025, 0.05, 0.95, 0.975, 0.99,
0.999, 1)
spplot(shp, "pmap", at = brks, col.regions = rev(brewer.pal(9,
"RdBu")))
Sys.sleep(5)
```

```
ch = choynowski(shp$AREA, shp$PRICE)
shp$ch_pmap_low = ifelse(ch$type, ch$pmap, NA)
shp$ch_pmap_high = ifelse(!ch$type, ch$pmap, NA)
spplot(shp, c("ch_pmap_low", "ch_pmap_high"), at = c(0,
0.001, 0.01, 0.05, 0.1, 1), col.regions = grey.colors(5))
Sys.sleep(5)

ch = choynowski(shp$AGE, shp$PRICE)
shp$ch_pmap_low = ifelse(ch$type, ch$pmap, NA)
shp$ch_pmap_high = ifelse(!ch$type, ch$pmap, NA)
spplot(shp, c("ch_pmap_low", "ch_pmap_high"), at = c(0,
0.001, 0.01, 0.05, 0.1, 1), col.regions = grey.colors(5))
Sys.sleep(5)
```

〈그림 10-2〉 R을 이용한 부산 84개동 연구지역 Mapping

다음의 〈그림 10-3〉, 〈그림 10-4〉, 그리고 〈그림 10-5〉는 84개의 동별 실거래 평균 매매가격, 평균 거실면적 그리고 평균 경과년수를 맵(map)으로 나타낸 것이다.

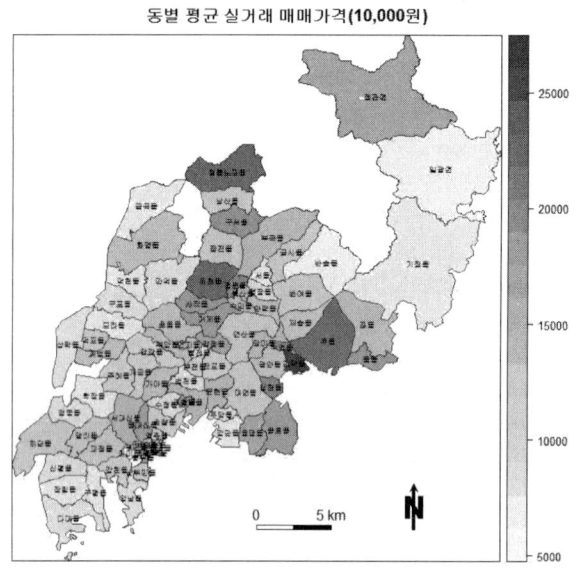

〈그림 10-3〉 동별 실거래 평균가격

앞의 〈그림 10-3〉에서 알 수 있듯이 가장 높은 평균매매 실거래 가격의 동은 다음과 같다. (i) 수영구 민락동(26,089만원), (ii) 금정구 청룡노포동(23,080만원), (iii) 해운대구 우동(22,764만원), (iv) 동래구 온천동(22,372만원), (v) 수영구 수영동(20,459만원). 전반적으로 해변에 위치한 수영구 및 해운대구 그리고 동래구 온천동 일대의 지역들이 밀집해서 높은 가격을 보이고 있다.

반면, 가장 낮은 평균매매 실거래 가격의 동은 다음과 같다. (i) 서구 아미동(6,130만원), (ii) 기장군 일광면(6,706만원), (iii) 중구 동광동(7,058만원), (iv) 해운대구 반송동(7,159만원), (v) 북구 금곡동(7,799만원). 전반적으로 동쪽 끝 부분의 기장군 일대와 남서쪽 끝 부분의 사하구 일대, 그리고 옛날 중심부 가까이에 위치한 동구, 중구, 서구 일부 지역들이 밀집해서 낮은 가격을 보이고 있다.

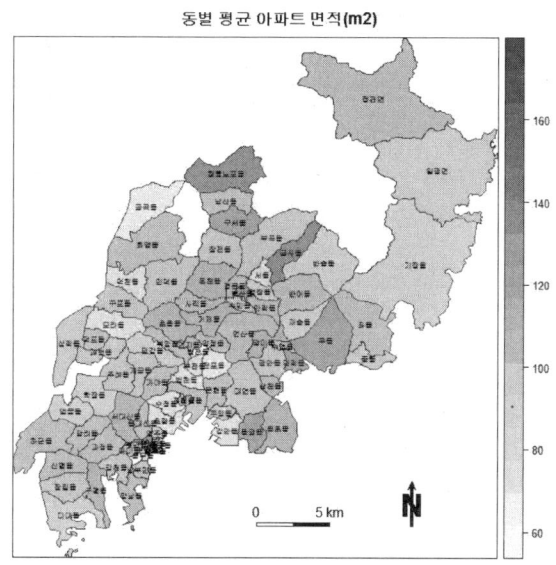

〈그림 10-4〉 동별 평균 아파트 면적

앞의 〈그림 10-4〉에서 알 수 있듯이 가장 높은 평균 면적을 차지하고 있는 동은 다음과 같다. (i) 중구 부평동($172\,m^2$), (ii) 중구 광복동($141\,m^2$), (iii) 중구 보수동($140\,m^2$), (iv) 금정구 금사동($139\,m^2$), (v) 금정구 청룡노포동($137\,m^2$). 전반적으로 뚜렷한 패턴은 보이지 않으나 옛 도심 일부의 중구 지역과 교외주역에 산발적으로 넓은 면적을 보이고 있다.

반면, 가장 낮은 평균 면적을 차지하고 있는 동은 다음과 같다. (i) 부산진구 범전동($61\,m^2$), (ii) 부산진구 전포동($76\,m^2$), (iii) 북구 금곡동($76\,m^2$), (iv) 북구 덕천동($78\,m^2$), (v) 동구 수정동($79\,m^2$). 전반적으로 뚜렷한 패턴은 보이지 않으나 서면지역, 부산진구 일대 그리고 북구의 몇몇 지역들이 밀집해서 낮은 면적을 보이고 있다.

〈그림 10-5〉 동별 평균 경과년수

앞의 〈그림 10-5〉에서 알 수 있듯이 가장 오래된 경과년수를 보이고 있는 동은 다음과 같다. (i) 서구 충무동(33년), (ii) 중구 대청동(30.3년), (iii) 부산진구 범전동(28년), (iv) 수영구 남천동(26.8년), (v) 서구 동대신동(22.7년). 전반적으로 옛 도심의 지역의 중구 서구 일대와 수영구 일대의 지역들이 밀집해서 오래된 경과년수를 보이고 있다.

반면, 가장 짧은 경과년수를 보이고 있는 동은 다음과 같다. (i) 기장군 정관면(4.9년), (ii) 동구 좌천동(5.8년), (iii) 동래구 명륜동(6.5년), (iv) 부산진구 전포동(7.7년), (v) 부산진구 부전동(7.9년). 전반적으로 기장군 정관면 신도시 지역과 새로운 아파트 건설이 일어난 기장구 부산진구 지역들이 밀집해서 짧은 경과년수를 보이고 있다.

다양한 회귀분석이 가능하나 여기에서는 간단하게 선별된 변수만을 선택하여 간단한 모형을 구축하여 설명하고자 한다.

> **예제1**
>
> 종속변수를 실거래가에 자연로그를 취한 log_price로 삼고 독립변수들은 거실면적 및 경과년수에 자연로그를 취한 log_area 및 log_age로 한다. 따라서 추정된 회귀계수들은 탄력도(elasticity)로 해석할 수 있다. R을 이용하여 분석한 결과는 다음과 같다.

```
Coefficients:
              Estimate Std.  Error    t value   Pr(>|t|)
(Intercept)   4.8181         0.9236   5.22      1.4e-06 ***
log_area      1.1256         0.1853   6.07      3.9e-08 ***
log_age      -0.2183         0.0859  -2.54      0.013 *
---
Signif. codes:  0 '***' 0.001 '**' 0.01 '*' 0.05 '.' 0.1 ' ' 1

Residual standard error: 0.257 on 81 degrees of freedom
Multiple R-squared: 0.388,    Adjusted R-squared: 0.373
F-statistic: 25.6 on 2 and 81 DF,  p-value: 2.36e-09
```

먼저 아파트 가격과 거래 면적은 탄력적(1.1256)이며 이는 통계적으로도 매우 유의하다고 하겠다. 또한 아파트 가격과 경과년수는 비탄력적(-0.2183)이며 통계적으로 5% 유의수준에서 영향력이 나타나고 있다. 회귀계수들의 부호는 기대한 바와 같이 거실면적은 양(+)으로, 경과년수는 음(-)으로 나타나고 있다. 따라서 다른 조건이 일정할 경우 주택면적 1%의 증가는 아파트 매매가격의 1.13% 가량의 증가를 가져오며, 경과년수가 10% 증가 할 때마다 아파트 매매가격은 2.1%

가량의 감소를 가져온다고 볼 수 있다.

〈R을 이용한 예제1 풀이〉

```
########## OLS ###############################
d = read.csv("C:/R_행통/BS_84.csv")
View(d)
str(d)
class(d)
names(d)
summary(d)
eq = log_price ~ log_area + log_age
ols_lm = lm(eq, data = d)
anova(ols_lm)
summary(ols_lm, digits = 4)
logLik(ols_lm)
AIC(ols_lm)
BIC=AIC(ols_lm,k=log(nrow(d))); BIC
```

제6절 기초자치단체 재정자립도를 이용한 회귀분석

예제2

기초자치단체의 재정자립도가 어떤 요인에 의해 영향을 받는지 아래와 같은 모형을 설정하고, 다중회귀분석을 실시하고자 한다.

$$Y = \beta_0 + \beta_1 X_1 + \beta_2 X_2 + \beta_3 X_3 + \epsilon$$

(단 Y=재정자립도, X_1=주민1인당 자체수입액, X_2=주민1인당 복지비, X_3=인구)

⟨R을 이용한 예제2 풀이⟩

```
d1 = read.csv("C:/R_행통/지방재정.csv")
View(d1)
str(d1)          # 'data.frame': 226 obs. of 15 variables:
names(d1)
# [1] "ID"                    "Q1지역"              "Q2광역도"
# [4] "Q3구시군"              "Q4인구증감"          "Q5재정자립도2013"
# [7] "Q6재정자립도2009"      "Q7자체수입2013인당"  "Q8자체수입2009인당"
# [10] "Q9복지비비중2013"     "Q10복지비비중2009"   "Q11복지예산2013인당"
# [13] "Q12복지예산2009인당"  "Q13인구2013"         "Q14인구2009"
summary(d1)
attach(d1)
eq1 = Q5재정자립도2013~Q7자체수입2013인당+Q11복지예산2013인당+Q13인구2013
ols_lm1 = lm(eq1, data = d)
options(digits=7)
summary(ols_lm1)
#                        Estimate Std.   Error      t value    Pr(>|t|)
# (Intercept)            3.417e+01     2.418e+00   14.134    < 2e-16 ***
# Q7자체수입2013인당     2.468e-02     1.728e-03   14.282    < 2e-16 ***
# Q11복지예산2013인당   -4.074e-02     2.613e-03  -15.590    < 2e-16 ***
# Q13인구2013            2.401e-05     3.361e-06    7.142    1.3e-11 ***
# ---
# Signif. codes:  0 '***' 0.001 '**' 0.01 '*' 0.05 '.' 0.1 ' ' 1
# Residual standard error: 7.18 on 222 degrees of freedom
# Multiple R-squared: 0.7716,   Adjusted R-squared: 0.7685
# F-statistic:  250 on 3 and 222 DF,  p-value: < 2.2e-16


install.packages("car")
library(car)
vif(ols_lm1, data=d1)
########## Standaraized regression coefficient ###
########## 표준화된 회귀계수 추정                 ###
d2 = data.frame(scale(d1))
View(d2)
names(d2)
summary(d2)
attach(d2)
```

```
eq2 = Q5재정자립도2013~Q7자체수입2013인당+Q11복지예산2013인당+Q13인구2013

ols_lm2 = lm(eq2, data = d2)
summary(ols_lm2)
#                      Estimate Std.   Error      t value    Pr(>|t|)
# (Intercept)          2.921e-16     3.201e-02    0.000      1
# Q7자체수입2013인당    5.413e-01     3.790e-02   14.282      < 2e-16 ***
# Q11복지예산2013인당  -7.707e-01     4.944e-02  -15.590      < 2e-16 ***
# Q13인구2013           3.319e-01     4.647e-02    7.142      1.3e-11 ***
# ---
# Signif. codes:  0 '***' 0.001 '**' 0.01 '*' 0.05 '.' 0.1 ' ' 1
# Residual standard error: 0.4812 on 222 degrees of freedom
# Multiple R-squared:  0.7716,   Adjusted R-squared:  0.7685
# F-statistic: 250 on 3 and 222 DF,  p-value: < 2.2e-16
```

〈표 10-3〉 회귀계수에 대한 가설 검정결과

	$\hat{\beta}$	B	T	p-value	VIF
Intercept	0.341		14.134	0.000	
1인당 자체수입	0.025	0.5413	14.282	0.000	1.3958
1인당 복지예산	-0.041	-0.7707	-15.590	0.000	2.37521
인구	0.000024	0.3319	7.142	0.000	2.0983

종속변수 : 재정자립도

다중회귀식의 다중공선성에 대한 VIF분석 결과 1인당 자체수입(1.3958), 1인당 복지예산(2.2375), 인구변수(2.098) 모두 허용치[153] 내에 있는 것으로 나타나 다중공선선에 대한 문제는 없는 것으로 나타났다.

회귀계수에 대한 가설검증결과 1인당 자체수입의 경우 $\hat{\beta}=0.25$, T

---

[153] 일반적으로 VIF < 10 이면 다중공선성이 없다고 할 수 있다.

=14.134, p=0.000으로 유의수준 0.01하에서 재정자립도에 정(+)의 영향관계를 나타내고, 1인당 복지예산은 $\hat{\beta}$ = - 0.041, T =14.281, p=0.000으로 유의수준 0.01하에서 재정자립도에 부(-)의 영향관계에 있는 것으로 밝혀졌다. 끝으로 인구의 경우 b=0.000024, T =7.142, p=0.000으로 기초자치단체의 인구수 역시 재정자립도에 정(+)의 영향관계에 있는 것으로 나타났다.

표준화된 회귀계수값(B)은 1인당 복지예산이 B= - 0.7707, 1인당 자체수입 B=0.5413, 인구 B=0.3319로 나타났다. 따라서 재정자립도에 미치는 영향력의 크기는 상대적으로 1인당 복지예산의 영향력이 가장 높고, 다음 1인당 자체수입, 인구 순으로 밝혀졌다.

예제3

종속변수를 "재정자립도" 독립변수로는 "1인당 자체수입", "1인당복지예산", "인구" 그리고 명목변수인 "지역구분(수도권/지방)"을 더미변수로 전환하여 다중회귀분석을 실시하고자 한다.

```
# <R을 이용한 예제3 풀이>
d1 = read.csv("C:/R_행통/지방재정.csv")
View(d1)
str(d1)         # 'data.frame':  226 obs. of  15 variables:
names(d1)
attach(d1)
eq_d = Q5재정자립도2013~Q7자체수입2013인당+Q11복지예산2013인당+Q13인구2013+Q1지역
ols_lm_d1 = lm(eq_d, data = d1)
summary(ols_lm_d1)
################
```

```
# Coefficients:
#                        Estimate Std.   Error      t value   Pr(>|t|)
# (Intercept)            4.60e+01        2.96e+00   15.52     < 2e-16 ***
# Q7자체수입2013인당      2.21e-02        1.66e-03   13.31     < 2e-16 ***
# Q11복지예산2013인당    -3.57e-02        2.56e-03  -13.91     < 2e-16 ***
# Q13인구2013            1.90e-05        3.23e-06    5.88     1.5e-08 ***
# Q1지역                -7.37e+00        1.21e+00   -6.09     5.0e-09 ***
# ---
# Signif. codes: 0 '***' 0.001 '**' 0.01 '*' 0.05 '.' 0.1 ' ' 1
# Residual standard error: 6.66 on 221 degrees of freedom
# Multiple R-squared: 0.804,   Adjusted R-squared: 0.801
# F-statistic: 227 on 4 and 221 DF,  p-value: <2e-16


vif(ols_lm_d1, data=d1)
########## Standaraized regression coefficient ###
########## 표준화된 회귀계수 추정               ###
d2_sc = data.frame(scale(d1))
View(d2_sc)
names(d2_sc)
summary(d2_sc)
attach(d2_sc)
eq_d = Q5재정자립도2013~Q7자체수입2013인당+Q11복지예산2013인당+Q13인구2013+Q1지역
options(digits=8)
ols_lm_d2 = lm(eq_d, data = d2_sc)
summary(ols_lm_d2)
# Coefficients:
#                        Estimate      Std. Error    t value   Pr(>|t|)
# (Intercept)            4.1925e-16    2.9685e-02     0.0000   1
# Q7자체수입2013인당      4.8425e-01    3.6375e-02    13.3129   < 2.2e-16 ***
# Q11복지예산2013인당    -6.7448e-01    4.8498e-02   -13.9074   < 2.2e-16 ***
# Q13인구2013            2.6219e-01    4.4590e-02     5.8801   1.501e-08 ***
# Q1지역                -2.2509e-01    3.6963e-02    -6.0897   4.958e-09 ***
# ---
# Signif. codes: 0 '***' 0.001 '**' 0.01 '*' 0.05 '.' 0.1 ' ' 1
# Residual standard error: 0.44626 on 221 degrees of freedom
# Multiple R-squared: 0.80439,  Adjusted R-squared: 0.80085
# F-statistic: 227.2 on 4 and 221 DF,  p-value: < 2.22e-16
```

다음의 〈표 10-4〉에서 알 수 있듯이 전반적인 회귀모형에 대한 적합도 검정 결과 F=227.2, p=0.000으로 유의수준 0.01하에서 회귀모형이 적합한 것으로 나타났다. adj R^2 = 0.80으로 해당 모형을 통해 재정자립도를 80.0%가량 설명하는 것으로 나타났다. VIF값이 1.49에서 2.26으로 전반적으로 다중공선성에 대한 문제는 없는 것으로 나타났다.

지방자치 단체의 1인당 자체수입의 경우 $\hat{\beta}$=0.022, T=13.31, p=0.000으로 유의수준 0.01하에서 재정자립도에 통계적으로 의미 있는 정(+)영향관계를 보였고, 인구($\hat{\beta}$=0.000018, T=5.88, p=0.000)역시 재정자립도에 통계적으로 의미 있는 정(+)영향을 주는 것으로 분석되었다. 한편, 1인당 복지예산의 경우 $\hat{\beta}$=-0.035 T=-13.91, p=0.000으로 지방재정에 부(-)의 영향관계를 나타냈고, 더미변수인 지역[154]의 경우 $\hat{\beta}$=-7.371 T=-6.09, p=0.000 수도권에 비해 지방이 지방재정에 부(-)의 영향을 주는 것으로 나타났다. 즉, 지역 요인 역시 재정적 격차를 유발하는 원인 변수로 작용하고 있다.

한편 표준화된 회귀계수를 살펴보면 1인당 자체수입 B=0.484, 1인당 복지예산 B=-0.674, 인구 B=0.262, 지역 B=-0.225으로 재정자립도에 영향을 미치는 독립변수의 상대적 중요도는 1인당 복지예산, 1인당 자체수입, 인구, 지역 순으로 나타났다.

---

154) 지역변수를 더미변수로 변환하면 적은 값을 가진 수도권=0으로 기준변수가 되고, 높은 값을 가진 지방=1은 대비변수가 된다.

⟨표 10-4⟩ 회귀계수⟨지역(수도권/지방)⟩에 대한 가설 검정결과

	$\hat{\beta}$	B	T	p-value	VIF
Intercept	0.38		16.37	0.000	
1인당 자체수입	0.022	0.484	13.31	0.000	1.494886
1인당 복지예산	−0.035	−0.674	−13.91	0.000	2.657384
인구	0.000018	0.262	5.88	0.000	2.246357
지역(수도권/지방)	−7.371	−0.225	−6.09	0.000	1.543620

$R^2 = 0.8044$ $adj\ R^2 = 0.80$, F=227.2 p=0.000

종속변수 : 재정자립도

제7절 R에 내장된 자료를 이용한 회귀분석 연습

```
##### 다중회귀분석 예제(1) #########################
# 멜라노마(melanoma) ===> R에 "boot" package에 내장된 피부암 관련자료를 이용
install.packages("boot")
library(boot)
data(melanoma)
######### melanoma 데이터 설명 ######################################
# 멜라노마(melanoma)는 멜라닌 색소를 만들어내는 피부세포의 악성 종양으로, 피부암과 관련된
# 사망 75%의 원인이 된다. 멜라노마(melanoma)는 피부세포가 자외선에 노출될 때 DNA가
# 손상되어 발생하는데, 남자의 경우 등에, 여자의 경우 정강이에 많이 발생한다.
# 자외선 차단제(sunscreen)는 햇볕에 타는 것은 막아주지만 멜라노마(melanoma)의
# 발생위험을 오히려 가중시킨다고 하며, 멜라노마(melanoma)의 유일한 치료법은
# 수술로 종양을 제거하는 것이라고 한다.
# 김동일. (2011: 59). "R을 이용한 계량경제분석. Philosophy & Art.
###############################################
?melanoma
# Survival from Malignant Melanoma
# Denmark의 205명 멜라노마(melanoma) 환자에 대한 횡단면 자료
# 205개의 관측값 및 7개의 변수로 구성됨
# time: Survival time in days since the operation, possibly censored.
```

```
#         생존시간(일)
# status: The patients status at the end of the study.
#         멜라노마로 사망 1, 살아 있으면 2, 다른 이유로 사망 3
#         1 indicates that they had died from melanoma,
#         2 indicates that they were still alive and
#         3 indicates that they had died from causes unrelated to their melanoma.
# sex: The patients sex; 1=male, 0=female.
#         남자=1 여자=0
# age: Age in years at the time of the operation.
#         수술 받을때의 나이
# year: Year of operation.
#         수술년도
# thickness: Tumour thickness in mm.
#         종양의 두께(mm)
# ulcer: Indicator of ulceration; 1=present, 0=absent.
#                 궤양이 있으면 1, 없으면 0
##################################################
d=melanoma
names(d)
class(d)
str(d)
summary(d)
write.csv(d,"melanoma.csv")
# save the data in my directory("C:/R_행통")
search() #### 어떤 package들이 실행되는지 check
pairs(d)
Sys.sleep(3)
eq = time ~ thickness+year+ulcer
m = lm(eq, data=d)
summary(m)
# Call:
# lm(formula = eq, data = d)
# Residuals:
#    Min      1Q   Median     3Q    Max
#  -2935.2  -353.4  105.2    617.9  2092.4
# Coefficients:
#              Estimate Std.   Error    t value   Pr(>|t|)
# (Intercept)  450401.17       49046.71  9.183    <2e-16 ***
```

```
# thickness    -85.68      23.91      -3.583    0.000426 ***
# year        -227.33      24.89      -9.132    < 2e-16 ***
# ulcer       -419.79     141.07      -2.976    0.003281 **
# ---
# Signif. codes:  0 '***' 0.001 '**' 0.01 '*' 0.05 '.' 0.1 ' ' 1
# Residual standard error: 907.3 on 201 degrees of freedom
# Multiple R-squared: 0.3558,    Adjusted R-squared: 0.3462
# F-statistic: 37.01 on 3 and 201 DF,  p-value: < 2.2e-16
confint(m, level=0.95)
#                2.5 %      97.5 %
# (Intercept) 353689.0840 547113.26214
# thickness    -132.8381    -38.52782
# year         -276.4145   -178.24034
# ulcer        -697.9530   -141.62342


### 선형제약 RB = q에 대한 가설 검정
# time = b0+b1(thickness)+b2(year)+b3(ulcer)+ei
# H0: b1=b2=b3=0
R = matrix(scan(), nrow=3, ncol=4, byrow=T)
# 1: 0 1 0 0       # enter key
# 5: 0 0 1 0       # enter key
# 9: 0 0 0 1       # enter key
# 13:              # enter key
# Read 12 items
q = matrix(scan(), nrow=3, ncol=12, byrow=T)
# 1: 0             # enter key
# 2: 0             # enter key
# 3: 0             # enter key
# 4:               # enter key
# Read 3 items


####### linearHypothesis의 실행은 car package가 필요함
install.packages("car")
library(car)
linearHypothesis(m, c("thickness=0", "year=0", "ulcer=0"))
# Linear hypothesis test
# Hypothesis:
# thickness = 0
```

```
# year = 0
# ulcer = 0
# Model 1: restricted model
# Model 2: time ~ thickness + year + ulcer
#     Res.Df     RSS            Df      Sum of Sq    F         Pr(>F)
# 1   204        256840109
# 2   201        165452680      3       91387429     37.007    < 2.2e-16 ***
# ---
# Signif. codes: 0 '***' 0.001 '**' 0.01 '*' 0.05 '.' 0.1 '
### 따라서 귀무가설을 기각함
linearHypothesis(m, c("thickness=0", "year=0", "ulcer=0"), test="Chisq")
linearHypothesis(m, c("thickness=0", "year=0", "ulcer=0"), vcov = hccm)


##################### ANOVA: F-test #####################
# eq = time ~ thickness+year+ulcer
# m = lm(eq, data=d)
eq0 = time ~ -1+1   ## -1 +1 독립변수에 상수만 있는 모형
m0 = lm(eq0, data=d)
anova(m0)
anova(m)
anova(m0, m)
## therefore intercept is needed ##
# Analysis of Variance Table
# Model 1: time ~ -1 + 1
# Model 2: time ~ thickness + year + ulcer
#     Res.Df     RSS            Df      Sum of Sq    F         Pr(>F)
# 1   204        256840109
# 2   201        165452680      3       91387429     37.007    < 2.2e-16 ***
# ---
# Signif. codes: 0 '***' 0.001 '**' 0.01 '*' 0.05 '.' 0.1 ' ' 1
#### 따라서 Intercept가 필요함


##################### 회귀진단 그래프 ######
plot(m)
par(mfrow=c(2,2)) # 2 by 2 총 4개의 그래프를 한개의 창에 그림
plot(m)
Sys.sleep(3)
windows()         # 새로운 그래프 창을 만듬
```

```
split.screen(c(1,1)) # 그래프 화면 나누기 지정
screen(1)          # 그래프 위치 지정
qqnorm(resid(m), col="red")
qqline(resid(m), col="blue")
Sys.sleep(3)
hist(resid(m), probability=TRUE)
lines(density(resid(m)), col="blue")
Sys.sleep(3)
shapiro.test(resid(m))
################# Normal Test #########
#       Shapiro-Wilk normality test
# data:  resid(m)
# W = 0.9514, p-value = 1.986e-06
# 잔차는 정규분포의 가정을 기각함
#######################################

########### 다중회귀분석 예제(2) #########################################
# Boston Housing Price ===> R에 "MASS" package에 내장된 관련자료를 이용
install.packages("MASS")
library(MASS)
data(Boston)
?Boston
############## Boston 데이터 설명 ####################
# Housing Values in Suburbs of Boston
# Description
# The Boston data frame has 506 rows and 14 columns.
# crim: per capita crime rate by town.
# zn: proportion of residential land zoned for lots over 25,000 sq.ft.
# indus: proportion of non-retail business acres per town.
# chas: Charles River dummy variable (= 1 if tract bounds river; 0 otherwise).
# nox: nitrogen oxides concentration (parts per 10 million).
# rm: average number of rooms per dwelling.
# age: proportion of owner-occupied units built prior to 1940.
# dis: weighted mean of distances to five Boston employment centres.
# rad: index of accessibility to radial highways.
# tax: full-value property-tax rate per
# ptratio: pupil-teacher ratio by town.
# black: 1000(Bk - 0.63)^2 where Bk is the proportion of blacks by town.
```

```
# lstat: lower status of the population (percent).
# medv: median value of owner-occupied homes in ₩$1000s.
# Source
# Harrison, D. and Rubinfeld, D.L. (1978) Hedonic prices and the demand for clean air.
# J. Environ. Economics and Management 5, 81?102.
# Belsley D.A., Kuh, E. and Welsch, R.E. (1980) Regression Diagnostics.
# Identifying Influential Data and Sources of Collinearity. New York: Wiley.
################################################################################
d1=Boston
names(d1)
class(d1)
str(d1)
summary(d1)
write.csv(d1,"Boston.csv")
# save the data in my directory("C:/R_행통학")


pairs(d1)
Sys.sleep(5)
m_all = lm(medv~., data=d1) ### "."는 종속변수를 제외한 모든 변수를 사용
summary(m_all, digits = 4)
##########################################################################
# Call:
# lm(formula = medv ~ ., data = d1)
# Residuals:
#      Min        1Q    Median        3Q       Max
#  -15.595    -2.730    -0.518     1.777    26.199
# Coefficients:
#              Estimate Std.   Error        t value    Pr(>|t|)
# (Intercept)  3.646e+01       5.103e+00    7.144      3.28e-12 ***
# crim        -1.080e-01       3.286e-02   -3.287      0.001087 **
# zn           4.642e-02       1.373e-02    3.382      0.000778 ***
# indus        2.056e-02       6.150e-02    0.334      0.738288
# chas         2.687e+00       8.616e-01    3.118      0.001925 **
# nox         -1.777e+01       3.820e+00   -4.651      4.25e-06 ***
# rm           3.810e+00       4.179e-01    9.116      < 2e-16 ***
# age          6.922e-04       1.321e-02    0.052      0.958229
# dis         -1.476e+00       1.995e-01   -7.398      6.01e-13 ***
# rad          3.060e-01       6.635e-02    4.613      5.07e-06 ***
```

```
# tax         -1.233e-02   3.760e-03   -3.280    0.001112 **
# ptratio     -9.527e-01   1.308e-01   -7.283    1.31e-12 ***
# black        9.312e-03   2.686e-03    3.467    0.000573 ***
# lstat       -5.248e-01   5.072e-02  -10.347   < 2e-16 ***
# ---
# Signif. codes:  0 '***' 0.001 '**' 0.01 '*' 0.05 '.' 0.1 ' ' 1
# Residual standard error: 4.745 on 492 degrees of freedom
# Multiple R-squared: 0.7406,   Adjusted R-squared: 0.7338
# F-statistic: 108.1 on 13 and 492 DF,  p-value: < 2.2e-16
##################################################################
logLik(m_all)
AIC(m_all)
BIC=AIC(m_all,k=log(nrow(d1))); BIC
#################### 회귀진단 그래프 ######
plot(m_all)
par(mfrow=c(2,2)) # 2 by 2 총 4개의 그래프를 한개의 창에 그림
plot(m_all)
Sys.sleep(3)
windows()       # 새로운 그래프 창을 만듬
split.screen(c(1,1)) # 그래프 화면 나누기 지정
screen(1)       # 그래프 위치 지정
qqnorm(resid(m_all), col="red")
qqline(resid(m_all), col="blue")
Sys.sleep(3)
hist(resid(m_all), probability=TRUE)
lines(density(resid(m_all)), col="blue")
Sys.sleep(3)
shapiro.test(resid(m_all))
############### Normal Test ########
#       Shapiro-Wilk normality test
# data:  resid(m_all)
# W = 0.9014, p-value < 2.2e-16
# 잔차는 정규분포의 가정을 기각함
######################################
m_NI = lm(medv ~ . -1, data=d1) ### "-1"은 No Intercept
summary(m_NI, digits = 4)
#######################################################
# Call:
```

```
# lm(formula = medv ~ . - 1, data = d1)
# Residuals:
#      Min      1Q   Median     3Q     Max
#  -21.1100 -2.5630 -0.5529  1.6546 30.7254
# Coefficients:
#           Estimate Std.   Error    t value   Pr(>|t|)
# crim      -0.092897     0.034421   -2.699    0.007197 **
# zn         0.048715     0.014403    3.382    0.000776 ***
# indus     -0.004060     0.064440   -0.063    0.949789
# chas       2.853999     0.903913    3.157    0.001689 **
# nox       -2.868436     3.358732   -0.854    0.393507
# rm         5.928148     0.309109   19.178    < 2e-16 ***
# age       -0.007269     0.013815   -0.526    0.598979
# dis       -0.968514     0.195630   -4.951    1.02e-06 ***
# rad        0.171151     0.066752    2.564    0.010644 *
# tax       -0.009396     0.003923   -2.395    0.016988 *
# ptratio   -0.392191     0.109869   -3.570    0.000393 ***
# black      0.014906     0.002697    5.528    5.27e-08 ***
# lstat     -0.416304     0.050786   -8.197    2.14e-15 ***
# ---
# Signif. codes:  0 '***' 0.001 '**' 0.01 '*' 0.05 '.' 0.1 ' ' 1
# Residual standard error: 4.98 on 493 degrees of freedom
# Multiple R-squared: 0.9592,   Adjusted R-squared: 0.9581
# F-statistic: 891.3 on 13 and 493 DF,  p-value: < 2.2e-16
############################################################
shapiro.test(resid(m_NI))
logLik(m_NI)
AIC(m_NI)
BIC=AIC(m_NI,k=log(nrow(d1))); BIC

m_0 = lm(medv ~ -1+1, data=d1)   ## -1 +1 독립변수에 상수만 있는 모형
summary(m_0)
###########################
# Call:
# lm(formula = medv ~ -1 + 1, data = d1)
# Residuals:
#      Min      1Q   Median     3Q     Max
#  -17.533  -5.508  -1.333   2.467 27.467
```

```
# Coefficients:
#                Estimate Std.   Error    t value    Pr(>|t|)
# (Intercept)    22.5328         0.4089   55.11      <2e-16 ***
# ---
# Signif. codes:  0 '***' 0.001 '**' 0.01 '*' 0.05 '.' 0.1 ' ' 1
# Residual standard error: 9.197 on 505 degrees of freedom
###########################
shapiro.test(resid(m_0))
logLik(m_0)
AIC(m_0)
BIC=AIC(m_0,k=log(nrow(d1))); BIC


################### ANOVA: F-test #####################
anova(m_all)
anova(m_NI)
anova(m_0)
anova(m_0, m_NI, m_all)
## 따라서 상수항만 있는 모형(m_0)와 절편이 없는 모형(m_NI)와는 차이가 유의미하게 있고
## 절편이 없는 모형(m_NI)과 전체모형(m_all)과도 유의미한 차이가 있다.


################### LR-test: Loglikelihood Test ####################
## H0: indus=0, age=0
eq.ur = medv ~ crim+zn+indus+chas+nox+rm+age+dis+rad+tax+ptratio+black+lstat
eq.r = medv ~ crim+zn+chas+nox+rm+dis+rad+tax+ptratio+black+lstat
m.ur=lm(eq.ur,data=d1)
summary(m.ur)
m.r=lm(eq.r,data=d1)
summary(m.r)
###################################################################
# Call:
# lm(formula = eq.r, data = d1)
# Residuals:
#     Min      1Q   Median     3Q      Max
#  -15.5984 -2.7386 -0.5046  1.7273  26.2373
# Coefficients:
#                Estimate Std.    Error      t value    Pr(>|t|)
# (Intercept)    36.341145        5.067492   7.171      2.73e-12 ***
# crim           -0.108413        0.032779   -3.307     0.001010 **
```

```
# zn           0.045845    0.013523    3.390   0.000754 ***
# chas         2.718716    0.854240    3.183   0.001551 **
# nox        -17.376023    3.535243   -4.915   1.21e-06 ***
# rm           3.801579    0.406316    9.356   < 2e-16 ***
# dis         -1.492711    0.185731   -8.037   6.84e-15 ***
# rad          0.299608    0.063402    4.726   3.00e-06 ***
# tax         -0.011778    0.003372   -3.493   0.000521 ***
# ptratio     -0.946525    0.129066   -7.334   9.24e-13 ***
# black        0.009291    0.002674    3.475   0.000557 ***
# lstat       -0.522553    0.047424  -11.019   < 2e-16 ***
# ---
# Signif. codes:  0 '***' 0.001 '**' 0.01 '*' 0.05 '.' 0.1 ' ' 1
# Residual standard error: 4.736 on 494 degrees of freedom
# Multiple R-squared: 0.7406,    Adjusted R-squared: 0.7348
# F-statistic: 128.2 on 11 and 494 DF,  p-value: < 2.2e-16
####################################################################
LR=2*(logLik(m.ur)[1]-logLik(m.r)[1]); LR
# [1] 0.1177937
pchisq(LR,2,lower.tail=F)
# [1] 0.942804
# 따라서 귀무가설을 기각할 수 없다
install.packages("lmtest")
library(lmtest)
lrtest(m.ur,m.r)
# Likelihood ratio test
# Model 1: medv ~ crim + zn + indus + chas + nox + rm + age + dis + rad +
#     tax + ptratio + black + lstat
# Model 2: medv ~ crim + zn + chas + nox + rm + dis + rad + tax + ptratio +
#     black + lstat
#   #Df  LogLik Df  Chisq Pr(>Chisq)
# 1  15 -1498.8
# 2  13 -1498.9 -2 0.1178    0.9428
# 따라서 귀무가설을 기각할 수 없다

################### W-test: Wald test ###############
waldtest(m.ur,m.r)
# Wald test
# Model 1: medv ~ crim + zn + indus + chas + nox + rm + age + dis + rad +
```

```
#    tax + ptratio + black + lstat
# Model 2: medv ~ crim + zn + chas + nox + rm + dis + rad + tax + ptratio +
#    black + lstat
#   Res.Df Df    F Pr(>F)
# 1   492
# 2   494 -2 0.0573 0.9443
# 따라서 귀무가설을 기각할 수 없다
waldtest(m.ur,m.r, test="Chisq")

########## 모형 비교 #############
adjR2.ur=summary(m.ur)$adj.r.sq
adjR2.r=summary(m.r)$adj.r.sq
AIC.ur=AIC(m.ur)
AIC.r=AIC(m.r)
BIC.ur=AIC(m.ur,k=log(nrow(d1)))
BIC.r=AIC(m.r,k=log(nrow(d1)))
adjR2.ur; adjR2.r
# [1] 0.7337897
# [1] 0.7348058
AIC.ur; AIC.r
# [1] 3027.609
# [1] 3023.726
BIC.ur; BIC.r
# [1] 3091.007
# [1] 3078.671
# 따라서 eq.r = medv ~ crim+zn+chas+nox+rm+dis+rad+tax+ptratio+black+lstat 모
형이
# eq.ur = medv ~ crim+zn+indus+chas+nox+rm+age+dis+rad+tax+ptratio+black+ls
tat 보다
# 바람직하다고 볼 수 있다


############## Polynomial Regression ######
data(cars)
d2=cars
str(d2)
names(d2)
x=d2$speed*1.609344  # mile을 kilo-meter로 변환 즉 속력
y=d2$dist*0.3048   # feet을 meter로 변환 즉 정지거리
```

```r
plot(x, y, xlab = "속력(시속 km)", ylab = "정지거리(m)")
Sys.sleep(3)

m_1 = lm(y ~ x -1, data=d2)
summary(m_1)
hist(resid(m_1), probability=TRUE)
lines(density(resid(m_1)), col="blue")
Sys.sleep(3)
shapiro.test(resid(m_1))
logLik(m_1)
AIC(m_1)
BIC=AIC(m_1,k=log(nrow(d2))); BIC

m_2 = lm(y ~ x + I(x^2) -1, data=d2)
summary(m_2)
hist(resid(m_2), probability=TRUE)
lines(density(resid(m_2)), col="blue")
Sys.sleep(3)
shapiro.test(resid(m_2))
logLik(m_2)
AIC(m_2)
BIC=AIC(m_2,k=log(nrow(d2))); BIC

m_3 = lm(y ~ x, data=d2)
summary(m_3)
hist(resid(m_3), probability=TRUE)
lines(density(resid(m_3)), col="blue")
Sys.sleep(3)
shapiro.test(resid(m_3))
logLik(m_3)
AIC(m_3)
BIC=AIC(m_3,k=log(nrow(d2))); BIC

m_4 = lm(y ~ x + I(x^2), data=d2)
summary(m_4)
hist(resid(m_4), probability=TRUE)
lines(density(resid(m_4)), col="blue")
Sys.sleep(3)
```

```
shapiro.test(resid(m_4))
logLik(m_4)
AIC(m_4)
BIC=AIC(m_4,k=log(nrow(d2))); BIC
####################################################
```

부 록

설문 및
코딩자료

부록 1

설문 및 코딩자료

1. 취업특성.csv 설문지

> 아래 항목에 대하여 귀하께서 현재 근무 중에 있는 직장의 만족도에 대한 동의 정도에 √표 하시오.

	매우불만	불만	보통	만족	매우만족
[문 1] 임금					
[문 2] 고용안전성					
[문 3] 직무내용					
[문 4] 근무환경					
[문 5] 근무시간					
[문 6] 자기발전가능성					
[문 7] 직장동료와 관계					
[문 8] 복리후생제도					
[문 9] 인사제도					
[문10] 사회적 평판					

[문11] 귀하의 전공과 현재 직무와의 일치정도는 어떻습니까?
① 전혀 일치하지 않는다.　　　　　　② 일치하지 않는다.
③ 보통　　　　④ 일치한다　　　　⑤ 매우 일치한다.

아래 항목 중에서 취업에 도움이 되는 정도는 어느 정도입니다.
동의 정도에 √표 하시오.

	전혀 중요하지 않다	중요하지 않다	보통	중요하다	매우 중요하다
[문12] 학력(학위)					
[문13] 학벌(출신대학)					
[문14] 학점					
[문15] 자격증					
[문16] 전공					
[문17] 외국어능력					
[문18] 인턴 및 경험					
[문19] 외모					

[문 20] 귀하의 근로형태는 ?
① 정규직   ② 비정규직

[문21] 귀하께서는 어학연수 경험이 있으십니까?
① 있다   ② 없다

[문22] 귀하의 현재 월평균 소득은?   (   )만원

[문23] 귀하의 대학평균 평점은?   (   )점

[문24] 귀하의 토익점수는?   (   )

[문25] 귀하의 출신대학의 형태는 ?
① 국공립   ② 사립

[문26] 귀하의 출신대학이 소재한 지역은 ?
① 서울　　　　　　② 경기　　　　　　③충청
④경상　　　　　　⑤ 전라

[문27] 귀하의 출신대학의 유형은 ?
① 2-3년제 대학　　　② 4년제 대학

[문28] 귀하의 전공의 유형은 ?
① 인문계열　　　　　②사회계열
③ 공학계열　　　　　④ 자연계열

[문29] 귀하의 성별은 ?
① 남자　　　　　　　② 여자

[문30] 귀하의 연령은 ?　　　　(　　　)세

[문31] 귀하의 출신지역은 ?　　　　(　　　)시

끝까지 응답해 주셔서 감사합니다

2. 지방재정.csv 코딩 참고자료

Q1 지역 : ① 수도권 ② 지방

Q2 광역도 : ① 광역시 ② 도

Q3 구시군 : ① 구 ② 시 ③ 군

Q4 인구증감 : ① 인구감소 ② 인구증가

Q5 재정자립도2013 : 2013년도 재정자립도

Q6 재정자립도2009 : 2009년도 재정자립도

Q7 자체수입2013인당 : 2013년도 1인당 자체수입

Q8 자체수입2009인당 : 2009년도 1인당 자체수입

Q9 복지비비중2013 : 2013년 지방재정에서 복지비 예산이 차지하는 비중

Q10 복지비비중2009 : 2009년 지방재정에서 복지비 예산이 차지하는 비중

Q11 복지예산2013인당 : 2013년 주민 1인당 복지예산

Q12 복지예산2009인당 : 2013년 주민 1인당 복지예산

Q13 인구2013 : 2013년 주민인구

Q14 인구2009 : 2009년 주민인구

<부록 2> 각종 통계표

1. 이항분포

						p					
n	x	0.05	0.10	0.15	0.20	0.25	0.30	0.35	0.40	0.45	0.50
1	0	.9500	.9000	.8500	.8000	.7500	.7000	.6500	.6000	.5500	.5000
	1	.0500	.1000	.1500	.2000	.2500	.3000	.3500	.4000	.4500	.5000
2	0	.9025	.8100	.7225	.6400	.5625	.4900	.4225	.3600	.3025	.2500
	1	.0950	.1800	.2550	.3200	.3750	.4200	.4550	.4800	.4950	.5000
	2	.0025	.0100	.0225	.0400	.0625	.0900	.1225	.1600	.2025	.2500
3	0	.8574	.7290	.6141	.5120	.4219	.3430	.2746	.2160	.1664	.1250
	1	.1354	.2430	.3251	.3840	.4219	.4410	.4436	.4320	.4084	.3750
	2	.0071	.0270	.0574	.0960	.1406	.1890	.2389	.2880	.3341	.3750
	3	.0001	.0010	.0034	.0080	.0156	.0270	.0429	.0640	.0911	.1250
4	0	.8145	.6561	.5220	.4096	.3164	.2401	.1785	.1296	.0915	.0625
	1	.1715	.2916	.3685	.4096	.4215	.4116	.3845	.3456	.2995	.2500
	2	.0135	.0486	.0975	.1536	.2109	.2646	.3105	.3456	.3675	.3750
	3	.0005	.0036	.0115	.0256	.0469	.0756	.1115	.1536	.2005	.2500
	4	.0000	.0001	.0005	.0016	.0039	.0081	.0150	.0256	.0410	.0625
5	0	.7738	.5905	.4437	.3277	.2373	.1681	.1160	.0778	.0503	.0312
	1	.2036	.3280	.3915	.4096	.3955	.3602	.3214	.2592	.2059	.1562
	2	.0214	.0729	.1382	.2048	.2637	.3087	.3364	.3456	.3369	.3125
	3	.0011	.0081	.0244	.0512	.0879	.1323	.1811	.2304	.2757	.3125
	4	.0000	.0004	.0022	.0064	.0146	.0284	.0488	.0768	.1128	.1562
	5	.0000	.0000	.0001	.0003	.0010	.0024	.0053	.0102	.0185	.0132
6	0	.7351	.5314	.3771	.2621	.1780	.1176	.0754	.0467	.0277	.0156
	1	.2321	.3543	.3993	.3932	.3560	.3025	.2437	.1866	.1359	.0938
	2	.0305	.0984	.1762	.2458	.2966	.3241	.3280	.3110	.2780	.2344
	3	.0021	.0146	.0415	.0819	.1318	.1852	.2355	.2765	.3032	.3125
	4	.0001	.0012	.0055	.0154	.0330	.0595	.0951	.1382	.1861	.2344
	5	.0000	.0001	.0004	.0015	.0044	.0102	.0205	.0369	.0609	.0938
	6	.0000	.0000	.0000	.0001	.0002	.0007	.0018	.0041	.0083	.0156
7	0	.6983	.4783	.3206	.2097	.1335	.0824	.0490	.0280	.0152	.0078
	1	.2573	.3720	.3960	.3670	.3115	.2471	.1848	.1306	.0872	.0547
	2	.0406	.1240	.2097	.2753	.3115	.3177	.2985	.2613	.2140	.1641
	3	.0036	.0230	.0617	.1147	.1730	.2269	.2679	.2903	.2918	.2734
	4	.0002	.0026	.0109	.0287	.0577	.0972	.1442	.1935	.2388	.2734
	5	.0000	.0002	.0012	.0043	.0115	.0250	.0466	.0774	.1172	.1641
	6	.0000	.0000	.0001	.0004	.0013	.0036	.0084	.0172	.0320	.0547
	7	.0000	.0000	.0000	.0000	.0001	.0002	.0006	.0016	.0037	.0078
8	0	.6634	.4305	.2725	.1678	.1001	.0576	.0319	.0168	.0084	.0039
	1	.2793	.3826	.3847	.3355	.2670	.1977	.1373	.0896	.0548	.0312
	2	.0515	.1488	.2376	.2936	.3115	.2965	.2587	.2090	.1569	.1094
	3	.0054	.0331	.0839	.1468	.2076	.2541	.2786	.2787	.2568	.2188
	4	.0004	.0046	.0185	.0459	.0865	.1361	.1875	.2322	.2627	.2734
	5	.0000	.0004	.0026	.0092	.0231	.0467	.0808	.1239	.1719	.2188
	6	.0000	.0000	.0002	.0011	.0038	.0100	.0217	.0413	.0703	.1094
	7	.0000	.0000	.0000	.0001	.0004	.0012	.0033	.0079	.0164	.0312
	8	.0000	.0000	.0000	.0000	.0000	.0001	.0002	.0007	.0017	.0039

						p					
	x	0.05	0.10	0.15	0.20	0.25	0.30	0.35	0.40	0.45	0.50
9	0	.6302	.3874	.2316	.1342	.0751	.0404	.0207	.0101	.0046	.0020
	1	.2985	.3874	.3679	.3020	.2253	.1556	.1004	.0605	.0339	.0176
	2	.0629	.1722	.2597	.3020	.3003	.2668	.2162	.1612	.1110	.0703
	3	.0077	.0446	.1069	.1762	.2336	.2668	.2716	.2508	.2119	.1641
	4	.0006	.0074	.0283	.0661	.1168	.1715	.2194	.2508	.2600	.2461
	5	.0000	.0008	.0050	.0165	.0389	.0735	.1181	.1672	.2128	.2461
	6	.0000	.0001	.0006	.0028	.0087	.0210	.0424	.0743	.1160	.1641
	7	.0000	.0000	.0000	.0003	.0012	.0039	.0098	.0212	.0407	.0703
	8	.0000	.0000	.0000	.0000	.0001	.0004	.0013	.0035	.0083	.0176
	9	.0000	.0000	.0000	.0000	.0000	.0000	.0001	.0003	.0008	.0020
10	0	.5978	.3487	.1969	.1074	.0563	.0280	.0135	.0060	.0025	.0010
	1	.3151	.3874	.3474	.2684	.1877	.1211	.0725	.0403	.0207	.0098
	2	.0746	.1937	.2759	.3020	.2816	.2335	.1757	.1209	.0763	.0439
	3	.0105	.0574	.1298	.2013	.2503	.2668	.2522	.2150	.1665	.1172
	4	.0010	.0112	.0401	.0881	.1460	.2001	.2377	.2508	.2384	.2051
	5	.0001	.0015	.0085	.0264	.0584	.1029	.1536	.2007	.2340	.2461
	6	.0000	.0001	.0012	.0055	.0162	.0368	.0689	.1115	.1596	.2051
	7	.0000	.0000	.0001	.0008	.0031	.0090	.0212	.0425	.0746	.1172
	8	.0000	.0000	.0000	.0001	.0004	.0014	.0043	.0106	.0229	.0439
	9	.0000	.0000	.0000	.0000	.0000	.0001	.0005	.0016	.0042	.0098
	10	.0000	.0000	.0000	.0000	.0000	.0000	.0000	.0001	.0003	.0010
11	0	.5688	.3138	.1673	.0859	.0422	.0198	.0088	.0036	.0014	.0005
	1	.3293	.3835	.3248	.2362	.1549	.0932	.0518	.0266	.0125	.0054
	2	.0867	.2131	.2866	.2953	.2581	.1998	.1395	.0887	.0513	.0269
	3	.0137	.0710	.1517	.2215	.2581	.2568	.2254	.1774	.1259	.0806
	4	.0014	.0158	.0536	.1107	.1721	.2201	.2428	.2365	.2060	.1611
	5	.0001	.0025	.0132	.0388	.0803	.1321	.1830	.2207	.2360	.2256
	6	.0000	.0003	.0023	.0097	.0268	.0566	.0985	.1471	.1931	.2256
	7	.0000	.0000	.0003	.0017	.0064	.0173	.0379	.0701	.1128	.1611
	8	.0000	.0000	.0000	.0002	.0011	.0037	.0102	.0234	.0462	.0806
	9	.0000	.0000	.0000	.0000	.0001	.0005	.0018	.0052	.0126	.0269
	10	.0000	.0000	.0000	.0000	.0000	.0000	.0002	.0007	.0021	.0054
	11	.0000	.0000	.0000	.0000	.0000	.0000	.0000	.0000	.0002	.0005
12	0	.5404	.2824	.1422	.0687	.0317	.0138	.0057	.0022	.0008	.0002
	1	.3413	.3766	.3012	.2062	.1267	.0712	.0368	.0174	.0075	.0029
	2	.0988	.2301	.2924	.2835	.2323	.1678	.1088	.0639	.0339	.0161
	3	.0173	.0852	.1720	.2362	.2581	.2397	.1954	.1419	.0923	.0537
	4	.0021	.0213	.0683	.1329	.1936	.2311	.2367	.2128	.2225	.1934
	5	.0002	.0038	.0193	.0532	.1032	.1585	.2039	.2270	.2225	.1934
	6	.0000	.0005	.0040	.0155	.0401	.0792	.1281	.1766	.2124	.2256
	7	.0000	.0000	.0006	.0033	.0115	.0291	.0591	.1009	.1489	.1934
	8	.0000	.0000	.0001	.0005	.0024	.0078	.0199	.0420	.0762	.1208
	9	.0000	.0000	.0000	.0001	.0004	.0015	.0048	.0125	.0277	.0537
	10	.0000	.0000	.0000	.0000	.0000	.0002	.0008	.0025	.0068	.0161
	11	.0000	.0000	.0000	.0000	.0000	.0000	.0001	.0003	.0010	.0029
	12	.0000	.0000	.0000	.0000	.0000	.0000	.0000	.0000	.0001	.0002

2. 포아송분포

x	μ									
	0.1	0.2	0.3	0.4	0.5	0.6	0.7	0.8	0.9	1.0
0	.9048	.8187	.7408	.6703	.6065	.5488	.4966	.4493	.4066	.3679
1	.0905	.1637	.2222	.2681	.3033	.3293	.3476	.3595	.3659	.3679
2	.0045	.0164	.0333	.0536	.0758	.0988	.1217	.1438	.1647	.1839
3	.0002	.0011	.0033	.0072	.0126	.0198	.0284	.0383	.0494	.0613
4	.0000	.0001	.0003	.0007	.0016	.0030	.0050	.0077	.0111	.0153
5	.0000	.0000	.0000	.0001	.0002	.0004	.0007	.0012	.0020	.0031
6	.0000	.0000	.0000	.0000	.0000	.0000	.0001	.0002	.0003	.0005
7	.0000	.0000	.0000	.0000	.0000	.0000	.0000	.0000	.0000	.0001

x	μ									
	1.1	1.2	1.3	1.4	1.5	1.6	1.7	1.8	1.9	2.0
0	.3329	.3012	.2725	.2466	.2231	.2019	.1827	.1653	.1496	.1353
1	.3662	.3614	.3543	.3452	.3347	.3230	.3106	.2975	.2842	.2707
2	.2014	.2169	.2303	.2417	.2510	.2584	.2640	.2678	.2700	.2707
3	.0738	.0867	.0998	.1128	.1255	.1378	.1496	.1607	.1710	.1804
4	.0203	.0260	.0324	.0395	.0471	.0551	.0636	.0723	.0812	.0902
5	.0045	.0062	.0084	.0111	.0141	.0176	.0216	.0260	.0309	.0361
6	.0008	.0012	.0018	.0026	.0035	.0047	.0061	.0078	.0098	.0120
7	.0001	.0002	.0003	.0005	.0008	.0011	.0015	.0020	.0027	.0034
8	.0000	.0000	.0001	.0001	.0001	.0002	.0003	.0005	.0006	.0009
9	.0000	.0000	.0000	.0000	.0000	.0000	.0001	.0001	.0001	.0002

x	μ									
	2.1	2.2	2.3	2.4	2.5	2.6	2.7	2.8	2.9	3.0
0	.1225	.1108	.1003	.0907	.0821	.0743	.0672	.0608	.0550	.0498
1	.2572	.2438	.2306	.2177	.2052	.1931	.1815	.1703	.1596	.1494
2	.2700	.2681	.2652	.2613	.2565	.2510	.2450	.2384	.2314	.2240
3	.1890	.1966	.2033	.2090	.2138	.2176	.2205	.2225	.2237	.2240
4	.0992	.1082	.1169	.1254	.1336	.1414	.1488	.1557	.1622	.1680
5	.0417	.0476	.0538	.0602	.0668	.0735	.0804	.0872	.0940	.1008
6	.0146	.0174	.0206	.0241	.0278	.0319	.0362	.0407	.0455	.0504
7	.0044	.0055	.0068	.0083	.0099	.0118	.0139	.0163	.0188	.0216
8	.0011	.0015	.0019	.0025	.0031	.0038	.0047	.0057	.0068	.0081
9	.0003	.0004	.0005	.0007	.0009	.0011	.0014	.0018	.0022	.0027
10	.0001	.0001	.0001	.0002	.0002	.0003	.0004	.0005	.0006	.0008
11	.0000	.0000	.0000	.0000	.0000	.0001	.0001	.0001	.0002	.0002
12	.0000	.0000	.0000	.0000	.0000	.0000	.0000	.0000	.0000	.0001

x	μ									
	3.1	3.2	3.3	3.4	3.5	3.6	3.7	3.8	3.9	4.0
0	.0450	.0408	.0369	.0334	.0302	.0273	.0247	.0224	.0202	.0183
1	.1397	.1304	.1217	.1135	.1057	.0984	.0915	.0850	.0789	.0733
2	.2165	.2087	.2008	.1929	.1850	.1771	.1692	.1615	.1539	.1465
3	.2237	.2226	.2209	.2186	.2158	.2125	.2087	.2046	.2001	.1954
4	.1734	.1781	.1823	.1858	.1888	.1912	.1931	.1944	.1951	.1954
5	.1075	.1140	.1203	.1264	.1322	.1377	.1429	.1477	.1522	.1563
6	.0555	.0608	.0662	.0716	.0771	.0826	.0881	.0936	.0989	.1042
7	.0246	.0278	.0312	.0348	.0385	.0425	.0466	.0508	.0551	.0595
8	.0095	.0111	.0129	.0148	.0169	.0191	.0215	.0241	.0269	.0298
9	.0033	.0040	.0047	.0056	.0066	.0076	.0089	.0102	.0116	.0132
10	.0010	.0013	.0016	.0019	.0023	.0028	.0033	.0039	.0045	.0053
11	.0003	.0004	.0005	.0006	.0007	.0009	.0011	.0013	.0016	.0019
12	.0001	.0001	.0001	.0002	.0002	.0003	.0003	.0004	.0005	.0006
13	.0000	.0000	.0000	.0000	.0001	.0001	.0001	.0001	.0002	.0002
14	.0000	.0000	.0000	.0000	.0000	.0000	.0000	.0000	.0000	.0001

x	μ									
	4.1	4.2	4.3	4.4	4.5	4.6	4.7	4.8	4.9	5.0
0	.0166	.0150	.0136	.0123	.0111	.0101	.0091	.0082	.0074	.0067
1	.0679	.0630	.0583	.0540	.0500	.0462	.0427	.0395	.0365	.0337
2	.1393	.1323	.1254	.1188	.1125	.1063	.1005	.0948	.0894	.0842
3	.1904	.1852	.1798	.1743	.1687	.1631	.1574	.1517	.1460	.1404
4	.1951	.1944	.1933	.1917	.1898	.1875	.1849	.1820	.1789	.1755
5	.1600	.1633	.1662	.1687	.1708	.1725	.1738	.1747	.1753	.1755
6	.1093	.1143	.1191	.1237	.1281	.1323	.1362	.1398	.1432	.1462
7	.0640	.0686	.0732	.0778	.0824	.0869	.0914	.0959	.1002	.1044
8	.0328	.0360	.0393	.0428	.0463	.0500	.0537	.0575	.0614	.0653
9	.0150	.0168	.0188	.0209	.0232	.0255	.0280	.0307	.0334	.0363
10	.0061	.0071	.0081	.0092	.0104	.0118	.0132	.0147	.0164	.0181
11	.0023	.0027	.0032	.0037	.0043	.0049	.0056	.0064	.0073	.0082
12	.0008	.0009	.0011	.0014	.0016	.0019	.0022	.0026	.0030	.0034
13	.0002	.0003	.0004	.0005	.0006	.0007	.0008	.0009	.0011	.0013
14	.0001	.0001	.0001	.0001	.0002	.0002	.0003	.0003	.0004	.0005
15	.0000	.0000	.0000	.0000	.0001	.0001	.0001	.0001	.0001	.0002

3. 표준정규분포

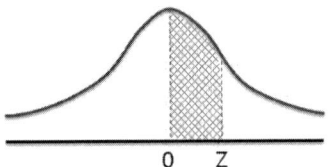

Z	.00	.01	.02	.03	.04	.05	.06	.07	.08	.09
0.0	.0000	.0040	.0080	.0120	.0160	.0199	.0239	.0279	.0319	.0359
0.1	.0398	.0438	.0478	.0517	.0557	.0596	.0636	.0675	.0714	.0753
0.2	.0793	.0832	.0871	.0910	.0948	.0987	.1026	.1064	.1103	.1141
0.3	.1179	.1217	.1255	.1293	.1331	.1368	.1406	.1443	.1480	.1517
0.4	.1554	.1591	.1628	.1664	.1700	.1736	.1772	.1808	.1844	.1879
0.5	.1915	.1950	.1985	.2019	.2054	.2088	.2123	.2157	.2190	.2224
0.6	.2257	.2291	.2324	.2357	.2389	.2422	.2454	.2486	.2518	.2549
0.7	.2580	.2612	.2642	.2673	.2704	.2734	.2764	.2794	.2823	.2852
0.8	.2881	.2910	.2939	.2967	.2995	.3023	.3051	.3078	.3106	.3133
0.9	.3159	.3186	.3212	.3238	.3264	.3289	.3315	.3340	.3365	.3389
1.0	.3413	.3438	.3461	.3485	.3508	.3531	.3554	.3577	.3599	.3621
1.1	.3643	.3665	.3686	.3708	.3729	.3749	.3770	.3790	.3810	.3830
1.2	.3849	.3869	.3888	.3907	.3925	.3944	.3962	.3980	.3997	.4015
1.3	.4032	.4049	.4066	.4082	.4099	.4115	.4131	.4147	.4162	.4177
1.4	.4192	.4207	.4222	.4236	.4251	.4265	.4279	.4292	.4306	.4319
1.5	.4332	.4345	.4357	.4370	.4382	.4394	.4406	.4418	.4429	.4441
1.6	.4452	.4463	.4474	.4484	.4495	.4505	.4515	.4525	.4535	.4545
1.7	.4554	.4564	.4573	.4582	.4591	.4599	.4608	.4616	.4625	.4633
1.8	.4641	.4649	.4656	.4664	.4671	.4678	.4686	.4693	.4699	.4706
1.9	.4713	.4719	.4726	.4732	.4738	.4744	.4750	.4756	.4761	.4764
2.0	.4772	.4778	.4783	.4788	.4793	.4798	.4803	.4808	.4812	.4817
2.1	.4821	.4826	.4830	.4834	.4838	.4842	.4846	.4850	.4854	.4857
2.2	.4861	.4864	.4868	.4871	.4875	.4878	.4881	.4884	.4887	.4890
2.3	.4893	.4896	.4898	.4901	.4904	.4906	.4909	.4911	.4913	.4916
2.4	.4918	.4920	.4922	.4925	.4927	.4929	.4931	.4932	.4934	.4936
2.5	.4938	.4940	.4941	.4943	.4945	.4946	.4948	.4949	.4951	.4952
2.6	.4953	.4955	.4956	.4957	.4959	.4960	.4961	.4962	.4963	.4964
2.7	.4965	.4966	.4967	.4968	.4969	.4970	.4971	.4972	.4973	.4974
2.8	.4974	.4975	.4976	.4977	.4977	.4978	.4979	.4979	.4980	.4981
2.9	.4981	.4982	.4982	.4983	.4984	.4984	.4985	.4985	.4986	.4986
3.0	.4986	.4987	.4987	.4988	.4988	.4989	.4989	.4989	.4990	.4990
3.1	.4990	.4991	.4991	.4991	.4992	.4992	.4992	.4992	.4993	.4993
3.2	.4993	.4993	.4994	.4994	.4994	.4994	.4994	.4995	.4995	.4995
3.3	.4995	.4995	.4995	.4996	.4996	.4996	.4996	.4996	.4996	.4997
3.4	.4997	.4997	.4997	.4997	.4997	.4997	.4997	.4997	.4998	.4998
3.5	.4998	.4998	.4998	.4998	.4998	.4998	.4998	.4998	.4998	.4998
3.6	.4998	.4998	.4999	.4999	.4999	.4999	.4999	.4999	.4999	.4999
3.7	.4999	.4999	.4999	.4999	.4999	.4999	.4999	.4999	.4999	.4999
3.8	.4999	.4999	.4999	.4999	.4999	.4999	.4999	.5000	.5000	.5000
3.9	.5000	.5000	.5000	.5000	.5000	.5000	.5000	.5000	.5000	.5000

4. T-분포

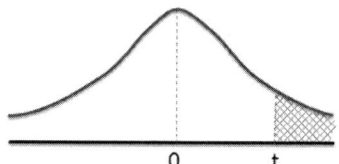

df	유의수준							
	.1	.05	.025	.01	.005	.0025	.001	.0005
1	3.078	6.314	12.706	31.821	63.657	127.32	318.31	636.62
2	1.886	2.920	4.303	6.965	9.925	14.089	22.327	31.598
3	1.638	2.353	3.182	4.541	5.841	7.453	10.214	12.924
4	1.533	2.132	2.776	3.747	4.604	5.598	7.173	8.610
5	1.476	2.015	2.571	3.365	4.032	4.773	5.893	6.869
6	1.440	1.943	2.447	3.143	3.707	4.317	5.208	5.959
7	1.415	1.895	2.365	2.998	3.499	4.029	4.785	5.408
8	1.397	1.860	2.306	2.896	3.355	3.833	4.501	5.041
9	1.383	1.833	2.262	2.821	3.250	3.690	4.297	4.781
10	1.371	1.812	2.228	2.764	3.169	3.581	4.144	4.587
11	1.363	1.796	2.201	2.718	3.106	3.497	4.025	4.437
12	1.356	1.782	2.179	2.681	3.055	3.428	3.930	4.318
13	1.350	1.771	2.160	2.650	3.012	3.372	3.852	4.221
14	1.345	1.761	2.145	2.624	2.977	3.326	3.787	4.140
15	1.341	1.753	2.131	2.602	2.947	3.286	3.733	4.073
16	1.337	1.746	2.120	2.583	2.921	3.252	3.686	4.015
17	1.333	1.740	2.110	2.567	2.898	3.222	3.646	3.956
18	1.330	1.734	2.101	2.552	2.878	3.197	3.610	3.922
19	1.328	1.729	2.093	2.539	2.861	3.174	3.579	3.883
20	1.325	1.725	2.086	2.528	2.845	3.153	3.552	3.850
21	1.323	1.721	2.080	2.518	2.831	3.135	3.527	3.819
22	1.321	1.717	2.074	2.508	2.819	3.119	3.505	3.792
23	1.319	1.714	2.069	2.500	2.807	3.104	3.485	3.767
24	1.318	1.711	2.064	2.492	2.797	3.091	3.467	3.745
25	1.316	1.708	2.060	2.485	2.787	3.078	3.450	3.725
26	1.315	1.706	2.056	2.479	2.779	3.067	3.435	3.707
27	1.314	1.703	2.052	2.473	2.771	3.057	3.421	3.690
28	1.313	1.701	2.048	2.467	2.763	3.047	3.396	3.659
29	1.311	1.699	2.045	2.462	2.756	3.038	3.396	3.659
30	1.310	1.697	2.042	2.457	2.750	3.030	3.385	3.646
40	1.303	1.684	2.021	2.423	2.704	2.971	3.307	3.551
60	1.296	1.671	2.000	2.390	2.660	2.915	3.232	3.460
120	1.289	1.658	1.980	2.358	2.617	2.860	3.160	3.373
∞	1.282	1.645	1.960	2.326	2.576	2.807	3.090	3.291

5. F-분포

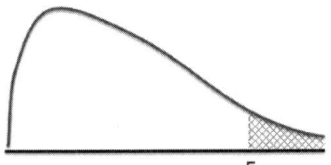

df1=분자의 자유도,   df2=분모의 자유도

α=.05

df2	df1									
	1	2	3	4	5	6	8	12	24	∞
1	161.4	199.5	215.7	224.6	230.2	234.0	238.9	243.9	249.0	254.3
2	18.51	19.00	19.16	19.25	19.30	19.33	19.37	19.41	19.45	19.50
3	10.13	9.55	9.28	9.12	9.01	8.94	8.84	8.74	8.64	8.53
4	7.71	6.94	6.59	6.39	6.26	6.16	6.04	5.91	5.77	5.63
5	6.61	5.79	5.41	5.19	5.05	4.95	4.82	4.68	4.53	4.36
6	5.99	5.14	4.76	4.53	4.39	4.28	4.15	4.00	3.84	3.67
7	5.59	4.74	4.35	4.12	3.97	3.87	3.73	3.57	3.41	3.23
8	5.32	4.46	4.07	3.84	3.69	3.58	3.44	3.28	3.12	2.93
9	5.12	4.26	3.86	3.63	3.48	3.37	3.23	3.07	2.90	2.71
10	4.96	4.10	3.71	3.48	3.33	3.22	3.07	2.91	2.74	2.54
11	4.84	3.98	3.59	3.36	3.20	3.09	2.95	2.79	2.6	2.40
12	4.75	3.88	3.49	3.26	3.11	3.00	2.85	2.69	2.50	2.30
13	4.67	3.80	3.41	3.18	3.02	2.92	2.77	2.60	2.42	2.21
14	4.60	3.74	3.34	3.11	2.96	2.85	2.70	2.53	2.35	2.13
15	4.54	3.68	3.29	3.06	2.90	2.79	2.64	2.48	2.29	2.07
16	4.49	3.63	3.24	3.01	2.85	2.74	2.59	2.42	2.24	1.01
17	4.45	3.59	3.20	2.96	2.81	2.70	2.55	2.38	2.19	1.96
18	4.41	3.55	3.16	2.93	2.77	2.66	2.51	2.34	2.15	1.92
19	4.38	3.52	3.13	2.90	2.74	2.63	2.48	2.31	2.11	1.88
20	4.35	3.49	3.10	2.87	2.71	2.60	2.45	2.28	2.08	1.84
21	4.32	3.47	3.07	2.84	2.68	2.57	2.42	2.25	2.05	1.81
22	4.30	3.44	3.05	2.82	2.66	2.55	2.40	2.23	2.03	1.78
23	4.28	3.42	3.03	2.80	2.64	2.53	2.38	2.20	2.00	1.76
24	4.26	3.40	3.01	2.78	2.62	2.51	2.36	2.18	1.98	1.73
25	4.24	3.38	2.99	2.76	2.60	2.49	2.34	2.16	1.96	1.71
26	4.22	3.37	2.98	2.74	2.59	2.47	2.32	2.15	1.95	1.69
27	4.21	3.35	2.96	2.73	2.57	2.46	2.30	2.13	1.93	1.67
28	4.20	3.34	2.95	2.71	2.56	2.44	2.29	2.12	1.91	1.65
29	4.18	3.33	2.93	2.70	2.54	2.43	2.28	2.10	1.90	1.64
30	4.17	3.32	2.92	2.69	2.53	2.42	2.27	2.09	1.89	1.62
40	4.08	3.23	2.84	2.61	2.45	2.34	2.18	2.00	1.79	1.51
60	4.00	3.15	2.76	2.52	2.37	2.25	2.10	1.92	1.70	1.39
120	3.92	3.07	2.68	2.45	2.29	2.17	2.0	1.8	1.6	1.25
∞	3.84	2.99	2.60	2.37	2.21	2.09	1.94	1.75	1.52	1.00

F분포표

$\alpha = .01$

df2	df1									
	1	2	3	4	5	6	8	12	24	∞
1	4052	4999	5403	5625	5764	5859	5981	6106	6234	6366
2	98.49	99.01	99.17	99.25	99.30	99.33	99.36	99.42	99.46	99.50
3	34.12	30.81	29.46	28.71	28.24	27.91	27.49	27.05	26.60	26.12
4	21.20	18.00	16.69	15.98	15.52	15.21	14.80	14.37	13.93	13.46
5	16.26	13.27	12.06	11.39	10.97	10.67	10.27	9.86	9.47	9.02
6	13.74	10.92	9.78	9.15	8.75	8.47	8.10	7.72	7.31	6.88
7	12.25	9.55	8.45	7.85	7.46	7.19	6.84	6.47	6.07	5.65
8	11.26	8.65	7.59	7.01	6.63	6.37	6.03	5.67	5.28	4.86
9	10.56	8.02	6.99	6.42	6.06	5.80	5.47	5.11	4.73	4.31
10	10.04	7.56	6.55	5.99	5.64	5.39	5.06	4.71	4.33	3.91
11	9.65	7.20	6.22	5.67	5.32	5.07	4.74	4.40	4.02	3.60
12	9.33	6.93	5.95	5.41	5.06	4.82	4.50	4.16	3.78	3.36
13	9.07	6.70	5.74	5.20	4.86	4.62	4.30	3.96	3.59	3.16
14	8.86	6.51	5.56	5.03	4.69	4.46	4.14	3.80	3.43	3.00
15	8.68	6.36	5.42	4.89	4.56	4.32	4.00	3.67	3.29	2.87
16	8.53	6.23	5.29	4.77	4.44	4.20	3.89	3.55	3.18	2.75
17	8.40	6.11	5.18	4.67	4.34	4.10	3.79	3.45	3.08	2.65
18	8.28	6.01	5.09	4.58	4.25	4.01	3.71	3.37	3.00	2.57
19	8.18	5.93	5.01	4.50	4.17	3.94	3.63	3.30	2.92	2.49
20	8.10	5.85	4.94	4.43	4.10	3.87	3.56	3.23	2.86	2.42
21	8.02	5.78	4.87	4.37	4.04	3.81	3.51	3.17	2.80	2.36
22	7.94	5.72	4.82	4.31	3.99	3.76	3.45	3.12	2.75	2.31
23	7.88	5.66	4.76	4.26	3.94	3.71	3.41	3.07	2.70	2.26
24	7.82	5.61	4.72	4.22	3.90	3.67	3.36	3.03	2.66	2.21
25	7.77	5.57	4.68	4.18	3.86	3.63	3.32	2.99	2.62	2.17
26	7.72	5.53	4.64	4.14	3.82	3.59	3.29	2.96	2.58	2.13
27	7.68	5.49	4.60	4.11	3.78	3.56	3.26	2.93	2.55	2.10
28	7.64	5.45	4.57	4.07	3.75	3.53	3.23	2.90	2.52	2.06
29	7.60	5.42	4.54	4.04	3.73	3.50	3.20	2.87	2.49	2.03
30	7.56	5.39	4.51	4.02	3.70	3.47	3.17	2.84	2.47	2.01
40	7.31	5.18	4.31	3.83	3.51	3.29	2.99	2.66	2.29	1.80
60	7.08	4.98	4.13	3.65	3.34	3.12	2.82	2.50	2.12	1.60
120	6.85	4.79	3.96	3.48	3.17	2.96	2.66	2.34	1.95	1.38
∞	6.64	4.60	3.78	3.32	3.02	2.80	2.51	2.18	1.79	1.00

6. χ^2-분포

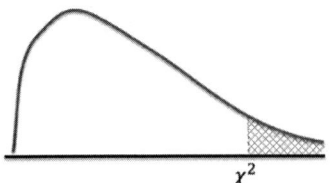

df	유의수준						
	.250	.100	.050	.025	.010	.005	.001
1	1.32	2.71	3.84	5.02	6.63	7.88	10.8
2	2.77	4.61	5.99	7.38	9.21	10.6	13.8
3	4.11	6.25	7.81	9.35	11.3	12.8	16.3
4	5.39	7.78	9.49	11.1	13.3	14.9	18.5
5	6.63	9.24	11.1	12.8	15.1	16.7	20.5
6	7.84	10.6	12.6	14.4	16.8	18.5	22.5
7	9.04	12.0	14.1	16.0	18.5	20.3	24.3
8	10.2	13.4	15.5	17.5	20.1	22.0	26.1
9	11.4	14.7	16.9	19.0	21.7	23.6	27.9
10	12.5	16.0	18.3	20.5	23.2	25.2	29.6
11	13.7	17.3	19.7	21.9	24.7	26.8	31.3
12	14.8	18.5	21.0	23.3	26.2	28.3	32.9
13	16.0	19.8	22.4	24.7	27.7	29.8	34.5
14	17.1	21.1	23.7	26.1	29.1	31.3	36.1
15	18.2	22.3	25.0	27.5	30.6	32.8	37.7
16	19.4	23.5	26.3	28.8	32.0	34.3	39.3
17	20.5	24.8	27.6	30.2	33.4	35.7	40.8
18	21.6	26.0	28.9	31.5	34.8	37.2	42.3
19	22.7	27.2	30.1	32.9	36.2	38.6	43.8
20	23.8	28.4	31.4	34.2	37.6	40.0	45.3
21	24.9	29.6	32.7	35.5	38.9	41.4	46.8
22	26.0	30.8	33.9	36.8	40.3	42.8	48.3
23	27.1	32.0	35.2	38.1	41.6	44.2	49.7
24	28.2	33.2	36.4	39.4	32.0	45.6	51.2
25	29.3	34.4	37.7	40.6	44.3	46.9	52.6
26	30.4	35.6	38.9	41.9	45.6	48.3	54.1
27	31.5	36.7	40.1	43.2	47.0	49.6	55.5
28	32.6	37.9	41.3	44.5	48.3	51.0	56.9
29	33.7	39.1	42.6	45.7	49.6	52.3	58.3
30	34.8	40.3	43.8	47.0	50.9	53.7	59.7
40	45.6	51.8	55.8	59.3	63.7	66.8	73.4
50	56.3	63.2	67.5	71.4	76.2	79.5	86.7
60	67.0	74.4	79.1	83.3	88.4	92.0	99.6
70	77.6	85.5	90.5	95.0	100	104	112
80	88.1	96.6	102	107	112	116	125
90	98.6	108	113	118	124	128	137
100	109	118	124	130	136	140	149

참고문헌

R과 R Studio를 활용한
사회과학 통계연습

강근식 · 김충락. (1999). 회귀분석. 서울: 교우사.

권세혁. (2010). R을 이용한 통계수학. 자유아카데미.

김동일. (2011). R을 이용한 계량경제분석. Philosophy & Art.

김두섭. (2000). 회귀분석 기초와 응용. 서울: 나남출판.

김태진. (2006). 행정계량분석의 이론과 활용. 대영문화사.

김호정. (2005). 사회과학통계분석. 제3판. 삼영사.

김호정. (2013). 사회과학통계분석. 제4판. 삼영사.

박명섭 · 박광태 (2008). Excel활용 통계학계론. 몽문사

박성현 · 김성수. (2001). 통계패키지Ⅱ. 한국방송통신대학교출판부.

박주문. (2010). 행정통계학개론. 대영문화사.

서혜선 외. (1999). SPSS를 활용한 회귀분석. SPSS아카데미.

안재형. (2011). R을 이용한 누구나 하는 통계분석. 한나래 아카데미.

양경숙 · 김미경. (2007). R을 활용한 회귀분석. 자유아카데미.

이준형. (2000). 통계분석. 대영문화사.

이종원. (1994). 경영경제통계. 박영사.

임동훈. (2010). R을 이용한 비모수 통계학. 자유아카데미.

임인재. (1991). 통계방법. 박영사.

심규박 외. (2009). 논쟁거리로 배우는 통계학. 홍릉과학출판사.

정건섭. (2012). 공간적탐색기법을 이용한 부산 주택시장 다이나믹스 분석. 한국콘텐츠학회논문지, 12(2).

정건섭 · 김성우. (2014). R Commander를 이용한 행정통계분석. 대영문화사.

정건섭 · 김성우 · 이양원. (2012). 부산시 실거래 주택매매 가격을 이용한 공간계량모형의 적합도 비교 연구. 한국지리정보학회지, 15(1).

정미숙. (2011). Excel과 R을 이용한 통계학. 자유아카데미.

황인창 · 이대용 · 이청호. (2005). 알기쉬운 통계학, 제2판. 비 · 앤 · 엠북스.

Bivand, Roger S., Edzer J. Pebesma, and Virgilio Gomez-Rubio. (2008). *Applied Spatial Data Analysis with R*. Springer.

Blalock, H. M. (1981). *Social Statistics*, revised 2nd ed. New York: McGraw-Hill Book company.

Cohen, I. B. (1984). Florence Nightingale, *Scientific American*. 250(3): 128-137.

Galton, Francis. (1886). Family Likeness in Stature. *Proceedings of Royal Society, London*. 40: 42-72.

Gujarati, D. N. (1988). *Basic Econometrics*. 2nd ed. New York: McGraw-Hill Book Company.

Hays, W..L. (1981). *Statistics*, 3rd. ed. New York: Holt, Rinehart and Winston.

Kendall, M. G. and Stuart, A. (1961). *The Advanced Theory of Statistics*, Charle Griffin Pub. New York, vol.2, chap. 26, p.279.

Kleiber, Christian and Achim Zeiles. (2008). *Applied Econometrics with R*. Springer.

Kruskal, W. H. and W. A. Wallis. (1952). Use of Ranks in on Criterion Variance *Analysis*, *Journal of American Statistics*, 57: 583-621.

Mann, H. B. and D. R. Whitney. (1947). *On a test of Whether One of Two Random Variables is Stochastically Larger than the other*. Ann. Math. Stat. 18: 50-60.

Morrison, Donald F. (1983), *Applied Linear Statistical Methods*, Prentice-Hall, Inc., Englewood Cliffs, N.J.

Newman, J.R. (1956). *The World of Mathematics*, vol.2, 1247, Simon & Schuster, Inc., New York,

Pearson, K. and Lee, A. (1903). *Biometrika*, vol. 2.

Shapiro, S. S. and M. B. Wilk. (1965). An Analysis of Variance Test for Normality(complete samples). *Biometrika*, 52: 591-611.

Wickham, Hadley. (2009). *ggplot2, Elegant Graphics for Data Analysis*. Springer.

Wilcoxon, F. (1945). Individual Comparison by Ranking Methods, *Biometrics*, 1: 80-83.

Zurr, A. F., E. N. Ieno, and Erik H.W.G. Meesters. (2009). *A Beginner's Guide to R*. Springer.

MEMO